Briser le mur du silence

Comment les nouveaux historiens remettent en question le discours israélien

Hichem Karoui

Global East-West LTD.

Copyright © 2025 par Hichem Karoui.

Les cahiers de la Méditerranée. Une collection Global East-West LTD.

Tous droits réservés.

Aucune partie de cet ouvrage ne peut être reproduite sous quelque forme que ce soit sans l'autorisation écrite de l'éditeur ou de l'auteur, sauf dans les cas prévus par la loi sur le droit d'auteur.

Table

Dédicace — V

Avant-propos — 1
On ne répare pas un crime horrible (l'Holocauste) en en commettant un autre.

1. Introduction — 7
   Le rôle de l'histoire dans la formation de l'identité nationale

2. L'émergence des nouveaux historiens — 31
   Une révolution scientifique commence

3. Benny Morris et la réévaluation de 1948 — 59

4. Ilan Pappé — 83
   Dévoiler l'argument du nettoyage ethnique

5. Avi Shlaim — 105
   Critique de la diplomatie et de la stratégie militaire israéliennes

6. Simha Flapan — 139
   Repenser les mythes nationaux

7. Revisiter le paradigme 165
« David contre Goliath » Les mythes qui ont la peau dure

8. L'exode palestinien 189
Causes et controverses

9. Violente réaction 213
Batailles intellectuelles et débat public

10. La vérité historique, voie vers la paix 239
Défis et possibilités

11. La société israélienne 269
Aux prises avec un passé difficile

12. La chute des discours extrémistes face aux nouveaux historiens 297
Netanyahu contre le mur

13. Israël : un mensonge démenti 323
Une société au bord de l'implosion

14. Conclusion 347
Implications politiques dans l'Israël d'aujourd'hui à la suite du génocide de Gaza

Aux ***nouveaux historiens*** qui nous ont ouvert les yeux sur le fait que, dans la société israélienne, nombreux sont ceux qui défendent la justice, la liberté et la paix, qui tendent la main aux Palestiniens et aux Arabes pour marcher ensemble afin de construire un grand mur contre le fascisme.
Ils ont mon respect et celui de tous ceux qui luttent pour le triomphe de la justice et de la vérité.

Avant-propos

On ne répare pas un crime horrible (l'Holocauste) en en commettant un autre.

Les chapitres de cet ouvrage ont été rédigés à des moments et dans des lieux différents, ce qui explique leur approche variée. La plupart d'entre eux étaient initialement destinés à être publiés séparément sous forme d'essais dans un magazine de « long read ». J'ai toutefois changé d'avis au dernier moment et décidé de les mettre de côté jusqu'à ce que je détermine leur utilisation. Finalement, j'ai opté pour un livre, car le génocide à Gaza est toujours en cours. Un autre livre sur l'ancienne « victime » devenue bourreau ? Malheureusement, ils ne sont pas si nombreux.

Les gouvernements occidentaux continuent de vivre dans le mensonge. Je ne parle pas de déni, car c'est à peu près la même chose. Après tout, se mentir à soi-même, c'est mentir aux autres, voire pire. Mais il y a une autre raison. Ce ne sont pas les nouveaux historiens israéliens qui décrivent Israël comme « un mensonge », comme vous le découvrirez dans ce livre. Un mensonge auquel beaucoup croient et qui perdurera éternellement. Néanmoins, l'histoire de « l'État juif » telle que décrite par Nétanyahou et sa clique a pris un tournant décisif depuis le début de la guerre meurtrière, injuste et immorale contre la population de Gaza.

Israël n'a jamais été aussi isolé dans le monde occidental. Si de nombreux gouvernements occidentaux ne se sont pas réveillés, leurs populations, elles, l'ont fait. Heureusement. Il reste encore des gens qui ne sont pas prêts à tolérer ou à pardonner les crimes de ceux qui bombardent des hôpitaux, des écoles, tuant des enfants, des femmes et des personnes âgées. Les gouvernements démocratiques savent qu'ignorer ce que fait Israël les mènerait à une impasse. Pas seulement une impasse morale, mais aussi politique. Une impasse qui pourrait provoquer des bouleversements sociaux, puis une perte de contrôle et de pouvoir. C'est la raison pour laquelle certains d'entre eux ont récemment annoncé qu'ils reconnaîtraient l'État de Palestine.

Malgré le chaos qu'ils ont créé, les extrémistes israéliens continuent de rêver de régner sur tout le Moyen-Orient, avec le soutien de ceux qui, à des milliers de kilomètres, rêvent de rendre à l'Amérique sa grandeur, alors que leur pays est au bord de l'effondrement, accablé par toutes sortes de fléaux.

Rendre à l'Amérique sa grandeur (Make America Great Again, ou MAGA) ? Est-ce une plaisanterie ? Pardonnez-moi, peut-être ai-je mal compris. À quel moment précis de l'histoire l'Amérique a-t-elle été grande ? Vous savez, toutes les grandes civilisations atteignent leur apogée grâce à leur dimension humaniste, qui contribue au progrès de toutes les autres nations. Qu'ont fait les États-Unis pour les Africains, les Asiatiques et même pour les habitants du continent sud, à part envahir, piller et laisser derrière eux des millions de morts ? Vous pouvez mentionner la technologie, Internet, l'intelligence artificielle, etc. Toutes ces réalisations sont indéniables, mais elles ne sont pas offertes par humanisme, ni gratuitement, mais parce qu'elles rapportent des profits aux grandes entreprises et aux grands capitaux qui les soutiennent. La « Grande Amérique » a-t-elle offert quoi que ce soit gratuitement ? Donnez-nous simplement un exemple historique illustrant les réalisations humanistes des États-Unis. Est-ce pendant le bombardement du Vietnam, du Laos et du Cambodge, par exemple ? Ou durant le bombardement de l'Afghanistan ou l'invasion de l'Irak ? J'allais oublier la grande réalisation américaine en Afrique : l'arrachage de millions d'hommes et de femmes à leur terre ancestrale pour les asservir dans les plantations humanistes de coton et de maïs.

C'est aussi le signe d'une grande civilisation. Ou peut-être lorsque les colons ont exterminé des millions d'Amérindiens ? Nous ne savons pas exactement combien ont été tués, car il n'y avait pas de médias à l'époque, ni de statistiques. Au moins, aujourd'hui, nous savons approximativement combien sont morts et continuent de mourir à Gaza, soit sous les bombes et les balles, soit par la famine délibérée, pour « rendre à Israël sa grandeur »... Il semble en effet évident que les extrémistes israéliens suivent la même voie, marchant dans les pas de la « Grande Amérique ».

Pourquoi pas ? Ils ont déjà conçu un modèle éthique prêt à être appliqué. C'est un cadeau des fanatiques du MAGA à ceux qui prétendent être les descendants des survivants de l'Holocauste.

Ne laissez aucun d'entre eux en vie : Netanyahou a même cité un passage de la Bible faisant référence au meurtre de bébés et d'animaux. Il n'est donc pas surprenant qu'il soit recherché par la Cour pénale internationale.

J'ai été critiqué par un « collègue » du monde universitaire, car selon lui, j'aurais commis une erreur en publiant un livre intitulé *The Right to Resist* (Le droit de résister), recueil d'essais écrits dans l'urgence de la guerre contre le peuple de Gaza, dont un essai intitulé Sionisme et fascisme. Cette dernière partie du livre est précisément documentée de manière exhaustive, avec plus d'une centaine de sources et de références, dont beaucoup sont israéliennes (aujourd'hui célèbres), alors que je n'ai cité aucun livre ou article arabe. Cependant, je comprends que certaines personnes, dans le milieu universitaire et ailleurs, deviennent trop zélées dans la défense du mal si la défense du bien entre en conflit avec leurs intérêts. Il est évident que les intérêts personnels priment sur la justice, la liberté et la vérité. Ces valeurs sont certaines, alors que l'on ne peut jamais être sûr de ces « abstractions », même si toutes les nations démocratiques affirment qu'elles représentent leurs fondements constitutifs, ce que je crois être historiquement vrai. Espérons que les dirigeants démocratiques d'aujourd'hui considèrent l'histoire non seulement comme le passé, mais également comme le présent et l'avenir. Si tel est le cas, ces valeurs s'appliquent partout. Il est alors de notre devoir de rendre le monde plus inclusif, sans exclure personne, en particulier les Palestiniens qui luttent pour faire entendre leur voix. Car, comme tous les êtres humains, ils méritent de jouir des mêmes valeurs que les nations démocratiques.

Quoi qu'il en soit, je ne souhaite priver personne du droit de défendre ses intérêts. Je ne blâme personne. Je comprends.

Aujourd'hui, je reviens avec un groupe d'universitaires qui ont renoncé à leur steak pour accomplir leur travail de chercheurs. Nous devons reconnaître qu'il n'est pas facile, dans une société fermée comme Israël, d'avoir le courage de dire quelque chose qui diffère non seulement du discours officiel, mais qui le contredit également.

La vérité est un risque que seuls les prophètes, les saints et les héros peuvent se permettre de prendre. Jusqu'à présent, nous ne nous attendions pas à ce que de modestes spécialistes en sciences sociales le prennent, contre le gouvernement et contre les croyances et les mythes ancrés dans l'esprit du peuple.

Cependant, ils l'ont fait. En Israël et ailleurs, on les appelle les « nouveaux historiens ».

J'ai essayé de les présenter du mieux possible. Je ne suis pas certain d'avoir fait une analyse exhaustive de leurs travaux. Il s'agit néanmoins d'une modeste contribution visant à les présenter aux lecteurs et qui permettra peut-être d'ouvrir les yeux d'un plus grand nombre de personnes sur la tragédie qui dure depuis 77 ans.

Je suis convaincu que les défenseurs de la liberté et de la justice sont présents partout dans le monde. Je suis également persuadé que la liberté et la justice pour le peuple palestinien finiront par triompher.

Libérez la Palestine !

Hichem Karoui, août 2025, sud de la France.

1
Introduction
Le rôle de l'histoire dans la formation de l'identité nationale

En tant que mémoire collective d'un peuple, l'histoire exerce une influence déterminante sur la formation et le renforcement de l'identité nationale. À travers des récits soigneusement sélectionnés qui relient les origines, les réalisations et les épreuves, les communautés intègrent un passé commun dans leur vie culturelle, sociale et politique. Le récit qui en résulte devient la scène sur laquelle se joue le caractère national, déterminant l'image que les citoyens ont d'eux-mêmes et l'attitude qu'ils adoptent envers les autres nations. Ceux qui élaborent ces récits – historiens, éducateurs et dirigeants politiques – offrent le cadre culturel sur lequel s'élève une identité unifiée. Dans le meilleur des cas, ces récits évoquent un horizon moral et politique commun.

Cependant, la signification de l'histoire n'est jamais monolithique. Des interprétations divergentes d'événements décisifs peuvent se disputer la loyauté du public, fragmentant l'histoire nationale et exposant les fractures latentes au sein de la société. Le fait de se souvenir ou d'oublier certains faits de manière sélective aggrave le problème, en consacrant les inégalités et en ravivant les vieux préjugés. Vu sous cet angle, l'influence de l'histoire ne consiste pas seulement à éclairer, mais aussi à façonner les termes sur lesquels la mémoire collective est contestée et le consensus est obtenu ou refusé. Son influence se fait sentir non seulement dans les arguments et les choix de preuves que les historiens articulent, mais encore dans les canaux par lesquels ces arguments sont transmis et soumis à une interprétation collective.

Les choix pédagogiques dans les programmes scolaires, le cadre rhétorique utilisé dans les monuments et les mémoriaux, ainsi que les représentations cinématographiques et télévisuelles qui circulent dans la culture populaire mondiale, valorisent et suppriment certaines dimensions d'un passé collectif, façonnant ainsi l'image que se fait une communauté politique d'elle-même.

De plus, la relation entre l'historiographie et la perception nationale de soi transcende les frontières territoriales, affectant la posture diplomatique et la réputation transnationale. Le passé reconstruit d'une communauté politique peut susciter l'approbation ou la condamnation, consolidant ou fragmentant les coalitions géopolitiques. Par conséquent, une analyse attentive des variables historiographiques qui sous-tendent l'identité nationale est indispensable pour comprendre de manière nuancée les conflits structurels et les affinités qui caractérisent à la fois les pluralités nationales et la scène mondiale.

Les récits comme lentilles : comment les histoires façonnent notre compréhension du passé

Tout au long de l'histoire, les récits ont été indispensables pour former notre perception des temps passés. Ils fonctionnent, symboliquement, comme un verre transparent à travers lequel des époques entières apparaissent. Tout comme la teinte d'une lentille modifie subtilement la couleur du paysage, les récits modulent notre interprétation des événements, déterminant non seulement ce qui est vu, mais aussi les réactions affectives et cognitives qui s'ensuivent. Les récits structurent la transmission des connaissances historiques, les articulant sous une forme qui transcende les dates et les chiffres discrets. Ils cristallisent l'expérience vécue par les générations précédentes, nous permettant d'aborder des époques lointaines comme si elles respiraient encore. Qu'ils perdurent dans le chant d'un ancien du village, les pages d'une chronique ou les images d'un film, les récits tissent une trame de continuité, forgeant un attachement intime entre l'auditeur et ceux qui ont disparu.

Il est essentiel de noter que ces prismes sont tout sauf fixes ; ils sont révisés et reconfigurés à mesure que les contextes évoluent. Les idéaux, les préjugés et les aspirations qui sont loin du moment original coexistent dans la narration, et l'histoire est réécrite pour s'adapter au présent. Une telle fluidité signifie qu'une même série d'événements peut nourrir des mémoires nationales différentes, des identités concurrentes ou des idéologies partisanes. Pourtant, malgré leur souplesse, les récits restent indispensables ; ils fournissent les coordonnées qui donnent aux événements leur profondeur, leur signification et, en fin de compte, leur emprise sur notre imagination. La force des récits réside dans leur capacité à présenter des idées et des émotions complexes sous une forme accessible.

Lorsque l'histoire est présentée sous forme de récit, elle permet aux individus d'habiter la psyché de personnes séparées par la distance et le temps, cultivant une résonance émotionnelle que les simples faits ne peuvent souvent pas atteindre. Les récits facilitent également l'autoréflexion critique, incitant les lecteurs à méditer sur les ramifications des actions passées et leurs répercussions persistantes dans la vie actuelle. En outre, les récits jouent un rôle essentiel dans la formation des identités nationales et culturelles. En perpétuant les souvenirs communs et en favorisant la solidarité intergénérationnelle, ils constituent l'infrastructure émotionnelle et intellectuelle d'un caractère national cohérent.

Lorsque les communautés parviennent à articuler des récits puissants et persuasifs, elles renforcent une identité collective ancrée dans des traditions, des croyances et des valeurs communes. Cependant, des récits multiples et souvent contradictoires peuvent simultanément contester les mêmes épisodes historiques, chacun cherchant à être accepté et à s'imposer. Cette confrontation de récits met en évidence la pluralité des perspectives à travers lesquelles le passé peut être perçu et nous rappelle qu'aucun récit ne peut prétendre à la vérité absolue. En interrogeant ces versions concurrentes, les individus peuvent affiner leur compréhension de la complexité historique et parvenir à une compréhension plus complète des forces qui continuent d'influencer la société contemporaine.

En conclusion, les récits constituent des outils essentiels pour clarifier le passé, guider notre interaction avec celui-ci et influencer notre perspective contemporaine. Leur portée est vaste, touchant des domaines distincts de la vie individuelle et de la mémoire collective. Il est donc essentiel de reconnaître la force des récits pour saisir le caractère stratifié de la compréhension historique et les effets qu'elle exerce sur les sociétés à travers le monde. Les historiens, en tant que gardiens de la compréhension, sont confrontés au défi permanent de concilier l'interprétation subjective et l'aspiration à une analyse objective du passé. La complexité de leur discipline les oblige à évaluer minutieusement les preuves, en mettant en balance leurs idées personnelles et les archives documentaires empiriques, afin de produire des récits à plusieurs niveaux. Au cœur de leur métier se trouve le devoir de reconnaître et de divulguer les préjugés qui, même s'ils ne sont pas reconnus, influencent chaque reconstruction.

Le point de vue d'un historien est toujours façonné par le réseau de ses convictions personnelles et de son contexte socioculturel ; par conséquent, l'effort pour parvenir à une représentation impartiale doit être résolu. Cependant, l'exigence d'objectivité ne préconise pas la distance émotionnelle ; elle invite le chercheur à être critique et conscient de sa position et à évaluer comment celle-ci peut influencer l'interprétation d'événements particuliers.

Cette conscience réflexive permet aux historiens de dépasser leurs prédispositions, de délibérer avec des perspectives concurrentes et d'approfondir la recherche collective sur le passé. La rigueur archivistique renforce encore cette discipline objective : une sélection, une évaluation et une triangulation méticuleuses des preuves sont nécessaires pour garantir que la construction narrative repose sur des éléments vérifiables plutôt que spéculatifs. Dans le même temps, la reconnaissance de la subjectivité affirme la complexité et la richesse de l'expérience vécue qui constituent le substrat de tout processus historique. Accepter la subjectivité ne nuit pas à l'intégrité de l'histoire ; cela revient plutôt à reconnaître les dimensions émotionnelles et expérientielles multiples que les événements historiques comportent invariablement. Une telle acceptation ouvre un espace discursif à des voix et des points de vue multiples, révélant ainsi la multidimensionnalité inhérente au passé.

Lorsque les historiens s'intéressent aux différentes façons dont les individus ont vécu, mémorisé et consigné les événements historiques, ils favorisent une empathie qui transcende la vérification purement impersonnelle. La responsabilité permanente de l'historien d'intégrer l'interprétation subjective aux preuves objectives est donc une pratique fluide et réactive. Elle exige une réflexion personnelle sans faille, une modestie intellectuelle et un engagement durable à révéler la nature stratifiée de la vérité. En calibrant finement ces dimensions, les historiens négocient l'interaction subtile entre la perspicacité personnelle et la vérification empirique, faisant ainsi progresser une compréhension de l'histoire à la fois plus complète et plus humaine.

Évolution des interprétations historiques : des scripts fixes aux récits fluides

La trajectoire de l'historiographie moderne illustre comment la compréhension du passé a progressivement remplacé les récits rigides et normatifs par des récits flexibles et révisables. Les travaux antérieurs traitaient l'histoire comme un kaléidoscope d'événements liés par une causalité discernable, mais les recherches actuelles mettent en avant la contingence, l'incertitude et l'interaction de forces divergentes qui ne cadrent pas avec une explication linéaire.

Ce tournant intellectuel reflète un engagement général en faveur du pluralisme, nourri par le désir de remettre en question des interprétations sédimentées, souvent fondées sur les hypothèses d'une culture unique et dominante. Au cœur de cette transformation se trouve l'acceptation de la coexistence de vérités multiples, discréditant ainsi les récits autoritaires qui se présentent comme les seuls témoignages valables. Lorsque les historiens mettent en avant des expériences divergentes et des interprétations contradictoires, le passé devient plus nuancé, révélant la diversité des actions et des significations humaines. Les récits fluides, à leur tour, font émerger des voix jusqu'alors inaudibles, permettant à des voix auparavant subordonnées de modifier les scripts conventionnels qui dominaient le discours dominant.

Le rejet des cadres fixes se reflète en outre dans l'engouement actuel pour la recherche interdisciplinaire : les historiens font désormais régulièrement appel à l'anthropologie, à la sociologie, aux études littéraires et à d'autres domaines, ce qui leur permet d'interroger et d'enrichir les contours de sujets familiers et de situer leurs propres décisions concernant les preuves dans le contexte de forces sociales et intellectuelles plus larges. Une approche multidisciplinaire du passé élargit l'horizon de la recherche tout en fournissant aux chercheurs de nouveaux instruments analytiques capables d'aborder des processus complexes et croisés.

Parallèlement, le caractère dynamique de l'historiographie actuelle oblige à réévaluer en permanence les paradigmes établis. Cette réévaluation confronte les chercheurs à des réalités dérangeantes, les obligeant à remettre en question des hypothèses longtemps acceptées sur des événements et des acteurs clés. Grâce à une réévaluation critique répétée, les récits historiques peuvent évoluer en fonction des nouvelles découvertes empiriques et des priorités civiques changeantes. La tendance émergente vers des récits fluides et contingents ne compromet pas l'exactitude ; elle élargit plutôt les archives historiques en sollicitant un éventail plus large de voix et d'expériences.

Cependant, à mesure que cette transition méthodologique se déroule, les chercheurs doivent se prémunir contre les excès du relativisme dogmatique et du révisionnisme sans principes. Le défi central consiste à harmoniser l'acceptation de la multiplicité avec le strict respect de la discipline en matière de preuve. Ce n'est qu'en ancrant les récits contingents dans une recherche approfondie et une évaluation critique continue que la discipline peut préserver sa rigueur scientifique. Le passage de représentations monolithiques à des récits ouverts et modifiables marque une réorientation théorique dans la pratique de la discipline. Il invite la communauté à accepter la diversité historiographique, à affronter les contradictions inhérentes au passé et à accepter la permanence de la réinterprétation, ce qui, ensemble, permet une compréhension plus riche, plus complète et plus égalitaire des archives historiques.

Mémoire et mythe : faire le pont entre la mémoire personnelle et l'histoire collective

La mémoire et le mythe orchestrent un dialogue permanent entre les souvenirs intimes et les archives historiques plus larges, révélant comment l'expérience personnelle peut être intégrée dans le récit communautaire. La mémoire, dans son registre intime, archive les particularités de l'expérience vécue : les sensations, les émotions et les subtilités d'un moment qui, bien qu'éphémères, restent vivaces pour l'individu. Cependant, lorsque ces souvenirs sont confrontés à des événements historiques décisifs (guerres, révolutions, migrations), ils sont souvent remodelés, acquérant le langage et les contours du mythe. Ils ne sont plus simplement mémorisés ; ils sont mémorisés d'une certaine manière, retouchés par les filtres du sens collectif, et ainsi intégrés dans l'imaginaire collectif. Cette fusion offre à l'individu une place dans la grande chronique, tout en reconfigurant simultanément le récit communautaire en y incorporant une parcelle de vérité personnelle. Il en résulte des archives vivantes et mutables où les souvenirs personnels et publics se nourrissent mutuellement, façonnant l'identité individuelle tout en reconstituant l'histoire continue de la nation ou de la culture.

Cette constitution mutuelle de la mémoire et du mythe peut être observée dans des cultures hétérogènes, où les moments décisifs sont perpétuellement migratoires, imprégnés de métaphores, imprégnés de sentiments communautaires et liés à la compréhension civique de soi. Chaque récit et chaque revitalisation du passé – à travers les rituels, l'éducation ou l'art oratoire – contribuent à ce que Pierre Nora a appelé les « lieux de mémoire », formant des réservoirs de sens qui survivent aux événements eux-mêmes. Ces souvenirs collectifs, bien que souvent embellis par des motifs héroïques ou rédempteurs, offrent une consolation civique, fortifiant la nation contre les angoisses de ses divisions vécues.

Pourtant, cette consolation peut être fragile, car elle peut occulter les asymétries que le passé a léguées : les histoires des subalternes, des perdus et des abandonnés sont souvent supprimées ou rendues inaudibles. La portée de la mémoire et du mythe s'étend cependant bien au-delà des archives du passé ; elle devient un acteur décisif dans les arènes du pouvoir. La rhétorique politique invoque fréquemment le spectre des sacrifices fondateurs, magnifiant le passé pour donner un caractère d'urgence aux revendications présentes. Les statues, les monuments et les dates commémoratives traduisent les deuils intimes en rituels collectifs, tandis que la mémoire publique – institutions, programmes scolaires et médias – reproduit la sélection et l'agencement du passé dont les citoyens hériteront.

Dans de telles transactions, ce dont on se souvient et

la manière dont on s'en souvient ne sont pas un exercice désintéressé ; cela arme ou désarme les citoyens, légitime ou conteste les formes souveraines, et forge ou fracture les liens qui permettent aux sociétés de se maintenir. Les rituels, les structures commémoratives et les journées nationales de commémoration qui marquent de manière ostensible le passage d'événements historiques tissent étroitement ces événements dans le tissu social. Cependant, ce même mécanisme peut involontairement permettre la persistance d'inexactitudes, le silence des perspectives critiques et le renforcement de scénarios commémoratifs polarisants. Par conséquent, la convergence de la mémoire, du mythe et de la recherche rigoureuse sollicite un examen soutenu et sceptique, nous incitant à arbitrer les tensions entre les récits largement acceptés et les témoignages discrets, souvent contradictoires, de l'expérience vécue.

L'impact du contexte politique sur les récits historiques

L'historiographie actuelle est de plus en plus attentive à cette convergence entre mémoire et mythe, accordant une attention particulière à leur empreinte sur la conscience historique populaire et savante. En intégrant les récits des survivants, les mémoires orales enregistrées et les récits explicitement oppositionnels, les historiens démêlent les couches sédimentées du souvenir, testant et souvent remplaçant les simplifications héritées. Ce programme universitaire ajoute non seulement de la profondeur à notre connaissance des expériences passées, mais il cultive également une pratique historique souple et éthiquement attentive qui affirme l'importance des voix auparavant marginalisées.

Grâce à cette recherche, nous reconnaissons que la mémoire individuelle et la mémoire sociale ne sont pas des domaines antithétiques, mais des dimensions qui se nourrissent mutuellement, ouvrant ainsi l'horizon à une histoire enracinée dans un regard critique sur le caractère varié de ses sujets. Les circonstances politiques laissent invariablement leur empreinte sur les études historiques, encadrant chaque acte d'interprétation. L'environnement politique oriente les historiens dans le choix des sources, l'importance accordée à certains événements et la formulation des causes, privilégiant ainsi certaines voix et en marginalisant d'autres. Par conséquent, les récits du passé trouvent un écho au-delà de la discipline universitaire et acquièrent une actualité dans le discours contemporain.

L'un des principaux vecteurs de l'influence politique est la production d'une historiographie autorisée par l'État. Les régimes, qu'ils soient démocratiques, autoritaires ou coloniaux, élaborent souvent des récits qui légitiment leur autorité, suscitent un sentiment nationaliste ou justifient la conquête. Ces récits s'ancrent dans les systèmes éducatifs, les pratiques commémoratives et les monuments publics, produisant une mémoire collective qui se cristallise souvent en une identité nationale. Ce faisant, le passé est embelli, les omissions sont corrigées et les faits sont recalibrés conformément aux objectifs contemporains, produisant ce que Jean-François Chiappe a qualifié de vision qui renforce l'État et supprime les contradictions. Les récits historiques sont toujours sensibles à l'interaction entre les idéologies politiques et le pouvoir institutionnel.

Lorsque des sociétés idéologiquement divisées sont confrontées à leur passé, il en résulte souvent une lutte entre des interprétations concurrentes, chaque faction tentant de rédiger une version de l'histoire qui étaye ses propres revendications et discrédite l'adversaire. Une telle lutte à somme nulle déforme les preuves, compliquant la tâche d'aboutir à un récit impartial et renforçant les fractures sociales qui entravent en même temps la mémoire collective et une réconciliation durable. La méfiance est ainsi institutionnalisée, les communautés rivales en venant à habiter des passés mutuellement exclusifs qui empêchent tout avenir commun. L'environnement politique conditionne en outre l'orientation et l'ampleur de la recherche historique. Les récits qui remettent en question les prémisses des arrangements de pouvoir en vigueur se heurtent souvent à une résistance institutionnelle, qu'il s'agisse de censure officielle, de coupes budgétaires ou du silence stratégique de la mémoire sanctionnée.

Dans ces circonstances, le canon se rétrécit et les témoignages alternatifs sont relégués à la marge. En revanche, un système politique caractérisé par une ouverture politique substantielle permet un dialogue entre les sources, permettant aux historiens de retrouver les voix étouffées et de restituer un passé multidimensionnel qui reconnaît les conflits sans s'y abandonner. Seul un tel environnement permet à la discipline de remplir ses responsabilités épistémiques et éthiques envers les sociétés qu'elle cherche à éclairer. L'analyse de l'influence des contextes politiques sur les récits historiques révèle que la recherche scientifique et la mémoire collective du passé sont dynamiques et sensibles aux pressions extérieures. Il est essentiel de reconnaître et d'évaluer rigoureusement les distorsions potentiellement infligées par les environnements politiques dominants afin de favoriser une compréhension de l'histoire à la fois plus complète et plus fidèle. Une telle entreprise doit engager de multiples perspectives et protéger le passé contre sa récupération par des agendas partisans.

Le défi aux régimes dominants : l'avènement de nouveaux discours

Pendant des générations, la recherche historique s'est appuyée sur des paradigmes hégémoniques qui déterminent les hiérarchies académiques et contribuent à la sédimentation des mémoires collectives nationales. Les récits jusqu'alors incontestés, considérés comme faisant autorité ou canoniques, sont aujourd'hui confrontés à l'ascendant de discours émergents qui invitent à une critique soutenue et rigoureuse. Ce chapitre examine les conditions qui ont permis à cette innovation discursive de s'épanouir, en la situant dans des courants intellectuels et sociaux plus longs. L'émergence de ces contre-discours ne constitue pas un changement accessoire, mais un tournant décisif dans la discipline, les chercheurs fouillant intentionnellement des strates de preuves négligées et ressuscitant des voix longtemps reléguées au silence ou à la marginalisation.

Cette entreprise de fouille, animée à la fois par la rigueur scientifique et l'impératif éthique, refuse la neutralité souvent attribuée à l'historien et adopte plutôt une posture conflictuelle à l'égard des certitudes sédimentées. Le bouleversement qui en résulte déstabilise les récits canoniques et incite à recalibrer les obligations éthiques des historiens envers les preuves et les sociétés qui les commémorent. En traversant et, éventuellement, transgressant les limites du discours historique reçu, ces initiatives élargissent l'horizon discursif, permettent la circulation de perspectives auparavant incommensurables et favorisent un véritable échange interculturel. En assemblant ces nouveaux récits composites, elles cultivent une empathie modérée, mais tenace qui insiste sur la reconnaissance de la nature contradictoire et fracturée de l'action humaine et de la temporalité historique.

L'érosion constante des dogmes acceptés a transformé l'histoire, qui est passée d'un dépôt fixe de certitudes passées à un forum dynamique de réinterprétation radicale, fertilisant un champ pluraliste de récits qui reflètent la mosaïque de l'expérience humaine. Forts de ces discours émergents, les historiens et les chercheurs se sont lancés dans une exploration plus approfondie, mettant en lumière des épisodes longtemps passés sous silence et décortiquant les subtilités d'événements célèbres. Ce récit panoramique élargi permet au présent collectif d'avoir une compréhension plus riche et plus nuancée de ses antécédents, nourrissant ainsi un profond respect pour les subtilités de la vérité historique.

La remise en question de l'orthodoxie établie entraîne non seulement un renouveau de l'enthousiasme pour les archives et l'interprétation, mais également une prise de conscience publique qui dépasse largement les murs de la salle de séminaire. Ces interrogations dynamisent le débat civique, attirent l'attention sur les nuances et les hésitations que tout acte de présentation historique doit comporter, et incitent le public à remettre en question les interprétations monochromes omniprésentes.

De cette manière, les mêmes questions qui remettent en cause les certitudes motivent invariablement des mouvements plus larges, alimentés par une quête fondamentale d'équité et d'authenticité. En rassemblant ce qui était auparavant inaudible et en négociant ce qui était discordant, ces efforts cultivent la solidarité et la compréhension compatissante, aspirant à une compréhension collective et dialogique du passé et de ses répercussions persistantes dans le présent vivant. En fin de compte, l'émergence de nouveaux discours accomplit bien plus qu'une simple correction des archives historiques ; elle témoigne de la résilience et de la flexibilité continues des récits historiques, confirmant ainsi que la mémoire collective n'est pas une archive figée, mais un dialogue vivant et évolutif, toujours attentif aux possibilités de réinterprétation et de redécouverte.

Pourquoi l'histoire est importante : les récits comme outils de changement social

Les processus par lesquels les sociétés négocient leur destin sont invariablement influencés par la manière dont elles se souviennent et racontent leur passé. Les récits historiques sont des instruments puissants qui peuvent exercer une pression durable et transformatrice sur la conscience collective. Chaque réexamen et chaque nouvelle articulation d'un événement passé offrent aux sociétés l'occasion de remettre en question des coutumes incontestées, de contester des hiérarchies bien établies et d'apprécier les interdépendances complexes qui caractérisent le comportement humain. Ainsi, l'histoire fonctionne à la fois comme une surface réfléchissante et comme un instrument directionnel, permettant aux communautés de voir ce qu'elles étaient autrefois et de réfléchir à ce qu'elles pourraient devenir.

Au cœur du pouvoir de l'histoire se trouve sa capacité à nourrir l'empathie et la reconnaissance réciproque entre des groupes hétérogènes. Lorsque les histoires des personnes marginalisées sur le plan politique et social sont rendues visibles, la distance entre les souffrances passées et les responsabilités présentes est comblée. Le public est invité à habiter des vies qu'il n'a pas vécues, à affronter des blessures qu'il n'a pas infligées et à reconnaître que les répercussions des injustices passées ne sont ni effacées par le temps ni rendues insignifiantes par la géographie. En documentant ces expériences, l'histoire crée une mémoire commune qui peut galvaniser l'action collective ; les injustices d'hier deviennent les impératifs d'aujourd'hui. Les sociétés civiles s'appuient donc sur la mémoire savante et populaire de l'injustice pour affiner leurs engagements en faveur de l'équité, de la cohésion et de l'intégrité démocratique.

De plus, l'analyse historique sert de point de vue critique pour évaluer les difficultés actuelles. Un examen systématique des institutions, des cadres législatifs et des mouvements sociaux antérieurs, permet aux décideurs politiques et aux citoyens de tirer des leçons pertinentes applicables aux délibérations et aux interventions actuelles. En retraçant les mécanismes qui ont produit les injustices et les crises périodiques antérieures, nous accumulons un ensemble de connaissances qui renforcent notre capacité à faire face à des phénomènes similaires qui se produisent actuellement dans nos propres sociétés. De cette manière, l'étude du passé est repensée comme un processus génératif qui transforme la mémoire en un fondement pour un dialogue fondé sur des preuves, une révision législative et une action anticipative conçue pour lutter contre les inégalités profondément enracinées.

En outre, l'histoire impose une exigence rigoureuse en matière de responsabilité et de justice réparatrice. Lorsque les sociétés sont confrontées aux vérités dérangeantes de leur comportement passé, elles sont contraintes de reconnaître les cicatrices et les inégalités persistantes qui ont souvent été dissimulées sous des assurances rhétoriques. La prise en compte collective de ces injustices constitue une condition préalable nécessaire à la guérison et à la construction d'une culture politique commune orientée vers l'équité. Par conséquent, les archives historiques ne sont plus seulement un répertoire de dates et d'événements, mais un fonds stratégique d'avertissements et d'impératifs, soulignant les dangers de l'indifférence et les capacités de rédemption qui émergent grâce à une action collective coordonnée.

En résumé, l'étude de l'histoire revêt une importance considérable, car elle peut unir les communautés, cultiver l'empathie, guider les décisions actuelles et promouvoir à la fois la réconciliation et la justice. En tant que gardiens de notre mémoire collective, nous avons la responsabilité morale d'extraire et d'appliquer les enseignements tirés des récits historiques, en les transformant en instruments qui approfondissent la compréhension et favorisent des réformes significatives dans la société.

Revisiter le passé au nom de la connaissance exige de la part des chercheurs la plus grande vigilance éthique. Chaque époque, examinée à travers le prisme du présent, révèle des choix, des structures et des catastrophes dont l'héritage définit les paramètres de la vie contemporaine et les possibilités futures. Examiner le passé de manière éthique, c'est d'abord reconnaître que l'écriture de l'histoire n'est jamais un exercice neutre ; le cadre, la périodisation, le langage, les citations sélectives et les silences que les chercheurs s'autorisent et autorisent aux autres participent à la formation de la mémoire et de l'identité collectives.

Le devoir nous oblige donc non seulement à rendre le passé intelligible, mais aussi à évaluer quelle intelligibilité est rendue et pourquoi. Une telle responsabilité pousse le chercheur à aller au-delà d'une analyse impartiale pour s'accorder aux blessures, aux obscurcissements et à l'isolement que les générations précédentes nous ont légués. Ce faisant, l'historien, consciemment ou non, relève le défi de transformer la discorde héritée en conflit reconnu, ouvrant ainsi des voies pour sortir de l'impasse que peut engendrer un passé long et non examiné. L'intégrité, l'empathie et une fidélité scrupuleuse aux preuves convergent pour soutenir le chercheur dans cette entreprise. Des turbulences et des tabous émergent ; la tension entre l'équilibre des multiples points de vue et le poids des erreurs historiques pèse lourdement. Pourtant, la nécessité de reconstruire, phrase après phrase, une mémoire publique plus éthique reste non négociable.

Une telle mémoire doit rester un travail en cours, alimenté par le précepte éthique de ne pas se contenter des récits dominants, mais d'élargir ce que les archives, les monuments, les programmes scolaires ou les corpus numériques sont prêts à reconnaître. L'histoire éthique invite donc, à chaque page et dans chaque cours, à reconnaître simultanément le pouvoir structurel et le deuil personnel. Elle invite l'analyste à fouiller non seulement les politiques et les campagnes, mais également les intimités quotidiennes de la souffrance, de la résilience et de la résistance que les chroniques officielles éludent systématiquement. En mettant en avant ceux dont les rires et les pleurs, les erreurs et les règlements de comptes, voire l'absence même, ont produit les contours normalisés du passé, la recherche universitaire refuse la complaisance de la vérité « déjà connue » et reste ouverte à la possibilité d'une historiographie plus douce, mais plus insistante.

En mettant en lumière des histoires autrefois cachées, la recherche historique peut contribuer à réparer les silences du passé et à commencer à corriger les torts historiques. Grâce à cette mise en lumière, les chercheurs peuvent initier un processus de réconciliation indispensable au bien-être durable de communautés entières. S'engager dans cette obligation nécessite également d'affronter l'héritage durable du colonialisme, de la domination impériale et des multiples formes d'oppression systémique qui continuent de façonner le présent.

Cette responsabilité exige que les historiens restent attentifs à la manière dont leurs découvertes affectent les groupes vivants et qu'ils refusent de construire des récits qui perpétuent les blessures ou déforment la réalité. Elle exige de donner la priorité aux voix, aux expériences et à l'action de ceux qui ont été précédemment réduits au silence, et d'examiner comment les interprétations passées ont été utilisées pour servir des régimes de domination. En situant leur travail dans ce cadre moral, les chercheurs peuvent tracer des voies à travers des héritages troublés qui privilégient la compréhension, l'inclusivité et la justice. Lorsque la réflexion éthique éclaire chaque étape de la recherche, le passé peut être remodelé sous des formes qui nourrissent un avenir défini par l'équité et la compassion. Une telle reconstitution invite à l'introspection individuelle et collective, permettant aux sociétés d'avancer en reconnaissant de manière éclairée nos histoires mutuelles et entremêlées.

Faire face au passé : l'impératif éthique dans la réévaluation de l'histoire

Alors que nous entrons dans un nouveau chapitre de la recherche, nous devons accepter que notre compréhension du passé n'est jamais figée. La trajectoire de l'écriture de l'histoire dans les décennies à venir promet de révéler des points de vue ignorés et des récits latents qui ont jusqu'à présent échappé à l'attention. Cette trajectoire elle-même confirme la capacité persistante de l'histoire à influencer le présent et à éclairer nos choix futurs. Les chercheurs sont donc bien placés pour explorer les textures plus fines de l'expérience vécue pour faire entendre des voix jusqu'alors réduites au silence et pour réajuster notre mémoire collective.

Cette quête persistante de la vérité historique exige que les membres de la discipline et leurs interlocuteurs soumettent les hypothèses familières à un examen minutieux et soutenu. Les limites de l'historiographie conventionnelle seront mises à l'épreuve, permettant l'émergence de nouvelles analyses et questions. Parallèlement, le développement des outils numériques élargit l'accès aux sources primaires et facilite la diffusion des résultats, une convergence qui transcende les frontières géographiques et culturelles auparavant imperméables.

Au milieu de cette effervescence intellectuelle, les historiens sont confrontés à des dilemmes éthiques croissants, en particulier lorsqu'ils enquêtent sur des épisodes sensibles et controversés. Trouver un équilibre entre l'intégrité scientifique et la conscience aiguë des vies significatives encore façonnées par le passé reste le devoir premier. Avec l'élargissement du champ d'application de la discipline, la demande de collaboration interdisciplinaire s'intensifie ; les historiens s'appuient de plus en plus sur la sociologie, la psychologie, l'anthropologie et d'autres domaines pour approfondir et complexifier leurs interprétations des phénomènes historiques.

L'historien responsable ne peut pas isoler la recherche universitaire du débat sociétal. L'histoire, en éclairant les concepts d'identité nationale et les pratiques de gouvernance, confronte invariablement les réalités actuelles. Les historiens de formation doivent donc participer au dialogue public, en fournissant des récits nuancés et une rigueur analytique capables d'éclairer le jugement public et, par conséquent, de renforcer la cohésion sociale.

Lorsque nous envisageons l'avenir, la portée de la recherche historique s'étend réellement au-delà du monde universitaire. En rendant compte du passé dans toute sa complexité, les historiens cultivent un engagement empathique, favorisent les processus de réconciliation et remettent en question les préjugés tenaces. Pour apprécier la trajectoire actuelle de la discipline, il faut être conscient de la force transformatrice inhérente aux récits historiques, car ceux-ci ont la capacité de susciter la réflexion et d'encourager des changements constructifs au sein de la société.

En conclusion, l'évolution de la recherche historique révèle un avenir caractérisé par des découvertes durables, une réflexion critique et un engagement public dynamique. Alors que nous nous aventurons dans les domaines encore inexplorés du passé, nous devons être déterminés à démêler les strates complexes de l'histoire humaine tout en préservant les normes rigoureuses qui ancrent notre discipline.

2
L'émergence des nouveaux historiens
Une révolution scientifique commence

Le contexte de l'historiographie israélienne traditionnelle

L'historiographie israélienne classique, apparue au lendemain de la création de l'État et façonnée par ses impératifs nationalistes, a mis en avant les récits célébrant l'histoire et les mythes fondateurs, tout en marginalisant l'examen critique des événements controversés (Shapira 1995 ; Gelber 2004). Le schéma historiographique dominant a réifié l'entreprise sioniste comme une saga de lutte acharnée, de sacrifice communautaire et de triomphe final, présentée en termes quasi rédempteurs, mais il a systématiquement sélectionné les preuves afin de minimiser, voire d'effacer complètement, les expériences et les griefs des communautés subsumées, en particulier les Palestiniens (Flapan 1987 ; Segev 1986).

Cet archivage et cette interprétation sélectifs ont par conséquent isolé un récit de la droiture et du statut de victime des Juifs, occultant d'autres perspectives et étouffant la dissidence dans les milieux universitaires et la sphère publique (Silberstein 1999). Pendant la majeure partie du XXe siècle, l'historiographie israélienne et l'entreprise de cohésion nationale ont été fonctionnellement co-déterminées.

Les travaux universitaires dominants ont présenté un passé qui, bien qu'apparemment descriptif, servait les fins instrumentales de l'identité collective et de la légitimation de l'État (Kimmerling 2001 ; Shlaim 1995). En valorisant une interprétation et en réduisant les autres au silence, l'édifice universitaire a favorisé l'émergence d'une population adhérant à un récit unifié et axé sur un objectif précis. Cette concordance implicite a toutefois eu pour prix une amnésie volontaire ou une évasion doctrinale des dimensions les plus conflictuelles du passé, empêchant l'interrogation des événements traumatisants et le réexamen des certitudes axiomatiques (Shapira 1995 ; Gelber 2004).

L'historiographie israélienne conventionnelle a ainsi souligné une interprétation très divisée des événements passés, les présentant comme de purs triomphes ou des transgressions sans réserve. Ce cadre monochrome a souvent occulté ou relégué au rang de notes de bas de page regrettables les couches plus subtiles, ambivalentes ou moralement déroutantes de l'histoire (Segev 1986 ; Shlaim 2000). Elle a considérablement sous-estimé la nécessité de contester les interprétations rivales et de soumettre en permanence les récits canonisés à une réévaluation, limitant ainsi le discours historique et émoussant la sensibilité à l'héritage du passé (Shapira 1995).

En conséquence, l'appareil éducatif officiel et les médias dominants ont établi un canal dominant à travers lequel le paradigme historiciste orthodoxe a été répété et ancré, façonnant ainsi l'imaginaire civique autour d'époques décisives. En diffusant un récit simplifié et épuré, ces organismes ont entretenu une mémoire collective conforme au scénario officiel, tout en écartant systématiquement les témoignages et les perspectives qui s'opposaient à ses limites (Kimmerling 2001 ; Silberstein 1999).

Dominé par un nationalisme et une idéologie manifestes, le paradigme traditionnel a construit un espace d'interprétation hermétique, qui a limité l'engagement critique et produit une recherche universitaire qui a fortuitement servi les impératifs politiques et sociaux de l'État. Dans ce contexte, les nouveaux historiens sont apparus comme la première rupture systématique et durable avec le paradigme antérieur, imposant une remise en question profonde et souvent dérangeante de la conception historique que la nation avait d'elle-même (Flapan 1987 ; Shlaim 1988 ; Morris 1988).

Les germes intellectuels du changement : le climat des années 1980

Les années 1980 ont représenté un moment décisif dans l'historiographie du conflit israélo-palestinien. Alors que l'ordre mondial commençait à se fragmenter, le climat intellectuel en Israël a été dynamisé par un ensemble de perturbations externes et intracommunautaires. L'expansion de la société civile, l'accès croissant aux archives et la normalisation progressive de la réflexivité postmoderne ont créé un climat propice à la remise en question (Silberstein 1999 ; Shlaim 1995). Dans ce contexte, les «nouveaux historiens », qui n'ont jamais formé un groupe homogène, ont néanmoins politisé l'écriture de l'histoire, transformant les archives elles-mêmes en un lieu contesté de la mémoire contemporaine (Morris 1988 ; Flapan 1987). À la suite de la guerre du Liban et de la première Intifada, une atmosphère particulière d'introspection s'est installée au sein de la population israélienne (Schiff et Ya'ari 1984 ; Beinin et Lockman 1989).

Les répercussions de ces confrontations ont incité les universitaires et les observateurs profanes à reconsidérer ce qui était depuis longtemps considéré comme une chronique établie. Parallèlement, la résurgence des méthodologies postcoloniales et révisionnistes dans l'historiographie mondiale a fourni un milieu intellectuel dans lequel des récits nouveaux, parfois troublants, de la narration sioniste ont commencé à fleurir (Said 1978 ; Shafir 1989).

L'élan de cette enquête a été considérablement amplifié par l'ouverture progressive des archives détenues par l'État. Des documents récemment redécouverts ont mis en lumière des aspects jusqu'alors obscurs de la saga nationale, permettant une analyse plus fine des événements qui ont entouré la naissance de l'État d'Israël (Shlaim 1988 ; Morris 1988). La publication de documents d'archives au Royaume-Uni, en vertu de la règle des 30 ans alors en vigueur (aujourd'hui remplacée par la règle des 20 ans), et par les Archives nationales d'Israël a élargi la base factuelle de ces débats (Archives nationales (Royaume-Uni) s.d. ; Archives nationales d'Israël s.d.).

De plus, le contexte politique intérieur en Israël a connu une transformation notable au cours de ces années. Le début des années 1980 a vu l'émergence d'une société civile plus engagée et plus critique, caractérisée en partie par une communauté universitaire nettement plus audacieuse (Silberstein 1999 ; Kimmerling 2001). La conjonction de ces développements a donné naissance à une sphère publique dans laquelle la dissidence est devenue plus tolérable et la recherche universitaire plus résolue, créant ainsi un environnement propice aux nouveaux historiens pour remettre en question des récits jusque-là incontestés (Shapira 1995 ; Segev 1986).

Dans ce contexte, des historiens d'exception – Benny Morris, Ilan Pappé, Avi Shlaim et Simha Flapan – se sont lancés dans des recherches qui ont rompu de manière décisive avec les interprétations dominantes (Morris 1988 ; Flapan

1987 ; Shlaim 1988 ; Pappé 1988). Leurs études fondamentales ont redéfini la chronologie et la causalité et soulevé des questions éthiques et épistémologiques qui ont eu des répercussions au-delà du monde universitaire (Shlaim 1995). Les remous intellectuels qu'ils ont inspirés et le nouveau lexique critique qu'ils ont introduit ont entraîné une recomposition perceptible de la discipline, élargissant les frontières géographiques et temporelles de l'historiographie du Moyen-Orient.

Mise au jour de nouvelles preuves : accès aux documents déclassifiés

La deuxième vague de reconceptualisation historiographique israélienne s'est clairement manifestée au cours des années 1980, lorsque l'accès élargi aux archives gouvernementales, militaires et diplomatiques déclassifiées a permis aux chercheurs d'interroger des événements auparavant dissimulés par l'opacité institutionnelle (Morris 1988 ; Shlaim 1988).

La publication progressive de ces dossiers, provenant des archives nationales israéliennes et d'archives étrangères telles que les archives nationales britanniques, a coïncidé avec la maturation de la discipline (Archives nationales (Royaume-Uni) n.d. ; Archives nationales israéliennes, n.d.). Les câbles, les rapports de situation militaire et les mémorandums interinstitutionnels récemment dévoilés ont révélé des acteurs jusqu'alors discrets et des décisions non rapportées qui ont été à l'origine de crises majeures (Morris 1986a ; Morris 1986b).

En examinant ces documents, les historiens ont été contraints de recalibrer les fondements chronologiques et causaux de phénomènes tels que la guerre de 1948, la création de la doctrine de sécurité israélienne et l'invasion du Liban en 1982. Chaque entrée précédemment censurée a également déstabilisé les catégories fondamentales, qu'il s'agisse de la libération nationale célébrée par la gauche ou de la reconstruction téléologique de la droite, démontrant ainsi les contingences occultées par les anciens idéologues.

La discipline historiographique, désormais étayée par des sources d'archives vérifiables, est passée de grandes synthèses à des micro-études granulaires et à des évaluations comparatives de la sécurité (Morris 2008). Les efforts de la société civile ont depuis permis de documenter les obstacles et les opportunités liés à l'accès aux archives, façonnant davantage le terrain de la recherche (Akevot Institute n.d.).

Ironiquement, l'État même que les chercheurs ont examiné de manière critique est ainsi devenu le principal archiviste de sa propre chute historiographique, créant les conditions d'une synthèse moins réductible à un récit national singulier et plus en phase avec la tactique de la contradiction, de l'action et de l'oubli. Il reste à intégrer ces fragments dans des constellations régionales et mondiales plus larges, en évitant continuellement la tentation de sédimenter le nouveau récit en une orthodoxie conservatrice.

L'accès à des documents auparavant classifiés a eu un retentissement au-delà des universités, suscitant un débat public et remettant en question des croyances communément admises. Une fois les mesures de protection des archives levées, les historiens se sont lancés dans un voyage attendu depuis longtemps, mettant en lumière des histoires qui avaient mûri dans l'ombre (Segev 1986 ; Flapan 1987). L'afflux de nouveaux documents a déclenché un changement dans la discipline, obligeant les chercheurs à formuler de nouvelles questions et méthodes (Shlaim 1995).

L'apparition soudaine d'informations cachées dans ces dossiers a entraîné une remise en question approfondie des affirmations et des réfutations publiques. Les vérités multiples découvertes dans les anciens dossiers scellés obligent le monde universitaire à faire une pause, à réfléchir et à se réengager, à l'aube d'un bouleversement interprétatif qui promet de redessiner la familiarité du passé.

Remettre en question les récits orthodoxes : le rôle de la recherche internationale

L'émergence des nouveaux historiens a constitué un tournant dans la reconfiguration de l'écriture historique sur Israël. La recherche internationale a bouleversé les récits orthodoxes en introduisant des archives négligées, des voix marginales et de nouvelles orientations théoriques : critique postcoloniale, études sur la mémoire et études sur le nationalisme (Said 1978 ; Shafir 1989 ; Peters et Newman 2013).

Les méthodes comparatives et transnationales ont diversifié les questions posées et compliqué le récit, mettant en évidence la coexistence de mémoires contradictoires et la fragilité des affirmations faisant autorité (Shlaim 1995 ; Peters et Newman 2013). Les recherches menées en dehors d'Israël ont offert un point de vue calibré à partir duquel les années de formation de l'État ont pu être réévaluées, révélant des liens de causalité et d'action qui avaient été jusqu'alors passés sous silence.

Les orientations méthodologiques et théoriques distinctives apportées à l'étude de la terre, de la population et du conflit ont invité les historiens à remettre en question les prémisses sur lesquelles reposait l'ancienne synthèse. Que ce soit à travers le prisme de la critique postcoloniale, des études sur la mémoire ou de la critique du nationalisme, l'intégration de la recherche internationale a encouragé la désagrégation progressive des récits monolithiques et mis en évidence la coexistence de mémoires contradictoires, exposant ainsi la fragilité des affirmations auparavant autoritaires.

L'historiographie contemporaine bénéficie désormais des échanges entre chercheurs formés à diverses traditions – par le biais de débats publiés, d'ateliers et de forums numériques – qui transcendent les cadres nationaux étroits (Peters et Newman 2013). Il en résulte une connaissance cumulative qui reconnaît le paysage historique comme étant contesté en interne (Shlaim 1995). Cette entreprise collaborative continue de redéfinir notre conception du passé tout en établissant un réflexe méthodologique qui, à son tour, interroge le présent.

Grâce à un dialogue scientifique soutenu et à un travail d'échange lent et cumulatif, le cadre de la recherche historique s'est élargi pour inclure un plus grand éventail de voix et d'interprétations, renouvelant ainsi la quête de la vérité historique. Ce travail mené conjointement a fait plus qu'enrichir la discipline elle-même ; il a touché un public désireux de réexaminer des récits bien défendus confrontés à de nouvelles découvertes soigneusement vérifiées.

Cette contribution internationale a eu pour effet de susciter une réévaluation décisive des récits hérités, instaurant une restructuration mesurée des questions posées par les historiens. À mesure que les perspectives extérieures ont été de plus en plus prises en compte, elles ont réorganisé le champ de l'historiographie israélienne et invité à une représentation plus plurielle et plus nuancée du passé. L'engagement continu des chercheurs non locaux est ainsi devenu à la fois l'occasion et l'instrument d'une réévaluation critique des récits, illustrant la capacité du travail intellectuel conjoint à modifier notre conception commune de la réalité historique.

Les premiers pionniers : les figures clés et leurs travaux

L'émergence des nouveaux historiens en Israël a constitué un tournant dans l'historiographie de la rencontre israélo-palestinienne, remettant en question les récits dominants et présentant des interprétations alternatives référentielles des épisodes fondateurs. Cette vague révisionniste a pris naissance avec un groupe de chercheurs prêts à explorer des archives jusqu'alors marginalisées, à revenir aux documents primaires et à soumettre les certitudes morales du jeune État à un réexamen empirique rigoureux.

L'ouvrage de Benny Morris, *The Birth of the Palestinian Refugee Problem*, 1947–1949 (1988 ; révisé en 2004), a répertorié les processus de déplacement pendant la guerre de 1948 en accordant une attention systématique aux sources israéliennes, arabes et internationales (Morris 1988 ; 2004). Grâce à une combinaison minutieusement assemblée de documents militaires israéliens, de témoignages arabes et de comptes rendus de presse sur des opérations spécifiques, Morris a interrogé l'interaction entre l'action et la coercition, révélant un tableau multidimensionnel qui met en lumière les mécanismes de fuite, d'expulsion et de tension démographique d'avant-guerre (Morris 1986a ; 1986b ; 2008).

Le résultat a été, pour certains, un délogement douloureux de fables apaisantes ; pour d'autres, un récit plus granulaire et, en fin de compte, plus crédible. Ilan Pappé, prolongeant les fondements méthodologiques de Morris, a avancé une thèse stratigraphique plus affirmée : l'intentionnalité d'un transfert planifié et systématique de la population arabe, qu'il a cristallisée dans The Ethnic Cleansing of Palestine.

Son interprétation, étayée par des correspondances militaires déclassifiées et les mémoires de hauts responsables de l'État, a reclassé les événements de 1948, les faisant passer du registre des tragédies collatérales à celui des actions administratives préméditées (Pappé 2006 ; 1988).

Les conclusions de Pappé alimentent les polémiques actuelles et, en déplaçant la controverse des marges du milieu universitaire vers le cœur du débat public, elles ont souligné l'impact culturel plus large des nouveaux historiens. Avi Shlaim, largement respecté pour sa critique incisive de la stratégie diplomatique et militaire israélienne, a introduit une perspective qui remettait en question l'idolâtrie habituelle de la conduite israélienne et encourageait ainsi une réévaluation fondamentale des faits (Shlaim 1988 ; 2000).

Simha Flapan s'est concentré sur la révélation des facettes cachées de la politique sioniste et de leurs ramifications pour la population locale, discréditant les mythes nationaux hégémoniques défendus par l'historiographie conventionnelle (Flapan 1987).

Ces chercheurs de la première génération ont réorienté le

terrain intellectuel et ouvert la voie à une reconfiguration décisive des études historiques, jetant ainsi des bases durables pour les chercheurs suivants. Grâce à leur engagement sans crainte sur des sujets controversés et à leur examen assidu des sources, ils ont réussi à inaugurer une ère de recherche qui continue d'éclairer la compréhension contemporaine du conflit israélo-palestinien et de sa signification plus large. Leurs publications restent des affirmations convaincantes de l'efficacité de la recherche dissidente et de la capacité de transformation d'une recherche historique rigoureuse.

De la marge au courant dominant : gagner en crédibilité académique

Le passage de chercheurs historiquement marginalisés à des centres respectés de discussion historiographique marque un enrichissement extraordinaire de la discipline. Cette re-conceptualisation n'était pas fortuite ; elle est le résultat d'efforts soutenus pour remettre en question les paradigmes dominants et articuler des compréhensions chronologiques alternatives. À chaque publication substantielle et colloque universitaire, les arguments autrefois marginaux ont acquis une masse critique suffisante pour obliger les chercheurs pairs à s'y intéresser et, au fil du temps, à réviser les positions historiographiques établies.

La publication stratégique de monographies, de recueils édités et d'articles dans des revues de premier plan, associée à leur présence soutenue dans des conférences multidisciplinaires, a joué un rôle clé dans l'élargissement concomitant de leur portée. Lorsque des presses universitaires et des revues prestigieuses ont soumis leurs travaux à un examen rigoureux par des pairs et leur ont accordé une place de choix, ceux-ci ont obtenu l'imprimatur nécessaire pour entrer dans les programmes d'études supérieures et les lectures de premier cycle (Shlaim 1995 ; Peters et Newman 2013). L'octroi de bourses et de subventions de recherche à ces universitaires a encore renforcé leurs conclusions aux niveaux curriculaire, intellectuel et administratif, transformant ainsi la marginalité intellectuelle en orthodoxie scientifique et guidant la formation des générations suivantes de chercheurs (Morris 2004 ; Shlaim 2000).

La nouvelle génération d'historiens a activement utilisé les médias numériques et audiovisuels (éditoriaux, documentaires et histoires populaires) pour partager ses recherches au-delà des amphithéâtres universitaires et des murs des bibliothèques (Segev 2000). Cette communication directe, combinée à des présentations riches sur le plan analytique et captivantes sur le plan narratif, a attiré des lecteurs et des téléspectateurs avides de représentations plus complexes et moins monolithiques du passé. En conséquence, leurs interprétations ont circulé dans les journaux, les podcasts et les séries documentaires, suscitant une curiosité intellectuelle plus large tout en invitant à se replonger dans les contingences et les conflits que les manuels scolaires antérieurs avaient tendance à éluder. Les débats publics et les controverses commémoratives sont alors devenus des lieux de diffusion professionnelle de leurs recherches, amplifiant leur pertinence civique tout en complexifiant des mythes civiques jusque-là incontestés.

Malgré leurs succès, ces historiens ont rencontré une opposition concertée de la part des défenseurs des récits établis, qui ont mobilisé l'autorité institutionnelle et l'inertie disciplinaire pour rejeter leurs méthodes et leurs motivations. Les nouveaux venus ont répondu non pas par une rhétorique défensive, mais par des citations transparentes, une auto-réflexivité méthodologique et une volonté de révision (Karsh 1997 ; Shapira 1995 ; Teveth 1989). Leur persévérance, associée à une série d'interventions publiques soigneusement orchestrées – des tables rondes aux articles d'opinion juxtaposant des preuves archivistiques à des souvenirs politiquement chargés – leur a valu la confiance d'un public beaucoup plus large. Au fil du temps, leurs contributions ont modifié les repères du dialogue professionnel tout en intégrant une conception plus controversée de la mémoire dans les conversations quotidiennes de la nation sur le passé.

Préparer le terrain pour un changement de paradigme dans les études historiques

Les années 1980 ont vu le passage d'un cadre narratif conventionnel à une historiographie plus critique et analytiquement pluraliste. Les chercheurs ont élargi leur champ d'étude pour inclure les structures du pouvoir, les pratiques quotidiennes et les forces transnationales (Shafir 1989 ; Said 1978). Les innovations méthodologiques (histoire orale, culture matérielle, microhistoire) ont donné de la profondeur aux reconstructions et ont remis en question les orthodoxies (Peters et Newman 2013 ; Beinin et Lockman 1989). Les collaborations et les conférences transfrontalières ont permis de remettre en question les récits dominants, favorisant une critique réciproque et soutenue (Peters et Newman 2013; Shlaim 1995).

S'appuyant sur un éventail kaléidoscopique de méthodes disciplinaires et de formes documentaires, les praticiens ont mis à nu des représentations stratifiées pour révéler les voix et les expériences que les récits dominants avaient rendues inaudibles. La volonté de confronter des omissions politiquement et émotionnellement chargées et de remettre en question des orthodoxies disciplinaires bien établies s'est avérée être un facteur décisif dans l'émergence d'un nouveau paradigme historiographique.

Naviguant dans cette topographie intellectuellement chargée, les chercheurs de premier plan ont intentionnellement élargi le champ d'analyse pour inclure les structures hétéronomes du pouvoir et les pratiques quotidiennes qui encadrent tout événement donné. La re-conceptualisation concomitante du passé en tant que champ densément entrelacé a permis de mettre en évidence la constitution mutuelle du laboratoire des acteurs locaux et les impératifs des constellations transnationales. Sur le plan méthodologique, des innovations telles que la collecte systématique de témoignages oraux, l'intégration critique de la culture matérielle et les lectures sensibles de l'archéologie stratifiée ont donné de la profondeur et de la granularité aux reconstructions, transcendant la périodisation réductrice et l'historiographie additive. L'effet cumulatif a été un moment historiographique qui a laissé entrevoir, et dans certains cas s'est rapproché, d'une sensibilité disciplinaire définitivement nouvelle.

La communauté scientifique internationale a ainsi fonctionné comme un incubateur essentiel pour les échanges intellectuels, permettant une remise en question comparative des récits historiques dominants. Grâce à des projets de recherche collaboratifs transfrontaliers, des conférences et des forums électroniques, les historiens ont été encouragés à formuler leurs questions parallèlement à celles provenant de différents contextes disciplinaires et nationaux. L'articulation qui en a résulté d'interprétations divergentes, mais qui se recoupent, a contraint chaque chercheur à confronter et à réfléchir sur ses propres hypothèses situées, ce qui a donné lieu à une critique réciproque soutenue. Ces formes aiguës de fertilisation intellectuelle croisée ont encouragé une redéfinition des frontières historiographiques et favorisé l'imagination de nouveaux calibrages des preuves et des arguments.

Simultanément, le réexamen méthodique des archives, associé à une critique soutenue de l'héritage colonial, a conduit à un élargissement des questions que les historiens étaient prêts à aborder. Une sensibilité accrue aux relations de pouvoir complexes qui structurent à la fois les documents et leur interprétation a permis de dépasser une dépendance étroite à l'égard des preuves légitimantes. Cette évolution a configuré un champ historiographique de plus en plus capable de déplacer les grands récits qui sédimentaient les idéologies dominantes et d'amplifier les récits qui, jusqu'à récemment, étaient relégués à la marge. L'effet cumulatif de ces deux processus — une enquête méthodologique sur les documents et une interrogation éthique du pouvoir — a conduit à une redéfinition des priorités scientifiques, qui sont passées de la reproduction du consensus à l'interrogation du silence.

La phase de transition qui a précédé le changement de

paradigme dans les études historiques a été marquée par une volonté exceptionnelle de reconstruire les récits, une insistance sur l'examen des hypothèses doctrinales héritées et une quête inébranlable de la vérité probante. Cette reconfiguration fondamentale des engagements méthodologiques et interprétatifs a établi les conditions d'une phase d'enquête ultérieure, dont les formes évolutives réorientent et approfondissent désormais de manière persistante notre compréhension des époques précédentes.

L'impact des événements mondiaux sur les perspectives scientifiques

Le XXe siècle a été ponctué par une série de bouleversements mondiaux qui ont irréversiblement redéfini le paysage intellectuel de l'historiographie. Les séquelles des deux guerres mondiales, la désintégration des empires, la décolonisation et le redécoupage des frontières nationales qui en a résulté ont créé un contexte dans lequel les historiens ont été contraints à plusieurs reprises de recalibrer leurs points de vue. Collectivement, ces phénomènes ont mis en évidence la fragilité et la partialité des cadres d'interprétation antérieurs.

Ces bouleversements mondiaux – deux guerres mondiales, la décolonisation, la guerre froide, les mouvements de défense des droits de l'homme et l'accélération de la mondialisation – ont redéfini la recherche historique et remis en question les récits euro-centriques (Said 1978 ; Shafir 1989). La nécessité de replacer ces phénomènes dans le contexte des courants mondiaux a favorisé un environnement universitaire qui a affirmé la nécessité de méthodologies comparatives et transnationales. Il en a résulté une expansion historiographique qui a valorisé la contingence et l'interdépendance plutôt que la souveraineté isolée.

Parmi ces transformations mondiales, le déclin de la domination coloniale formelle et la création subséquente d'entités postcoloniales ont exercé l'influence la plus profonde. L'effondrement de l'autorité impériale a incité les historiens à fouiller les sédiments de la domination coloniale, les registres plus subtils de l'action indigène et les héritages inégaux laissés aux politiques émergentes. Ce processus a progressivement décentré l'historiographie ; les récits euro-centriques traditionnels n'ont pas seulement été complétés, mais refondus, les voix d'acteurs auparavant marginalisés ayant acquis une importance analytique et symbolique. Les historiens ont de plus en plus adopté des approches comparatives et transnationales qui mettaient en avant la contingence et l'interdépendance, décentrant les téléologies des États-nations et redonnant la parole aux voix marginalisées (Beinin et Lockman 1989 ; Peters et Newman 2013).

La guerre froide, avec ses divisions idéologiques, a laissé une empreinte durable sur l'écriture de l'histoire. La rivalité entre l'Est et l'Ouest a non seulement façonné la politique contemporaine, mais a également infiltré les récits historiques des historiens, obligeant les chercheurs à se confronter à l'héritage de la compression partisane et à reconstituer un passé fragmenté par des certitudes concurrentes.

Les décennies qui ont suivi la fracture géopolitique de 1945 ont vu l'émergence de mouvements revendiquant les droits de l'homme et l'équité sociale. En réponse, les historiens ont tourné leur attention vers les répercussions des campagnes pour les droits civiques, les luttes pour la libération des femmes et l'affirmation des droits des minorités, récupérant des voix que les récits antérieurs avaient réduites au silence et proposant une version du passé qui insiste désormais sur la co-constitution de la société et de la politique.

Enfin, l'accélération de la mondialisation à la fin du XXe siècle a nécessité une réévaluation critique des causes historiques. Les historiens se sont tournés vers la constitution mutuelle de sociétés éloignées, examinant comment la circulation des personnes, des marchandises et des idées dépassait les cadres nationaux hérités et révélant comment les développements localisés étaient inextricablement façonnés par des courants transnationaux plus larges.

L'intersection de ces développements mondiaux a élargi le champ de l'étude historique et obligé les historiens à développer des méthodologies plus nuancées et inclusives pour interpréter le passé. Alors que les processus disruptifs du XXe siècle ont remodelé l'ordre international, ils ont également remodelé les outils archivistiques et conceptuels de la discipline, ouvrant la voie à l'émergence de nouveaux modèles historiographiques qui ont remis en question et, souvent, redéfini les orthodoxies longtemps dominantes.

Réaction du public et résistance initiale

L'émergence des nouveaux historiens a provoqué une réaction houleuse qui a touché de multiples couches sociales et politiques en Israël. Leurs lectures révisionnistes, qui confrontaient les mythes fondateurs de la nation à des preuves documentaires et orales nouvellement rassemblées, ont percé la membrane protectrice du consensus qui isolait depuis longtemps la mémoire collective. Il en a résulté un malaise collectif qui s'est propagé, se manifestant par des débats partisans, un repli institutionnel et la reconstitution de la mémoire populaire.

Les manuels scolaires établis, autrefois vecteurs sacro-saints d'héroïsme et d'innocence, ont été soumis à un niveau de contrôle méthodologique auparavant réservé aux chercheurs étrangers. La réaction s'est ainsi cristallisée non seulement dans la polémique politique, mais également dans la refonte anxieuse des programmes scolaires et des mémoriaux publics. La réaction la plus prononcée a pris la forme d'un rejet global de la part des défenseurs de l'historiographie acceptée.

La classe politique établie, les hauts responsables militaires et les universitaires se sont mobilisés contre tout écart par rapport à l'ancien consensus. Les détracteurs issus du monde politique, militaire et universitaire ont contesté leurs méthodes et leurs motivations, arguant que le révisionnisme déformait l'histoire et mettait en péril la légitimité nationale (Teveth 1989 ; Karsh 1997). Les nouveaux historiens ont été victimes de calomnies et finalement qualifiés de traîtres pour avoir tenté de mettre en avant des épisodes négligés, souvent douloureux, du passé d'Israël. Leurs détracteurs ont intensifié leurs attaques, craignant que ces révélations ne ternissent l'image du pays à l'étranger et ne compromettent sa quête incessante de légitimité sur la scène diplomatique.

Un deuxième courant d'opinion publique, tout aussi important, est né de groupes dont la mémoire collective et la vertu civique étaient explicitement ancrées dans l'ancienne chronique. Pour ces publics, les récits hérités, ritualisés dans les manuels scolaires et les discours festifs, constituaient le noyau émotionnel du nationalisme et de la conscience politique. La nouvelle analyse est donc apparue comme une rupture malvenue, susceptible de renverser les convictions sur lesquelles reposaient l'identité civique et privée. Cette sensibilité était encore exacerbée par la possibilité, évoquée tant dans les tavernes qu'au parlement, que l'ensemble de l'édifice de la mémoire soit remis en cause, provoquant un refus immédiat, viscéral et inflexible de s'engager.

Dans les milieux universitaires, où la confrontation entre les institutions établies et la génération d'historiens innovants se déroulait avec une intensité remarquable, l'atmosphère restait tendue. Les gardiens des paradigmes dominants s'efforçaient de délégitimer, d'isoler et, si possible, de faire taire les approches contraires, recourant aussi bien au discrédit personnel qu'au refus de publier des interprétations alternatives. La phase initiale de cette confrontation intellectuelle s'est donc déroulée dans un climat d'agressivité omniprésente, approfondissant les divisions et nourrissant les animosités au sein même de la communauté des chercheurs.

Cependant, se contenter de rendre compte de cette acrimonie reviendrait à ignorer les îlots discrets de recherche et d'encouragement qui ont vu le jour parallèlement. Les jeunes historiens et critiques, n'ayant hérité ni de la loyauté envers leurs prédécesseurs ni du poids des disputes sectaires, ont abordé les publications des nouveaux historiens avec un intérêt sincère et une demande de réexamen des preuves. Leur disposition à remettre en question des certitudes vénérables ne traduisait pas une simple curiosité, mais une volonté institutionnelle plus large de s'engager dans la complexité. Les partisans et les jeunes chercheurs ont accueilli favorablement le réexamen des récits fondateurs et ont encouragé l'adoption de normes rigoureuses en matière de preuve (Shapira 1995 ; Shlaim 1995). Il en résulta un débat public controversé, mais fécond qui poussa les manuels scolaires, les commémorations et les programmes d'études à affronter la complexité (Silberstein 1999 ; Kimmerling 2001).

Lorsque ces secousses timides, mais insistantes, de la préparation intellectuelle, atteignirent une conscience sociale plus large, il devint de plus en plus évident qu'un changement décisif dans la compréhension collective israélienne du passé était déjà en cours.

Jeter les bases d'une enquête plus approfondie sur 1948

Après le choc initial, une phase plus réfléchie s'est ouverte, encourageant la poursuite des recherches sur 1948 grâce à un travail d'archivage soutenu, à l'histoire orale et à la numérisation (Morris 2008 ; Archives nationales d'Israël n.d. ; Bibliothèques de l'AUB — POHA n.d.). Les initiatives d'histoire orale ont permis de préserver les témoignages oculaires et les expériences quotidiennes souvent absents des archives diplomatiques et militaires, enrichissant ainsi la mosaïque des perspectives (Beinin et Lockman 1989 ; Bibliothèques de l'AUB — POHA s.d.). Les catalogues numérisés et les dépôts en ligne ont réduit les barrières linguistiques et géographiques, catalysant la collaboration transnationale et l'interdisciplinarité (Archives d'État d'Israël, s.d. ; Peters et Newman 2013 ; Institut Akevot s.d.). Cette ouverture accrue a permis de replacer 1948 dans le contexte plus large de l'héritage impérial, des impératifs de la guerre froide et de l'action locale (Shlaim 1988 ; Segev 2000 ; Morris 2008). Les historiens, enhardis plutôt qu'intimidés, ont commencé à cartographier les pistes d'archives que les critiques avaient suggéré de suivre et à poser des questions que les programmes scolaires formels avaient écartées. Les programmes de colonisation, les schémas de migration forcée et l'évolution du conflit israélo-arabe ont fait l'objet d'un examen méthodologique approfondi, qui a conduit à une réévaluation substantielle et cumulative de cette période.

Au cœur de cette phase de consolidation, un effort renouvelé et systématique a été déployé pour mettre au jour des archives et des témoignages longtemps négligés. Les historiens ont ainsi construit une mosaïque dense de points de vue qui, ensemble, éclairent la réalité complexe des événements de 1948. Les initiatives d'histoire orale, désormais solidement institutionnalisées, ont permis d'enregistrer, de cataloguer et de rendre accessibles les souvenirs des personnes qui ont vécu ces crises. Ces témoignages apportent des nuances que même les archives politiques et diplomatiques les plus complètes peuvent occulter, en racontant les craintes quotidiennes, les rituels du déplacement et les moments d'insistance qui composent la vie des personnes déracinées.

Parallèlement à ces récupérations d'archives, les récents progrès en matière de numérisation ont élargi l'ouverture à travers laquelle le passé peut être examiné. Les catalogues numérisés, les recherches en texte intégral et les vastes dépôts en ligne des bibliothèques universitaires et nationales permettent désormais de récupérer sur un ordinateur portable l'équivalent d'un semestre de documents primaires, réduisant ainsi les barrières linguistiques et géographiques. Cette ouverture a, à son tour, catalysé un dialogue transnational et trans-civilisationnel entre les chercheurs, dont les habitudes disciplinaires variées ont entrelacé les analyses juridiques, visuelles et spatiales dans l'historiographie de 1948 ; il en résulte un récit de plus en plus texturé et réflexif qui refuse simultanément la singularité réductrice et l'anachronisme.

À mesure que les travaux fondamentaux sur 1948 commençaient à prendre forme, l'influence des nouveaux historiens s'est étendue bien au-delà des frontières d'Israël et de la Palestine. Des collaborations transnationales ont vu le jour, tandis que des historiens, des archivistes et des spécialistes de la région mettaient en commun leurs découvertes et leurs idées pour révéler l'imbrication des politiques métropolitaines, des impératifs de la guerre froide et de l'action locale qui ont conjointement orchestré les ajustements d'après-guerre au Moyen-Orient. Des conférences, des équipes de recherche mobiles et des ouvrages collectifs ont donné lieu à un dialogue soutenu et parfois controversé, intégrant les nouvelles approches historiques dans des débats déjà encadrés par des vecteurs postcoloniaux, transnationaux et microhistoriques au sein de la méta-histoire mondiale.

Cette circulation transnationale des connaissances a encouragé un réexamen approfondi de 1948, en invitant à recourir à des méthodes issues de l'histoire orale, de l'histoire diplomatique et de la microsociologie. La reconfiguration empirique émergente a mis en évidence la temporalité et la localisation de la mémoire, les glissements idéologiques du silence archivistique et l'action des acteurs périphériques. Dans ce contexte, le caractère même du passé est apparu politisé et pluralisé, incitant les historiens à aborder « l'événement » comme un conflit non résolu plutôt que comme une conclusion réductrice, élargissant ainsi l'ouverture disciplinaire sur les conflits fondateurs qui animent encore le Moyen-Orient contemporain.

Références

- Akevot Institute for Israeli-Palestinian Conflict Research. n.d. https://www.akevot.org.il/en/
- American University of Beirut (AUB) Libraries. Palestinian Oral History Archive (POHA). n.d. https://libraries.aub.edu.lb/poha
- Beinin, Joel, and Zachary Lockman, eds. 1989. Intifada: The Palestinian Uprising Against Israeli Occupation. Boston: South End Press.
- Flapan, Simha. 1987. The Birth of Israel: Myths and Realities. New York: Pantheon Books.
- Gelber, Yoav. 2004. Nation and History: Israeli Historiography between Zionism and Post-Zionism. London: Vallentine Mitchell.
- Israel State Archives. n.d. English site. https://www.archives.gov.il/en/
- Karsh, Efraim. 1997. Fabricating Israeli History: The "New Historians." London: Frank Cass.
- Kimmerling, Baruch. 2001. The Invention and Decline of Israeliness: State, Society, and the Military. Berkeley: University of California Press.
- Masalha, Nur. 1992. Expulsion of the Palestinians: The Concept of "Transfer" in Zionist Political Thought, 1882–1948. Washington, DC: Institute for Palestine Studies.
- Morris, Benny. 1986a. "The Causes of the Palestinian Refugee Problem, 1947–49." Middle Eastern Studies 22 (1):

5–19.

- ———. 1986b. "Operation Dani and the Palestinian Exodus from Lydda and Ramle in 1948." Middle East Journal 40 (1): 82–109.
- ———. 1988. The Birth of the Palestinian Refugee Problem, 1947–1949. Cambridge: Cambridge University Press.
- ———. 2004. The Birth of the Palestinian Refugee Problem Revisited. Cambridge: Cambridge University Press.
- ———. 2008. 1948: A History of the First Arab–Israeli War. New Haven: Yale University Press.
- Pappé, Ilan. 1988. Britain and the Arab–Israeli Conflict, 1948–51. London: Macmillan.
- ———. 2006. The Ethnic Cleansing of Palestine. Oxford: Oneworld Publications.
- Peters, Joel, and David Newman, eds. 2013. Routledge Handbook on the Israeli–Palestinian Conflict. London: Routledge.
- Said, Edward W. 1978. Orientalism. New York: Pantheon Books.
- Schiff, Ze'ev, and Ehud Ya'ari. 1984. Israel's Lebanon War. New York: Simon & Schuster.
- Segev, Tom. 1986. 1949: The First Israelis. New York: Free Press.
- ———. 2000. One Palestine, Complete: Jews and Arabs under the British Mandate. New York: Metropolitan Books.
- Shafir, Gershon. 1989. Land, Labor and the Origins of the Israeli–Palestinian Conflict, 1882–1914. Cambridge: Cambridge University Press.
- Shapira, Anita. 1995. "Politics and Collective Memory: The Debate over the 'New Historians' in Israel." History & Memory 7 (1): 9–40.
- Shlaim, Avi. 1988. Collusion Across the Jordan: King Ab-

dullah, the Zionist Movement, and the Partition of Palestine. New York: Columbia University Press.

• ———. 1995. "The Debate about 1948." International Journal of Middle East Studies 27 (3): 287–304.

• ———. 2000. The Iron Wall: Israel and the Arab World. New York: W. W. Norton.

• Silberstein, Laurence J., ed. 1999. The Postzionism Debates: Knowledge and Power in Israeli Culture. New York: Routledge.

• Teveth, Shabtai. 1989. "Charging Israel with Original Sin." Commentary 88 (3). https://www.commentary.org/articles/shabtai-teveth/charging-israel-with-original-sin/

• The National Archives (UK). n.d. "The 20-year rule." https://www.nationalarchives.gov.uk/information-management/manage-information/planning/20-year-rule/

3
Benny Morris et la réévaluation de 1948

Présentation de Benny Morris et de son parcours universitaire

Benny Morris est devenu une figure centrale des Nouveaux historiens, un groupe d'universitaires israéliens qui ont remis en question l'historiographie dominante sur la création de l'État d'Israël. Sa naissance en 1948, année décisive du retrait britannique et de l'exode palestinien, l'a placé, symboliquement et auto-biographiquement, à la croisée de sa biographie et de cet événement. Morris, dont la formation intellectuelle s'est déroulée à la fois à l'Université hébraïque de Jérusalem et dans les archives complexes de Cambridge, a tiré sa méthode historiographique de la tradition empiriste incisive de Raphael Patai et du scepticisme normatif encouragé par Moshe Ma'oz. Un examen minutieux des archives, une conscience des enjeux moraux des preuves et un refus d'accepter les desseins téléologiques des récits existants se sont conjugués dans sa première monographie, qui a révélé la continuité de l'expulsion et de la colonisation en 1948.

À la fin des années 1970, la première guerre civile israélienne s'était transformée en un conflit national prolongé, et la vague plus large de scepticisme post-impérial en Occident avait trouvé un écho dans les universités israéliennes. La rencontre entre l'innovation méthodologique de Morris et la conjoncture instable de la diplomatie de l'Intifada, l'effondrement du mandat soviétique sur les Arabes et les appropriations postmodernes des témoignages ont animé son réexamen continu de la naissance d'une entité politique dont l'historiographie officielle continuait d'accumuler des sédiments triomphalistes.

Occupant une position unique en tant qu'historien israélien libre des disciplines qui régissent habituellement le domaine, il a pu interroger sans réserve les mythes et les présupposés dominants, catalysant ainsi une réévaluation approfondie du terrain historiographique. Alliant une recherche rigoureuse à un engagement sans compromis envers les preuves, Morris a bouleversé les récits figés et invité la communauté internationale à revoir sa perception de l'une des époques décisives du XXe siècle. La discussion qui suit retrace les courants intellectuels qui ont guidé les débuts de Morris, identifie les publications clés qui lui ont assuré une place parmi les historiens de premier plan et réfléchit à l'effet durable de ses recherches sur la discipline dans son ensemble.

Le climat intellectuel de la fin du XXe siècle : un contexte historique

À travers les courants convergents de la discipline à la fin du XXe siècle, le monde universitaire a été animé, et parfois paralysé, par des débats sur la nature de l'explication historique et l'interaction entre le pouvoir et la mémoire. Les historiens longtemps ancrés dans les techniques positivistes se sont sentis à la fois encouragés et menacés par la montée du « tournant culturel », qui incitait les analystes à regarder au-delà des documents et à s'intéresser aux indéterminations du langage, du spectacle et du sujet situé en marge de la nation. L'optimisme flottant et reconstructeur de l'immédiat après-guerre a été mis à rude épreuve par la débâcle du Vietnam, les spectres du libéralisme autoritaire et le retour vertigineux d'idéologies nationalistes autrefois critiques. Aucun aspect du passé humain n'a été épargné, pas même les archives de la démocratie, et les spectres jumeaux du traumatisme et du capitalisme tardif ont imposé une reconfiguration des archives elles-mêmes. La critique de la téléologie, longtemps un topo savant, s'est transformée en un impératif urgent : les historiens se sont retrouvés à réécrire non seulement des épisodes, mais également la temporalité même de la contestation. C'est à ce moment critique, alors que l'interdépendance entre soi et l'autre, entre libérateur et colonisé, était théorisée avec une férocité renouvelée, que les textes interrogatifs de Benny Morris ont pénétré les réflexes disciplinaires, provoquant à la fois des réfutations savantes et un tollé populaire, et accélérant ainsi une évaluation historique mondiale des conflits nationalistes au Levant et au-delà.

Armés de méthodologies émergentes et de documents d'archives auparavant inaccessibles, les historiens contemporains ont acquis les moyens de démanteler les remparts des récits officiellement sanctionnés, révélant la précarité inhérente aux certitudes historiques supposées.

Une perspective révolutionnaire : réévaluer les mythes fondateurs

Benny Morris, célèbre autant pour la rigueur de ses pratiques archivistiques que la controverse de ses conclusions, a remodelé la recherche sur les mythes qui ont accompagné la naissance de l'État d'Israël. Son analyse pionnière invite les chercheurs et le grand public à remettre en question les prémisses des écoles historiques rivales en exposant les décalages temporels et les lacunes probatoires qui étaient cachés dans les synthèses patriotiques antérieures. Morris examine les documents primaires ainsi que la correspondance diplomatique, les comptes rendus de presse contemporains et les archives militaires, ce qui lui permet de reconstituer des épisodes longtemps dissimulés sous le poids de l'idéologie. Il en résulte une dissociation entre le moment mythifié de la création de l'État et les contingences, la violence et les déplacements de propriété qui l'ont accompagné, ce qui donne une image plus claire de ce que les observateurs contemporains considéraient à la fois comme une réussite publique et une tragédie privée. Son travail impose donc un réexamen critique approfondi des mémoires collectives qui continuent d'alimenter l'historiographie d'Israël-Palestine.

L'enquête de Morris révèle l'imbrication dense des circonstances politiques, de l'engagement idéologique et du passé factuel. En retraçant minutieusement les moments décisifs, notamment la guerre israélo-arabe de 1948 et la fuite des Palestiniens qui s'ensuivit, il propose une séquence d'événements qui bouleverse l'historiographie standard. Des personnages autrefois considérés comme emblématiques de motivations singulières sont au contraire reconstitués dans une matrice d'impératifs superposés, de calculs stratégiques et d'actions humaines. Une telle approche expansive sape les schémas réducteurs, exposant l'agrégation labyrinthique de déterminants qui ont finalement réorienté la trajectoire de la région.

La remise en question des fondements mythiques par Morris perturbe encore davantage les certitudes présupposées, poussant le public à envisager des réalités douloureuses qui ont longtemps résisté à toute remise en question. Son examen intrépide des échanges intercommunautaires et de la dialectique de la violence reconnaît le deuil subi par les deux camps tout en démantelant les fictions commémoratives. En s'éloignant du folklore établi, son travail invite les lecteurs, individuellement ou collectivement, à entreprendre la dialectique délicate qui consiste à reconnaître un passé instable que l'avenir éthique et politique continue d'exiger que les gens supportent.

À travers son réexamen critique des récits fondateurs, Morris invite à une conversation transnationale et trans-temporelle qui aborde la pratique de l'interprétation historique et son incidence sur les délibérations actuelles. Sa méthode met en avant la nécessité de traiter le passé comme un site actif, dans lequel un examen rigoureux et un échange ouvert peuvent reconfigurer les compréhensions héritées. Le projet de Morris assume ainsi le rôle d'une incitation, encourageant la confrontation avec des vérités inconfortables et, ce faisant, ouvrant la voie à un engagement empathique et à une politique de réconciliation dans le paysage souvent conflictuel de la mémoire collective.

La méthodologie de Morris : révélations et défis archivistiques

Les études influentes de Benny Morris sur la guerre de 1948 se caractérisent à la fois par des contributions théoriques incisives, et par un déploiement méthodique de preuves archivistiques capables de dissoudre les sédiments historiographiques dominants. Son programme de recherche reposait sur une immersion scrupuleuse dans des archives auparavant confidentielles, notamment celles des Archives nationales d'Israël, de la Direction du renseignement militaire et de diverses collections privées, complétées par la correspondance personnelle au sein du Haut Commandement et des cercles de l'Agence juive. Grâce à une lecture triangulée de ces dossiers hétérogènes et structurés hiérarchiquement, Morris a pu mettre en évidence des contradictions, réinterprétant des incidents précédemment écrasés par les impératifs politiques ou idéologiques des narrateurs antérieurs. Sa récupération de documents marginaux – journaux de bord de capitaines, ordres opérationnels et notes épistolaires absorbées – a permis un changement de perspective, révélant la guerre comme un théâtre dense de contingences et de choix humains précaires. Néanmoins, la recherche de ces documents s'est heurtée à une résistance importante. Son intrusion dans des archives politiquement saturées s'est heurtée à la fois à l'obstruction bureaucratique et à la résistance interprétative des gardiens de la tradition historiographique sioniste, tandis que la divulgation de documents sensibles provenant des services de renseignement a suscité un examen éthique concernant les conditions de confidentialité et les implications pour la sécurité nationale contemporaine. Le travail de reconstruction archivistique a donc contraint Morris à maintenir une discipline de critique distanciée. Cependant, les débats sur la sélection et la pondération contextuelle ont ainsi fait leur entrée dans l'arène disciplinaire.

Les critiques se sont demandés si l'accent mis sur certains documents n'indiquait pas une interprétation excessivement déterministe, tandis que la divulgation de décisions opérationnelles troublantes exigeait, selon divers observateurs, une responsabilité morale accrue de la part de l'historien. Ce chapitre examine la ténacité intellectuelle avec laquelle Morris a affronté des obstacles redoutables dans les archives sémitiques et occidentales, et retrace les ramifications à long terme de cet engagement sur la pratique historique ultérieure.

L'attention se concentre sur la disjonction entre l'organisme archivistique et l'organisme historiographique, en évaluant les incitations historiographiques, les obstacles pratiques et les retombées conceptuelles de la méthode de Morris dans le domaine complexe de la recherche historique moderne. Ses reformulations méthodologiques restent opérationnelles, incitant une cohorte ultérieure de chercheurs à embrasser les subtilités intellectuelles et éthiques qui définissent l'art de reconstruire un passé dans lequel sa propre contemporanéité est irrévocablement enchevêtrée.

1948 revisité : événements clés et récits contestés

L'année 1948 a marqué un tournant décisif dans la carte du Moyen-Orient, qui a abouti à la proclamation de l'État d'Israël. Depuis lors, cette jonction chronologique a donné lieu à une multitude de récits rivaux, chacun rivalisant pour la domination épistémique et mnémonique. Cette section réassemble méthodiquement le squelette chronologique de 1948 tel qu'il a été reformulé historiographiquement depuis l'étude originale de Morris, en mettant en avant les nœuds d'interprétation controversés qui refusent la clôture et qui animent à la fois le débat scientifique et la conscience publique au sens large.

Les analyses du moment constitutionnel entourant la fondation de l'État d'Israël continuent de révéler des récits inconciliables concernant l'interaction des forces internes et externes. Les chercheurs restent divisés sur l'action des politiques juives et arabes, le rôle des États impériaux et post-impériaux, et le statut interprétatif du déplacement massif de population qui a accompagné la confrontation militaire de 1948. En conséquence, les historiens sont confrontés à un corpus de preuves qui se reproduit et se contredit simultanément, enfermant ainsi les récits polarisés de 1948 dans une impasse historiographique.

La réévaluation critique de cette année implique un regain d'intérêt pour l'interaction entre les opérations militaires, les mouvements de réfugiés et la reconfiguration des équilibres de pouvoir régionaux. Les historiographies précédemment dominantes, qui privilégiaient des récits singuliers, sont désormais complétées par une compilation exhaustive de documents d'archives, de témoignages oraux et de correspondances diplomatiques, révélant ainsi une complexité qui transcende les dichotomies réductrices entre victimes et bourreaux. Un tel pivot méthodologique invite à un calibrage plus prudent de la causalité, tout en soulignant le caractère contingent et interactif des accords décisifs de cette décennie.

Les débats autour des événements de 1948 transcendent les différends géopolitiques et pénètrent les domaines sociaux, culturels et éthiques. Les récits des individus et des communautés déplacés et traumatisés durant cette année sont apparus comme des portails indispensables vers les réalités vécues qui dépassent l'abstraction de la politique. Lorsque les historiens reviennent sur les points chauds de 1948, ils mettent en avant l'interaction volatile entre les structures de pouvoir changeantes, le deuil collectif et les aspirations contradictoires des projets nationaux, forces qui continuent de hanter le territoire du conflit contemporain.

La discorde sur la manière de raconter 1948 oblige également les chercheurs à examiner de près le vocabulaire utilisé pour caractériser les crises qui se déroulent. Des termes tels que « exode », « transfert » et « déplacement » évoquent des paysages moraux et des positions radicalement différents, qui s'impriment dans la mémoire collective et la formation de l'identité. Tout réexamen d'épisodes décisifs exige donc une sensibilité à la relation mutuellement constitutive entre le langage, la persuasion et la représentation historique.

Ce qui suit est une désagrégation systématique de ces récits contradictoires, une étude visant à réévaluer historiographiquement l'année 1948. En confrontant les interprétations plurielles et les points de vue dont elles émanent, nous nous efforçons de cartographier les continuités multicouches que cette année a créées à travers le Moyen-Orient et leurs répercussions dans les débats mondiaux sur le nationalisme, la mémoire et la justice.

Critiques et contre-arguments : réponses des pairs et du public

La réévaluation par Benny Morris des circonstances entourant la création de l'État d'Israël en 1948 a suscité toute une série de critiques de la part d'historiens et de profanes, confirmant que toute modification radicale du consensus scientifique suscitera une enquête approfondie et interdisciplinaire. Parmi les objections récurrentes, la première porte sur l'interaction entre la neutralité scientifique et le jugement interprétatif. Les détracteurs affirment que l'arrière-garde des preuves archivistiques de Morris pourrait dissimuler un engagement idéologique latent, nuisant ainsi à la neutralité exigée par la discipline. De même, plusieurs critiques avertissent que le cadre de référence chronologique et administratif limité adopté par Morris occulte les trajectoires plus longues de l'histoire ottomane, du mandat et de la région, appauvrissant ainsi toute tentative de situer les résultats de 1948 dans le contexte d'une génération de processus palestiniens et sionistes.

Thomas N. Fryer, par exemple, a fait valoir que Morris évalue les preuves de manière inégale, en mettant l'accent sur les délibérations militaires au détriment des facteurs sociopolitiques, culturels et transnationaux ; d'autres critiques insistent sur le fait que la citation sélective d'ordres militaires, de rapports diplomatiques et de témoignages de survivants risque de construire une explication linéaire dont la puissance explicative diminue dans des ensembles de données plus fragmentés et contradictoires. Les critiques s'étendent aux archives elles-mêmes, les détracteurs de Morris remettant en question les cadres interprétatifs qu'il applique aux documents des Forces de défense israéliennes. Certains observateurs ont remis en question la manière dont Morris calibre les contours probatoires des archives de l'État d'Israël par rapport aux dossiers libanais, britanniques et onusiens, arguant que l'équilibre du jugement vacille sur des détails dont l'incommensurabilité a été depuis longtemps supprimée par l'historiographie conventionnelle sur 1948. Collectivement, ces arguments insistent sur le fait que toute réévaluation monographique de 1948 doit rester consciente à la fois de sa portée probatoire et de sa réflexivité épistémique, afin qu'elle ne soit pas interprétée comme une correction du passé, mais comme un reformatage de sa mémoire qui réinitialise plutôt que résout l'impasse historiographique.

Les détracteurs des objections à Benny Morris affirment que la pratique archivistique documentée de l'auteur et la légitimité de son témoignage réfléchi constituent une correction convaincante du consensus historiographique relatif à l'été 1948. Ses partisans saluent sa volonté d'interroger empiriquement les dimensions troublantes de cette période, y voyant une garantie d'honnêteté intellectuelle qui ne peut être ignorée. Ils insistent en outre sur le fait que toute position historiographique, y compris l'orthodoxie que Morris a autrefois étudiée, est également construite sur des décisions épistémiques spécifiques, ce qui rend ses conclusions finales tout aussi rigoureuses, bien que dissidentes, en termes d'articulation des preuves et d'interprétation. L'accueil du public confirme l'intérêt suscité par le débat archivistique : la volonté de Morris de remettre en question des unités quasi sacro-saintes de la mémoire collective a catalysé un sentiment généralisé, suscitant à la fois des éloges ouverts et un rejet virulent. Ceux qui saluent son articulation la considèrent comme une condition préalable à une confrontation claire et potentiellement conciliante avec le passé ; à l'inverse, les défenseurs du consensus antérieur interprètent ses conclusions comme une attaque contre les récits qui consolident l'unité nationale et la mémoire punitive. La controverse, qui a ainsi trouvé un écho, traverse désormais le militantisme politique contemporain, les discours médiatiques et la formation mémorielle des sociétés israélienne et palestinienne. La division marquée des réactions, qu'il s'agisse de critiques universitaires ou de mobilisation civile, atteste du rôle central joué par la réévaluation de Morris dans l'équilibre précaire entre la compréhension actuelle et future de la question palestinienne et la conscience historique.

L'équilibre entre objectivité et controverse dans l'œuvre de Morris

Les études pionnières de Benny Morris sur les événements de 1948 ont suscité en même temps des éloges et une opposition farouche, déclenchant des échanges passionnés dans les forums universitaires et le discours populaire. Motivé par une quête distinctive de preuves vérifiables, Morris a confronté à plusieurs reprises les paradigmes historiques dominants, complétant les archives par des documents interrogés, des statistiques et une contextualisation comparative. Ce chapitre examine l'équilibre, fragile mais déterminant, entre l'évaluation neutre et les affirmations incendiaires qui imprègnent l'œuvre de Morris. En exposant la manière précise dont ses révélations ont redéfini le discours, il apparaît clairement que les décisions de l'historien ont non seulement rouvert le dossier des preuves, mais aussi redéfini les obligations éthiques et épistémologiques de la profession face à un traumatisme non résolu et à une mémoire contestée.

Un principe central de la recherche de Morris est son recours constant aux sources primaires et aux archives. Son étude rigoureuse des documents officiels, des dépositions des survivants et des échanges diplomatiques a permis d'établir une base probatoire sans laquelle ses conclusions manqueraient de pertinence. En retraçant minutieusement la chronologie des événements et en remettant en question les interprétations reçues, Morris a obligé le monde universitaire à prendre en compte les réalités troublantes inhérentes à la création de l'État d'Israël en 1948. Pourtant, sa détermination à respecter les canons de la recherche empirique ne l'a pas immunisé contre les reproches ; la reconstruction qu'il propose a suscité une vive réaction de la part des gardiens des chronologies nationales conventionnelles. La reconceptualisation provocatrice de Morris a mis en évidence la frontière poreuse qui sépare l'historiographie des conflits politiques actuels. En réévaluant les moments décisifs de la genèse de l'État, il a contraint son public à se confronter à la convergence tendue entre la véracité des archives et les polémiques contemporaines. Les répercussions de ses écrits se propagent au-delà des forums historiographiques, alimentant le débat sur l'identité collective, la réparation équitable et la politique de la mémoire. Le mélange entre recherche universitaire et controverses sociétales plus larges a à son tour amplifié l'examen minutieux des pratiques archivistiques de Morris, générant une réception polarisée caractérisée à parts égales par l'estime et le reproche.

En négociant la tension entre objectivité et controverse, les travaux de Morris ont élargi de manière décisive les frontières de l'analyse historique. En abordant des sujets politiquement chargés et émotionnellement lourds, il a incité la discipline à affronter des réalités difficiles et à cultiver des interprétations plus nuancées. Cependant, les vives controverses suscitées par ses arguments nous rappellent le caractère multiforme du passé et les devoirs moraux des historiens envers leurs sources et leur public. L'influence durable de l'œuvre de Morris ne se mesure donc pas à l'aune du consensus, mais à celle de son insistance pour que la recherche historique reste ouverte à un réexamen incessant, illustrant ainsi l'interaction changeante entre la méthodologie objective, l'inévitabilité des controverses et la recherche permanente de l'exactitude historiographique.

Implications pour le récit palestinien : un changement de perspective

L'examen révisé de Morris sur 1948 a contraint les universitaires et les militants à repenser la trajectoire et le cadre du récit palestinien lui-même, avec des conséquences qui dépassent largement le débat académique pour toucher les domaines de la mémoire publique et de la politique.

En retraçant méticuleusement les décisions militaires et civiles qui ont accompagné la naissance de l'État d'Israël, Morris complique le schéma antérieur d'une renaissance nationale triomphante et moralement sans ambiguïté. Au lieu de la notion d'un exode largement choisi, il documente une série d'expulsions coercitives, de massacres et de guerres psychologiques qui réfutent le principe de migration volontaire supposé par l'historiographie antérieure. Ces conclusions, tirées de la correspondance militaire archivée, des procès-verbaux du nouvel État et des témoignages contemporains, n'occultent pas le fait que le mouvement sioniste a agi, sur le plan rhétorique et stratégique, pour protéger la population juive contre des menaces existentielles. Cependant, elles démontrent que cette légitimité ne peut faire taire la douleur et la dépossession des Palestiniens qui en ont résulté. Le travail de Morris élargit ainsi le champ historiographique en situant le conflit dans la dynamique ordinaire d'impératifs coloniaux et de la guerre civile, exhortant les chercheurs à affronter la souffrance éthique accumulée par toutes les parties dans le passé. Il en résulte un récit qui invite, plutôt qu'il n'empêche, l'articulation de l'action palestinienne, tout en reconnaissant que cette action a elle-même été produite par une expérience constellée de pertes, mais qu'elle n'est compréhensible que par rapport à celle-ci.

La réévaluation pionnière du conflit de 1948 par Benny Morris reste une référence indispensable pour les discussions actuelles sur le conflit israélo-palestinien. Ses recherches archivistiques incessantes et son engagement sans faille en faveur de la rigueur des preuves ont abouti à des révélations dont l'influence perdure, générant une contestation continue de l'historicité, des voies vers la réconciliation et l'entrelacement fragile de mémoires collectives rivales. Au cœur de l'héritage que Morris lègue à la discipline se trouve la critique incisive de l'historiographie sédimentée. En documentant les déplacements systématiques, les spoliations et les violences meurtrières qui ont accompagné la naissance de l'État juif, il a imposé une réévaluation critique des anciens modèles « héroïques » sionistes, tout en accordant à l'expérience palestinienne une contemporanéité critique et attendue depuis longtemps. Parallèlement, ses travaux démantèlent la prétention à l'exceptionnalisme israélien en mettant à nu les ambiguïtés morales et opérationnelles qui assombrissent la création de l'État. La prise de conscience qui en résulte oblige les étudiants du conflit à reconsidérer l'organisme interne de l'État et ses obligations contractuelles envers un ordre international circonspect. Dans les échanges actuels, les conclusions de Morris agissent comme un accélérateur, stimulant des demandes strictes pour que les injustices historiques non reconnues soient ouvertement confrontées afin que leurs effets ne se perpétuent pas. Ses conclusions ont en outre légué une scène historique sur laquelle résonnent désormais des témoignages auparavant exclus ; les voix des déracinés de 1948 et de leurs descendants dispersés n'occupent plus la marge, mais se trouvent au centre temporel du débat.

En outre, Morris a joué un rôle décisif dans la promotion d'une modalité transparente d'enquête historique. Il insiste sur le fait que l'affrontement avec des vérités difficiles et la révision des récits dominants ne sont pas facultatifs, et son cadre analytique rigoureux, associé à un attachement indéfectible aux preuves vérifiables, a établi une norme à laquelle les historiens et les décideurs politiques doivent désormais se conformer lorsqu'ils abordent l'héritage d'un passé controversé. Les conséquences de ses travaux universitaires dépassent largement le cadre universitaire : ils alimentent désormais les conversations populaires, les négociations diplomatiques et les projets de réconciliation. Ses découvertes ont précipité une remise en question plus large des mythes fondateurs qui sous-tendent les États-nations modernes, poussant les communautés à affronter les chapitres les plus sombres de leur passé et à prendre en compte le coût humain de la construction nationale. Par conséquent, les interventions de Morris continuent de façonner les discussions actuelles et restent une référence pour ceux qui prônent la transparence, la justice réparatrice et une historiographie qui cherche à intégrer le plus large éventail possible d'expériences humaines.

Observations finales sur la vérité, la réconciliation et l'historiographie

Pour conclure cette enquête, nous devons examiner plus en détail les répercussions de l'historiographie pionnière de Benny Morris sur la compréhension de 1948 et sur la pratique de l'histoire en tant que domaine de témoignage moral. Bien que ses conclusions suscitent à la fois une contestation féroce et un malaise intellectuel, elles ont irréversiblement modifié les termes du débat. L'affirmation de l'habilitation de Morris par les générations suivantes de chercheurs garantit la capacité d'une recherche rigoureuse à remplacer les anciens slogans et à confronter les sociétés à la nécessité d'affronter, plutôt que de supprimer, la discorde entre la mémoire et les documents.

De même, le réexamen basé sur les archives de Morris oblige à repenser les récits fondateurs d'Israël et rouvre simultanément la faille herméneutique entre l'histoire et la mémoire. Ses reconstructions détaillées exposent les ambiguïtés, les ellipses et les trajectoires contrefactuelles inhérentes à tout événement historique, avertissant ainsi que la désignation d'une vérité historique fixe est nécessairement provisoire et dépend de l'acte perpétuellement renouvelé de l'interrogation scientifique.

Enfin, l'étude de Morris constitue un symbole édifiant de la vocation éthique de l'historien. La démonstration statistique de la violence, les corrélats démographiques de l'exil, la circonscription de l'innocence commémorative – tout cela oblige la discipline à contribuer, même indirectement, au travail de réconciliation à long terme en retraçant les séquences que l'avenir doit reconnaître s'il ne veut pas les répéter. Les historiens, lorsqu'ils sont confrontés au poids du souvenir et du déni, participent à la lente construction d'une mémoire collective à la fois juste et vivable.

Grâce à une analyse minutieuse des événements de 1948, Morris a réussi à ouvrir la voie à une compréhension plus nuancée et plus inclusive d'un passé fracturé. Son travail souligne que toute réconciliation future entre Israéliens et Palestiniens exige une confrontation franche avec des faits historiques douloureux, y compris les traumatismes collectifs des deux groupes, plutôt qu'une mémoire sélective qui cherche à minimiser le malaise. L'insistance de Morris à juxtaposer des récits concurrents ne vise pas à établir une équivalence entre les souffrances, mais plutôt à demander une attention égale à la réalité selon laquelle les deux peuples portent en eux un héritage de violence non résolu.

Dans le contexte plus large de l'historiographie, l'importance durable des conclusions de Morris souligne la capacité d'une recherche scientifique rigoureuse et transparente à remodeler le discours politique et culturel. Son exemple confirme que le fait d'aborder des sujets controversés et polarisants ne retarde pas la paix, mais en jette plutôt les bases. Le devoir des historiens va donc au-delà de la documentation ; il leur impose de cultiver des environnements où des conversations difficiles peuvent avoir lieu sans nuire à l'objectivité scientifique. Dans cette optique, accepter les preuves produites par Morris devient une condition pour favoriser une culture non seulement d'intégrité intellectuelle, mais également de responsabilité morale partagée.

Re-consideration of 1948 illustre ainsi comment l'historiographie peut agir comme une force constructive, plutôt que destructrice, dans des sociétés divisées par la mémoire. En refusant d'accorder à une seule version du passé le monopole de la légitimité, la recherche universitaire ouvre la voie à la reconnaissance mutuelle et, ce faisant, elle fait plus que simplement enregistrer ; elle contribue activement au travail lent et complexe de la réconciliation.

La recherche minutieuse de Morris, associée à un engagement indéfectible envers la fidélité aux preuves, révèle la structure complexe des récits concurrents qui constituent notre passé commun. En replaçant de manière convaincante ces récits dans leur contexte historique complet, il nous oblige à affronter les vérités dérangeantes qui sont souvent submergées sous les couches plus festives de la mémoire. C'est précisément cette confrontation sans crainte avec les contradictions et les incertitudes de l'histoire qui permet une orientation plus charitable, plus perspicace et, en fin de compte, plus réconciliatrice vers l'avenir.

Références Pour en savoir plus

- Akevot Institute for Israeli-Palestinian Conflict Research. n.d. https://www.akevot.org.il/en/

- American University of Beirut (AUB) Libraries. Palestinian Oral History Archive (POHA). n.d. https://libraries.aub.edu.lb/poha

- Beinin, Joel, and Zachary Lockman, eds. 1989. Intifada: The Palestinian Uprising Against Israeli Occupation. Boston: South End Press.

- Flapan, Simha. 1987. The Birth of Israel: Myths and Realities. New York: Pantheon Books.

- Gelber, Yoav. 2004. Nation and History: Israeli Historiography between Zionism and Post-Zionism. London: Vallentine Mitchell.

- Israel State Archives. n.d. English site. https://www.archives.gov.il/en/

- Karsh, Efraim. 1997. Fabricating Israeli History: The "New Historians." London: Frank Cass.

- Kimmerling, Baruch. 2001. The Invention and Decline of Israeliness: State, Society, and the Military. Berkeley: University of California Press.

- Masalha, Nur. 1992. Expulsion of the Palestinians: The Concept of "Transfer" in Zionist Political Thought, 1882–1948. Washington, DC: Institute for Palestine Studies.

- Morris, Benny. 1986a. "The Causes of the Palestinian Refugee Problem, 1947–49." Middle Eastern Studies 22 (1): 5–19.

- ———. 1986b. "Operation Dani and the Palestinian Exodus from Lydda and Ramle in 1948." Middle East Journal 40 (1): 82–109.

- ———. 1988. The Birth of the Palestinian Refugee Problem, 1947–1949. Cambridge: Cambridge University Press.

- ———. 2004. *The Birth of the Palestinian Refugee Problem Revisited*. Cambridge: Cambridge University Press.

- ———. 2008. *1948: A History of the First Arab-Israeli War*. New Haven: Yale University Press.

- Pappé, Ilan. 1988. *Britain and the Arab-Israeli Conflict, 1948-51*. London: Macmillan.

- ———. 2006. *The Ethnic Cleansing of Palestine*. Oxford: Oneworld Publications.

- Peters, Joel, and David Newman, eds. 2013. *Routledge Handbook on the Israeli-Palestinian Conflict*. London: Routledge.

- Said, Edward W. 1978. *Orientalism*. New York: Pantheon Books.

- Schiff, Ze'ev, and Ehud Ya'ari. 1984. *Israel's Lebanon War*. New York: Simon & Schuster.

- Segev, Tom. 1986. *1949: The First Israelis*. New York: Free Press.

- ———. 2000. *One Palestine, Complete: Jews and Arabs under the British Mandate*. New York: Metropolitan Books.

- Shafir, Gershon. 1989. *Land, Labor and the Origins of the Israeli-Palestinian Conflict, 1882-1914*. Cambridge: Cambridge University Press.

- Shapira, Anita. 1995. "Politics and Collective Memory:

The Debate over the 'New Historians' in Israel." History & Memory 7 (1): 9–40.

- Shlaim, Avi. 1988. Collusion Across the Jordan: King Abdullah, the Zionist Movement, and the Partition of Palestine. New York: Columbia University Press.

- ———. 1995. "The Debate about 1948." International Journal of Middle East Studies 27 (3): 287–304.

- ———. 2000. The Iron Wall: Israel and the Arab World. New York: W. W. Norton.

- Silberstein, Laurence J., ed. 1999. The Postzionism Debates: Knowledge and Power in Israeli Culture. New York: Routledge.

- Teveth, Shabtai. 1989. "Charging Israel with Original Sin." Commentary 88 (3). https://www.commentary.org/articles/shabtai-teveth/charging-israel-with-original-sin/

- The National Archives (UK). n.d. "The 20-year rule." https://www.nationalarchives.gov.uk/information-management/manage-information/planning/20-year-rule/

4
Ilan Pappé
Dévoiler l'argument du nettoyage ethnique

Le travail et l'influence d'Ilan Pappé

Ilan Pappé est largement considéré comme l'un des principaux chercheurs du mouvement des Nouveaux historiens, qui a joué un rôle déterminant dans la redéfinition de l'historiographie de la catastrophe palestinienne et de la création de l'État d'Israël. Originaire de Haïfa et diplômé d'études supérieures en Israël et au Royaume-Uni, Pappé s'est fait connaître pour son refus d'accepter le consensus sioniste traditionnel et, de manière plus provocante, pour son insistance sur le fait que les preuves corroborent un diagnostic de nettoyage ethnique prémédité pendant les années critiques de 1947 à 1949. Son influence sur la discipline découle d'une rigueur méthodologique tempérée par un impératif moral de témoigner des silences dans les archives, et ses écrits continuent de susciter à la fois des débats scientifiques et des condamnations civiles.

Les recherches de Pappé commencent là où la plupart des historiens précédents ont hésité : dans les documents classifiés de l'armée israélienne et la correspondance politique interne qui révèlent l'expulsion systématique des communautés palestiniennes. En recoupant ces sources avec les récits oraux palestiniens, les témoignages de réfugiés et les archives britanniques et arabes précédemment négligées, il reconstitue une chronologie qui remplace le mythe héroïque d'une terre aride spontanée et volontaire accueillant une population juive persécutée. Au contraire, Pappé dépeint le moment fondateur comme une campagne calculée dans laquelle le transfert de population est devenu un objectif militaire, obligeant ainsi les lecteurs à reconsidérer la continuité de cette logique fondatrice dans les politiques ultérieures de l'État israélien. En tant qu'historien de renom, Ilan Pappé a systématiquement insisté sur la nécessité de reconnaître les souffrances de la population palestinienne, inaugurant ainsi des enquêtes critiques sur la responsabilité historique collective.

Grâce à ses recherches empiriques et à son engagement public, il a démontré l'obligation scientifique de construire des récits nuancés et inclusifs qui mettent au centre les expériences de ceux qui, historiquement, ont été marginalisés dans les récits dominants sur l'État israélien et sa formation.

L'influence de Pappé s'étend toutefois bien au-delà des salles de conférence. Ses publications, ses interventions dans les médias et ses conférences publiques ont modifié les termes du débat parmi les journalistes, les décideurs politiques et la société civile, encourageant une remise en question collective de vérités longtemps acceptées. En remettant systématiquement en question les récits reçus et en exposant les opérations de violence parrainées par l'État, il a favorisé une discipline d'auto-questionnement parmi les historiens et le public profane, élargissant ainsi le champ d'interprétation pour inclure des données et des témoignages précédemment supprimés.

Au niveau international, la reconnaissance des innovations scientifiques de Pappé a encouragé une plus large acceptation des témoignages historiques concurrents et a souligné la nécessité d'une historiographie qui refuse de clore le chapitre sur les souffrances et qui soit prête à s'engager dans la défense durable des droits humains. Son engagement indéfectible en faveur de l'exactitude empirique, de la responsabilité éthique et de la récupération des voix subjuguées a ainsi imprimé à la discipline un modèle d'enquête historique indissociable de la recherche d'une justice réparatrice collective.

Contexte historique : l'environnement universitaire des nouveaux historiens

L'émergence de chercheurs tels qu'Ilan Pappé sous la bannière des nouveaux historiens a transformé de manière indélébile le discours sur le conflit israélo-palestinien, mais toute évaluation de leur contribution doit commencer par les conditions institutionnelles qui ont encadré leur travail. À la fin du XXe siècle, l'historiographie israélienne avait consolidé un récit dominant qui présentait la fondation de l'État d'Israël comme un modèle de survie nationale.

Dans ce dispensaire de la mémoire, le déracinement de la population palestinienne était soit minimisé comme une nécessité en temps de guerre, soit relégué au rang de collatéral de l'héroïsme, situant ainsi la légitimité du projet sioniste dans l'arc d'un parcours héroïque rédempteur et tourné vers l'avenir. Dans ce cadre intellectuel, une nouvelle génération d'historiens a émergé, remettant systématiquement en question les frontières épistémiques qui avaient longtemps isolé la construction de l'État sioniste de tout examen critique. Leurs projets ont servi d'interventions dans les archives littérales et figuratives, révélant la contingence du triomphalisme et récupérant des analyses qui, au mieux, avaient été reléguées en notes de bas de page ou supprimées de la sphère publique.

L'orientation résolue des nouveaux historiens vers les

archives de la dissidence et la démographie des personnes privées de pouvoir a non seulement bouleversé le caractère monologique de la recherche israélienne, mais a également incité l'université à adopter une pratique réflexive longtemps subsumée par le canon national. En conséquence, le monde universitaire israélien a été contraint de se confronter au caractère antinomique de sa propre compréhension de soi et de débattre des coûts épistémiques de la sédimentation narrative. En outre, il reste crucial de situer les nouveaux historiens dans le contexte plus large du moment postcolonial mondial.

Les dernières décennies du XXe siècle ont été marquées par une remise en question croissante de l'héritage de l'empire, incitant les historiens à élargir leurs horizons méthodologiques et épistémologiques. Un tel environnement a récompensé les chercheurs qui ont remis en question les orthodoxies reçues, qui ont refusé le luxe de l'évasion morale et qui ont cherché à rendre audibles les voix et les expériences rendues périphériques par la gouvernance coloniale. L'émergence des nouveaux historiens peut donc être comprise non pas comme un événement déclenché de manière autonome, mais comme un moment cristallisant une vague transnationale de révision historiographique critique. Ces pressions historiographiques plus larges ont préparé le terrain pour la rupture méthodologique signalée par des chercheurs comme Ilan Pappé. Leur détermination à aborder les sujets les plus incendiaires – expulsion, nettoyage ethnique et violence étatique à l'époque coloniale – a fourni au domaine un pivot historiographique qui a bouleversé les récits longtemps répétés. Pourtant, l'environnement institutionnel pour une telle enquête était, et reste, tendu. Pappé s'est heurté à une matrice disciplinaire qui privilégiait le consensus et à une culture publique qui s'accrochait aux mythes nationaux comme formes de cohésion sociale. La collision entre une recherche rigoureuse et une résistance culturelle révèle ainsi non seulement l'importance scientifique de Pappé et de ses compagnons de route, mais également la leçon socratique fondamentale selon laquelle l'historiographie critique est indissociable de la politique qui la produit.

Nettoyage ethnique ou exode malheureux ? Une nouvelle perspective

L'historiographie de l'exode palestinien de 1948 reste profondément polarisée, mais les recherches récentes invitent à une reformulation plus attentive au caractère contingent et apparemment contingent de la création d'un État.

Dans son dernier ouvrage, Ilan Pappé reconsidère le déplacement de près de 700 000 réfugiés arabes palestiniens comme le résultat cumulé des perturbations liées à la guerre et d'une politique concertée d'expulsion sanctionnée par les autorités étatiques. Alors que les interprétations antérieures situaient l'exode dans la logique de la guerre interétatique et de la crise des réfugiés, Pappé recentre l'attention sur des choix politiques délibérés et une violence tactique visant à consolider le contrôle territorial sur le plan ethnique.

Pour étayer cette lecture, Pappé intègre des archives récemment rendues accessibles à un corpus de témoignages de Palestiniens exilés qui attestent de la temporalité et de la mise en œuvre séquentielle du déplacement. Il retrace la destruction systématique de plus de quatre cents villages palestiniens par les Forces de défense israéliennes, documentant la logique spatio-temporelle qui a guidé les démolitions et les annonces politiques concomitantes promettant la récupération des terres pour la colonisation juive.

Le poids cumulé des preuves – des rapports militaires contemporains à la cartographie des zones nouvellement vidées sur les cartes officielles – oblige à réévaluer l'exode non pas comme un sous-produit regrettable de la guerre, mais comme une condition prévue et mise en œuvre avec énergie par l'État juif. L'argument central de Pappé repose sur une réinterprétation délibérée des termes qui encadrent l'exil lui-même. Il soutient que le nom arabe Nakba, qui signifie catastrophe, englobe autant le traumatisme généralisé que l'ampleur des pertes humaines subies par le peuple palestinien.

En recentrant l'analyse sur ce terme, il insiste sur le fait que la reconnaissance de l'événement lui-même doit donner la priorité au bilan humain et aux conséquences à long terme de la dispersion forcée. En outre, l'historien interroge les motivations des formations armées sionistes et des Forces de défense israéliennes émergentes au cours des années qui ont immédiatement précédé et suivi 1948. Il procède à une lecture attentive du Plan Dalet, le projet opérationnel de consolidation territoriale, affirmant que les contours du plan révèlent un objectif systématique d'expulsion de la population. Selon lui, cette révélation réoriente le débat vers les dimensions éthiques et juridiques de la création de l'État, obligeant le public à se confronter aux réalités troublantes inhérentes à la formation géopolitique originale de l'Israël actuel.

L'intervention de Pappé a ainsi soumis à un examen rigoureux la compréhension communément admise des événements de 1948, insistant sur le fait qu'une analyse transparente et fondée sur des preuves des données disponibles exige que les chercheurs et le public se confrontent à l'imbrication de la violence et de l'héritage des intentions politiques. En repositionnant l'expulsion des Palestiniens comme une campagne calculée de nettoyage ethnique, il oblige l'historiographie à aborder ouvertement les différences de pouvoir, à évaluer les implications morales de la formation de l'État et à reconnaître comment ces choix fondamentaux continuent de façonner la vie quotidienne des deux communautés. Une telle reformulation invite à une extension méthodologique qui ne théologise pas la rupture historique et ne normalise pas le silence diplomatique, mais insiste plutôt sur le fait que l'historien doit rester responsable envers les acteurs du passé dont le déplacement continue de se répercuter dans la conjoncture contemporaine.

Publications clés et leur impact sur le discours historique

Ilan Pappé s'est imposé comme une voix influente dans l'historiographie du conflit israélo-palestinien, et son œuvre a profondément modifié la manière dont les universitaires et le grand public abordent ce passé chargé. Dans sa monographie de 2006, *The Ethnic Cleansing of Palestine* (Le nettoyage ethnique de la Palestine), Pappé rassemble un vaste éventail de sources archivistiques, militaires et orales pour affirmer que l'expulsion massive des Palestiniens pendant la guerre de 1948 était préméditée et systématique, plutôt qu'une conséquence accidentelle des hostilités.

En recatégorisant l'exode de 1948 comme un nettoyage ethnique, Pappé rejette l'insistance post-sioniste dominante sur l'ambiguïté morale et rétablit l'urgence morale et politique de la catastrophe palestinienne. Le livre a immédiatement suscité un débat polarisant, obligeant les historiens et les éducateurs à se confronter aux limites des paradigmes apologétiques et narratifs qui dominaient auparavant.

En 2014, Pappé a poursuivi cette trajectoire critique avec *The Idea of Israel: A History of Power and Knowledge* (L'idée d'Israël : une histoire du pouvoir et du savoir), dans lequel il explore la relation symbiotique entre l'historiographie, l'art de gouverner et les formes de gouvernance coloniale. En retraçant la manière dont les universitaires sionistes ont utilisé les catégories eurocentriques de race et de culture, il démontre que l'identité israélienne s'est forgée à la fois par le contrôle territorial et par l'intégration stratégique du territoire palestinien dans l'espace juif.

Ensemble, ces études ont non seulement servi de provocations analytiques, mais ont également fourni un cadre ouvertement partisan dans lequel les études anticolonialistes contemporaines sur le Levant continuent d'évoluer. L'étendue de la recherche empirique et les affirmations sans équivoque avancées dans ces ouvrages ont placé Pappé à l'avant-garde de la recherche historiographique, influençant les perceptions des universitaires, la formation des étudiants et les calculs des décideurs politiques. Une analyse approfondie de ces textes révèle non seulement la modification des paradigmes historiographiques, mais aussi les effets intangibles mais puissants des interventions de Pappé sur la compréhension collective du conflit israélo-palestinien.

Les détracteurs de Pappé : les voix dissidentes des universitaires traditionalistes

L'opposition à l'historiographie révisionniste d'Ilan Pappé sur le conflit israélo-palestinien continue de provenir des universitaires qui défendent le consensus scientifique dominant. Ces traditionalistes soutiennent que les conclusions de Pappé reposent sur une lecture sélective des archives, une justification insuffisante dans les sources primaires et un engagement politique ouvertement avoué qui, selon eux, compromet la neutralité attendue d'un historien.

Tout en reconnaissant la fuite de civils en 1948, ils affirment que qualifier l'ensemble de cet épisode de « nettoyage ethnique » déforme les réalités temporelles et spatiales hétérogènes de la guerre, de la migration volontaire et de l'expulsion qui ont caractérisé cette période. De plus, ils affirment que sa méthode de lecture des sources canoniques à travers un prisme théorique prédéterminé néglige les preuves contraires, réifiant ainsi un récit alternatif qui remplace, plutôt qu'il n'intègre, le consensus scientifique. Leur engagement déclaré en faveur d'une norme rigoureuse en matière de preuve souligne une réticence plus générale à permettre au révisionnisme historiographique de supplanter les interprétations établies qui reposent sur des décennies de vérification croisée des archives.

Les chercheurs avertissent en outre que la lecture de Pappé risque de passer sans médiation du domaine universitaire à la scène politique, où elle pourrait, selon eux, durcir les récits partisans, diminuer l'empathie pour les récits nationaux concurrents et, en fin de compte, entraver les voies pratiques de réconciliation qu'ils jugent néanmoins ouvertes à la négociation. De plus, les critiques ont suggéré que la reconfiguration du passé par Pappé pourrait se prêter à une utilisation instrumentale dans des contextes politiques, perpétuant ainsi les schismes idéologiques existants. La collision entre son cadre révisionniste et les paradigmes historiographiques établis et prédominants a donné lieu à un échange vigoureux et nuancé entre les chercheurs, reflétant des contestations plus larges sur la nature de la vérité historique, la formation de récits concurrents et l'ancrage partisan de l'interprétation. La vive résistance que suscite la recherche de Pappé sert à réaffirmer la pertinence continue de la recherche historique soutenue et son pouvoir de réguler la mémoire collective, d'informer la rhétorique politique et de structurer les récits légitimant les sociétés.

Méthodologie : revisiter les sources avec un regard critique

Les recherches d'Ilan Pappé reconfigurent les cadres historiographiques dominants en employant une méthodologie résolument critique qui a irréversiblement recalibré les travaux universitaires sur le conflit israélo-palestinien. Au cœur de son intervention se trouve le réexamen de l'historiographie existante à travers un prisme rigoureusement sceptique qui interroge les archives, les documents bureaucratiques et les témoignages oraux, mettant ainsi en avant les voix que les récits dominants ont longtemps négligées.

En démantelant les récits hégémoniques et en les réassemblant du point de vue de ceux qui ont été marginalisés, Pappé expose les lacunes idéologiques et les silences historiographiques que les études conventionnelles ont éludés. Une telle procédure implique non seulement une discipline méthodologique, mais exige également un engagement de principe envers l'éthique de la représentation, reconnaissant les enjeux profonds qui sont liés aux archives historiques.

L'entreprise de Pappé dépasse ainsi les délimitations disciplinaires habituelles, insistant sur le fait que la pratique de la reconstruction du passé est indissociable d'une responsabilité éthique politiquement sensible. Chaque source revisitée s'accompagne d'un impératif de reconnaissance visant à intégrer les témoignages palestiniens, les traces archivistiques et les expériences vécues qui ont été habituellement marginalisés, à la fois, dans le récit historique, et dans la conscience politique des archives elles-mêmes.

Grâce à cette double procédure de désagrégation critique et de reconstitution éthique, Pappé met en lumière la violence refoulée du passé tout en obligeant la discipline à réfléchir aux critères selon lesquels la connaissance historique est autorisée. Cette méthode incite le lecteur à remettre en question les certitudes sédimentées des travaux antérieurs, favorisant ainsi un espace herméneutique dans lequel une appréhension plus réflexive et empathique du passé peut émerger. La méthodologie pionnière de Pappé nous oblige à explorer le lien indissociable entre l'histoire et la mémoire collective, en reformulant les débats autour du conflit israélo-palestinien tout en mettant en lumière la nature multicouche de l'interprétation historique. En remettant en question des hypothèses non vérifiées et des idéologies profondément enracinées, ses travaux démontrent la capacité d'une historiographie rigoureusement appliquée à modifier notre compréhension du passé, affirmant l'importance durable de la recherche critique dans la formation de notre mémoire collective.

L'interdépendance de la politique et du récit historique

Les domaines de la politique et du récit historique sont inextricablement liés, en particulier dans le cas de conflits marqués par des identités et des griefs concurrents, tels que le conflit israélo-palestinien. L'argument d'Ilan Pappé en faveur du nettoyage ethnique de la population palestinienne a, peut-être plus que toute autre affirmation, cristallisé la relation réciproque entre la recherche universitaire et le discours politique. Ses travaux illustrent la manière dont les impératifs politiques peuvent fausser la construction de la mémoire, persuadant les historiens de recalibrer le passé pour soutenir des projets nationalistes ou idéologiques.

Dans le cas israélien, le récit historique de la création de l'État et la contestation continue de ses frontières sont devenus des prismes à travers lesquels la légitimité de la souveraineté israélienne est jugée, influençant les programmes électoraux, les interventions étrangères et la formulation des normes du discours international. Par conséquent, la représentation historique n'est ni neutre ni accessoire ; elle est le champ de bataille sur lequel se joue la légitimité des revendications politiques concurrentes. De plus, l'instrumentalisation du passé peut entraver la pratique désintéressée de l'histoire, obligeant les praticiens à s'aligner sur les doctrines sanctionnées sous la menace de représailles.

Pappé a lui-même été confronté à l'ostracisme académique et à la censure officielle, révélant les obstacles considérables auxquels se heurte tout historien qui cherche à dissocier le jugement empirique des priorités partisanes sur les sites de mémoire contestés. Dans le même temps, les conséquences de la réévaluation historiographique pour la gouvernance actuelle ne peuvent être ignorées. La relecture par Pappé des années de formation de l'État israélien a catalysé les débats internes sur la mémoire collective, la culpabilité collective et l'élargissement possible des horizons de paix. En dehors d'Israël, ces mêmes travaux universitaires ont influencé les commentaires internationaux et recalibré les positions diplomatiques, révélant ainsi la trajectoire transnationale de la persuasion historiographique.

L'interaction entre la politique et l'historiographie exige donc une attention scientifique soutenue, car elle révèle comment des récits autrefois marginaux peuvent se cristalliser en déterminants de l'action étatique. La reconnaissance de ce mouvement réciproque permet aux historiens et aux praticiens d'approfondir la précision avec laquelle le passé est corrélé à la politique actuelle. Dans le même temps, cette prise de conscience leur impose l'obligation permanente de résister à l'utilisation de l'histoire comme stratagème de mobilisation politique, renforçant ainsi la nécessité de l'impartialité académique et de l'autonomie institutionnelle.

En résumé, l'interdépendance entre les motivations politiques et l'interprétation de l'histoire ressort clairement dans les écrits d'Ilan Pappé, mettant en lumière les difficultés multiples liées à la confrontation d'épisodes historiques controversés. Pour analyser les diverses réactions à ses travaux universitaires tant en Israël que dans les cercles internationaux, nous devons prêter une attention particulière à la capacité persistante des prismes politiques à façonner les débats historiographiques et à la recherche continue, bien que souvent compliquée, d'une compréhension désintéressée des événements passés.

Réception en Israël et au-delà : un débat scientifique mondial

En dehors d'Israël, les conclusions de Pappé ont suscité en même temps de l'intérêt et un examen critique. Ses travaux ont enrichi le discours universitaire transnational non seulement sur les événements de 1948, mais aussi sur leur pertinence continue pour le conflit qui perdure. Dans les séminaires universitaires, les revues à comité de lecture et les cycles de conférences publiques, les chercheurs ont adopté, disséqué et dangereusement recontextualisé les découvertes archivistiques de Pappé. Certains observateurs saluent ce travail comme une confrontation courageuse, bien que douloureuse, avec les archives ; d'autres mettent en garde contre le mélange de preuves empiriques et d'impératifs de correction politique. Ce discours international polarisé illustre à quel point l'historicisation reste liée à la logique de la politique actuelle, au positionnement diplomatique et à la mémoire populaire.

Influence sur la compréhension contemporaine du conflit israélo-palestinien

Les travaux de Pappé ont remodelé le cadre dominant à travers lequel le conflit israélo-palestinien est disséqué dans les milieux universitaires et publics. En cataloguant et en réorganisant méticuleusement les preuves documentaires de 1948, il a bouleversé les schémas chronologiques et causaux conventionnels qui ont fait l'objet d'un consensus disciplinaire pendant des décennies. En insistant pour présenter le déplacement des Palestiniens non seulement comme un dommage collatéral, mais encore comme une logique constitutive de l'État israélien, il propose une théorie beaucoup plus sombre et, pour beaucoup, plus convaincante de la temporalité coloniale. Les chercheurs sont désormais confrontés à l'implication difficile que le conflit, plutôt que d'évoluer à travers une série de contingences géopolitiques, pourrait avoir été instauré comme la reproduction d'une certaine modernité coloniale.

Une telle reformulation oblige le domaine à négocier non seulement son appareil archivistique, mais aussi ses missions éthiques et politiques vis-à-vis du passé. Les travaux de Pappé ont suscité une réflexion soutenue et un débat vigoureux dans les forums universitaires, les milieux politiques, les réseaux militants et parmi un public plus large. Son exposition minutieuse de l'expérience palestinienne et sa remise en question du récit sioniste dominant ont ensemble approfondi la prise de conscience des dynamiques complexes et souvent asymétriques qui façonnent le conflit.

Le travail de Pappé excelle notamment à rendre le passé

historique lisible en termes humains, récupérant ainsi des voix et des expériences souvent reléguées à la marge. En émancipant les chroniques du déracinement, de la perte et de la survie déterminée, il a mis en lumière le coût humain varié infligé aux communautés palestiniennes, cultivant une conscience plus riche et plus compatissante parmi ceux qui évaluent les coûts durables du conflit. Parallèlement, le plaidoyer inébranlable de Pappé en faveur de l'exactitude historique et de la justice a encouragé une cohorte naissante de chercheurs et d'organisateurs de mouvements à interroger de manière critique l'héritage laissé par le conflit israélo-palestinien. Sa volonté de s'engager dans des réalités douloureuses et d'interroger le pouvoir asymétrique a redynamisé les campagnes visant à favoriser la responsabilité et la réconciliation, renforçant ainsi les fondements intellectuels et moraux nécessaires à un règlement juste et durable.

Dans les cercles intellectuels contemporains, les travaux de Pappé ont systématiquement bouleversé les paradigmes dominants, obligeant les universitaires et les citoyens à réévaluer ce qui est considéré comme crédible et les débats qui peuvent légitimement être engagés concernant l'impasse israélo-palestinienne. En exposant méticuleusement les stratagèmes coloniaux qui se sont cristallisés à la fin du XIXe et au XXe siècle, il a fait place à des perspectives auparavant marginalisées, enrichissant ainsi le répertoire interprétatif de voix qui avaient longtemps été jugées superflues.

En conséquence, l'imaginaire du public et des chercheurs s'oriente désormais vers une compréhension plus nuancée et plus précise des animosités et des aspirations multiples qui continuent d'animer la région. Pappé a en outre redéfini la vocation de l'historien en insistant sur le fait que la recherche ne peut être dissociée de la responsabilité morale. Les innovations historiographiques dont il a fait don – dissocier le concept de « mémoire » de celui de « fait » et placer le déplacement intentionnel au centre du récit de l'État israélien – résistent à la tentation de normaliser les injustices documentées sous le couvert d'une analyse détachée.

La portée de ses propositions ne se limite pas aux revues spécialisées ; elles trouvent un écho dans la société civile, les débats médiatiques et les enquêtes législatives, galvanisant les militants et suscitant une réflexion institutionnelle. De cette manière, Pappé a relevé le niveau de ce que le travail universitaire peut et, par exigence éthique, doit accomplir, insistant ainsi sur le fait que la barre de l'intégrité intellectuelle ne doit être placée qu'à la hauteur des enjeux moraux du sujet.

Conclusion : héritage et orientations futures de l'historiographie

Les interventions pionnières des nouveaux historiens, au premier rang desquels Ilan Pappé, ont irrévocablement redéfini l'historiographie du conflit israélo-palestinien. Leur réévaluation rigoureuse des moments clés n'a pas seulement remis en cause les interprétations dominantes, elle a également ouvert de nouvelles voies pour la recherche universitaire et l'engagement public. En soumettant les récits canoniques à un examen rigoureux, les nouveaux historiens ont mis au jour le passé de la région dans toute sa complexité, obligeant les universitaires et les observateurs profanes à reconsidérer leurs croyances de longue date. Cette entreprise a produit un héritage qui dépasse largement le cadre universitaire et qui façonne tant les débats nationaux que les mouvements militants.

Cependant, l'historiographie ne peut jamais se reposer sur ses lauriers, et le chemin qui s'ouvre devant nous est marqué autant par les tensions que par les promesses. Les répercussions des nouveaux historiens exigent que les générations suivantes continuent à interroger leurs questions et leurs méthodes, en examinant à la fois les bases factuelles et les cadres théoriques qu'ils ont utilisés. Dans le même temps, l'arsenal méthodologique en expansion de la discipline invite à intégrer des archives, des histoires orales et des ressources numériques qui étaient autrefois hors de portée, tout en amplifiant les témoignages de ceux qui ont longtemps été marginalisés par les récits dominants.

Ainsi, la prochaine phase de recherche doit non seulement maintenir l'esprit critique des trente dernières années, mais aussi s'engager activement dans son héritage pluriel, à la recherche d'une histoire qui soit enfin aussi variée et contestée que les sociétés qu'elle tente de comprendre. Un point essentiel de l'attention des chercheurs est l'interaction dynamique entre l'histoire et la mémoire collective, qui influence de manière décisive les perceptions et les attitudes actuelles.

Les efforts continus d'archivage et d'interprétation permettent de mettre au jour des réalités auparavant passées sous silence, mais ces entreprises doivent tenir compte, simultanément, des souvenirs sédimentés qui forgent les imaginaires nationaux. La tâche de l'historien, qui consiste à réconcilier des mémoires divergentes tout en honorant les blessures inscrites dans le passé, devient donc une obligation déterminante et délicate pour les futurs projets historiographiques. Dans le même temps, les progrès de la numérisation des archives et la disponibilité croissante de sources multilingues créent des opportunités rares pour affiner la pratique historique.

Les dépôts en ligne, les initiatives systématiques d'histoire orale et les vastes constellations de recherche transnationales invitent à reconsidérer le conflit israélo-palestinien, qui reste vaste et sujet à réflexion. Si les chercheurs exploitent ces ressources de concert, ils ne risquent ni d'occulter les voix marginalisées ni de renforcer les perspectives unilatérales, élargissant ainsi le champ historiographique et permettant une compréhension plus complexe d'un passé encore contesté. L'orientation de l'historiographie du conflit israélo-palestinien reposera, en dernière analyse, sur le respect constant de normes scientifiques rigoureuses, sur les impératifs d'une recherche éthique et sur un effort inébranlable pour analyser les subtilités complexes du passé. Ceux qui prendront le relais dans les décennies à venir accepteront la double charge et l'honneur de produire des récits qui reflètent la précision et la compassion, renforçant ainsi des perspectives susceptibles de favoriser la réconciliation, la compréhension mutuelle et, dans le meilleur des cas, une paix durable.

Références pour approfondir le sujet

- Ilan Pappé, The Ethnic Cleansing of Palestine. Oxford: OneWorld Publications, 2006.

- Ilan Pappé, A *History of Modern Palestine* (Cambridge University Press, 2003).

- Ilan Pappé, *The Idea of Israel: A History of Power and Knowledge* (Verso, 2014).

- Shlaim, Avi. "The Debate about 1948." International Journal of Middle East Studies 27, no. 3 (1995): 287–304. Cambridge University Press.

- Pappé, Ilan. The Idea of Israel: A History of Power and Knowledge. London: Verso, 2014.

- Khalidi, Walid. "Plan Dalet: Master Plan for the Conquest of Palestine?" Journal of Palestine Studies 18, no. 1 (1988): 4–33. University of California Press/Institute for Palestine Studies.

- Morris, Benny. The Birth of the Palestinian Refugee Problem Revisited. Cambridge: Cambridge University Press, 2004.

- Morris, Benny. 1948: A History of the First Arab–Israeli War. New Haven: Yale University Press, 2008.

- Khalidi, Walid, ed. All That Remains: The Palestinian Villages Occupied and Depopulated by Israel in 1948. Washington, DC: Institute for Palestine Studies, 1992.

- Sa'di, Ahmad H., and Lila Abu-Lughod, eds. Nakba: Palestine, 1948, and the Claims of Memory. New York: Columbia University Press, 2007.

- Abu Sitta, Salman. The Atlas of Palestine 1948. London: Palestine Land Society, 2004.

- Karsh, Efraim. Fabricating Israeli History: The "New

Historians." London: Frank Cass, 1997; updated ed., 2000.

- Gelber, Yoav. Palestine 1948: War, Escape and the Emergence of the Palestinian Refugee Problem. Brighton: Sussex Academic Press, 2001.

- Penslar, Derek J. Israeli History and the Jewish Past. Oxford: Oxford University Press, 2018.

- Said, Edward W. Orientalism. New York: Pantheon, 1978.

Additional verifiable resources and primary/official materials

United Nations General Assembly Resolution 194 (III), "Palestine—Progress Report of the United Nations Mediator." 11 December 1948. Official UN Documents System: https://www.un.org/en/about-us/un-charter (search: Resolution 194 (III)).

5
Avi Shlaim
Critique de la diplomatie et de la stratégie militaire israéliennes

Introduction à Avi Shlaim et à son importance historique

Avi Shlaim occupe une place centrale dans les études contemporaines sur la diplomatie et la politique militaire israéliennes, et ses contributions ont fondamentalement modifié les paramètres dans lesquels les historiens et les analystes interprètent l'évolution de l'État d'Israël. Son réexamen rigoureux des archives, combiné à sa volonté de replacer les actions israéliennes dans un contexte géopolitique plus large, a rendu les interprétations traditionnelles de la politique israélienne non seulement inadéquates, mais historiquement trompeuses.

Le parcours intellectuel de Shlaim, issu d'une famille juive baghdadienne et ayant passé son enfance en Israël, imprègne ses travaux d'une conscience souvent discrète, mais aiguë des intersections entre les récits nationaux et les expériences de la diaspora. Après des études de premier cycle à l'Université hébraïque de Jérusalem, il a obtenu son doctorat à l'Université d'Oxford, où il a élaboré un cadre analytique capable d'interroger l'interaction entre les décisions militaires, le parrainage international et les impératifs politiques nationaux.

La publication de son ouvrage phare, *The Iron Wall: Israel and the Arab World* (Le mur de fer : Israël et le monde arabe), a marqué un tournant dans l'historiographie. Il y soutient que la politique de sécurité israélienne repose depuis sa création sur la conviction que la force peut isoler Israël du monde arabe, tout en alimentant l'hostilité qu'elle prétend apaiser.

Grâce à des recherches archivistiques minutieuses et à un engagement soutenu auprès de sources primaires auparavant inaccessibles, Shlaim a réussi à mettre en lumière les mécanismes cachés qui, selon lui, ont périodiquement perturbé les perspectives d'un règlement politique et enraciné un cycle de répression et de résistance dans la région. Cette section examinera l'héritage intellectuel de Shlaim en démontrant comment ses travaux ont influencé de manière décisive les évaluations mondiales actuelles de la politique israélienne, tant dans la communauté scientifique que dans le discours public au sens large. Elle montrera en outre comment sa rigueur archivistique a créé un espace pour une réévaluation plus large et plus interrogative des récits historiques établis, en présentant de nouveaux angles d'interprétation qui interrogent systématiquement et, souvent, bouleversent les paradigmes historiographiques dominants.

La formation d'un critique : fondements académiques et influences

Né à Bagdad et ayant fait ses études en Israël, Avi Shlaim incarne une convergence d'expériences qui ont façonné de manière décisive ses contributions universitaires. Ses études à l'université de Tel Aviv et à l'université de Paris l'ont exposé à un large éventail de courants historiographiques et philosophiques, tandis que la politique tumultueuse du Moyen-Orient, en particulier l'exode forcé de sa famille d'Irak, lui a inculqué un sens dynamique de la discontinuité temporelle et spatiale. L'expérience même de la migration forcée a transformé la recherche universitaire, pour lui, en un mode de mémoire critique et d'enquête procédurale, sous-tendant sa demande ultérieure d'une justification archivistique rigoureuse et d'une historiographie réfléchie attentive aux voix déplacées.

La trajectoire intellectuelle initiale de Shlaim s'est orientée vers la politique diplomatique, la politique étrangère israélienne et la doctrine militaire étant les principaux objets de son investigation. Ses premières études ont disséqué les logiques stratégiques qui ont animé la conduite extérieure de l'État, mais elles ont également interrogé les hypothèses sous-jacentes qui, selon lui, ont trop souvent été considérées comme des explications de bon sens. L'influence de mentors éminents, associée à une large lecture de mémoires d'archives et de théorie critique, a favorisé une habitude savante de mettre au jour les contradictions et les lacunes négligées par les discours dominants.

L'œuvre de Shlaim se caractérise par un refus délibéré de laisser les données empiriques glisser vers un récit apologétique : chaque affirmation de causalité s'accompagne d'une reconnaissance de la contingence à laquelle les acteurs historiques, des responsables politiques aux simples soldats, ont eux-mêmes été confrontés. Au-delà de son engagement dans les archives, le développement de Shlaim a été animé par des textes clés de l'histoire diplomatique et de la théorie politique. Les travaux d'A. J. P. Taylor, Kenneth Waltz et Hans Morgenthau, entre autres, lui ont fourni des repères méthodologiques et éthiques, tandis que les écrits d'historiens israéliens et arabes ont démontré la productivité d'une approche multi-archivistique et multi-perspectiviste.

La méthode qui en résulte privilégie la complexité, refuse la simplification thématique et insiste sur le fait que la politique de la mémoire au Moyen-Orient, aussi volatile soit-elle, doit être évaluée à l'aune d'un appareil rigoureux de preuves scientifiques. Sa confrontation immersive avec la littérature fondamentale et les recherches émergentes et pionnières lui a permis d'acquérir un arsenal de concepts analytiques nécessaires pour démêler les relations kaléidoscopiques entre la gouvernance, les conflits armés et les métamorphoses sociétales.

Ce cadre intellectuel n'était pas périphérique, mais catalytique, façonnant Shlaim en un critique d'une rare envergure, dont la maîtrise des détails archivistiques n'est jamais éclipsée par une vision stratégique pénétrante et un calibrage contextuel sophistiqué. C'est dans cette fonderie intellectuelle, dont les flammes ont été attisées par des héritages académiques variés, des témoignages mémoriels et un mentorat dévoué, que la voix singulière d'Avi Shlaim s'est cristallisée pour la première fois.

Traversant les couloirs vénérables des institutions tout en s'engageant dans les marges glissantes des différences historiographiques, il a vu son patrimoine intellectuel se fondre en un objectif inébranlable : mettre au jour les couches occultées de l'art de gouverner israélien et des logiques opérationnelles qui le sous-tendent. Son apprentissage rigoureux, associé à une immersion viscérale dans le labyrinthe du Moyen-Orient, a affûté ses outils de recherche archivistique et affiné ses commentaires. La fournaise de son odyssée savante a finalement donné naissance à une critique époustouflante de la chronique consensuelle, dans laquelle des nuances finement ciselées sont brandies pour bouleverser les idées reçues et révéler les vérités souterraines qu'elle a cherché à réprimer.

Revisiter la naissance d'Israël : l'enquête diplomatique de Shlaim

La réévaluation approfondie par Avi Shlaim de la conduite diplomatique et militaire d'Israël impose de reconsidérer les négociations qui ont conduit à la création de l'État d'Israël. Sa dissection calibrée des historiographies concurrentes recentre l'attention des chercheurs sur la chronique diplomatique formatrice qui continue d'influencer la politique contemporaine du Levant.

Au cœur de l'enquête de Shlaim se trouve l'accumulation dense de négociations, d'efforts de gestion des conflits et de relations de pouvoir changeantes qui ont conjointement constitué le moment de la création de la nation. Ce faisant, il met en évidence les compromis et les ambiguïtés tactiques que la souveraineté exigeait inévitablement. Grâce à un regard archivistique rigoureux, il retrace l'engagement concerté des organisations internationales, au premier rang desquelles le mandat britannique sortant, les Nations unies et plusieurs grandes puissances, qui ont chacune façonné de manière concrète les paramètres de la création de l'État.

Shlaim situe en outre les choix diplomatiques dans le calcul des dirigeants individuels et dissèque les ajustements tactiques et les orientations à long terme qui ont cristallisé l'agenda diplomatique de l'État naissant. Son récit rétablit ainsi l'action difficile des débuts d'Israël et reconstitue ce moment à la fois comme un triomphe de la volonté militaire, et comme un résultat négocié conditionné par des souverainetés concurrentes.

Dans son enquête incisive, Shlaim dissèque les conséquences profondes des initiatives diplomatiques qui ont entouré la création d'Israël, mettant en lumière leurs effets multiples qui ont eu des répercussions à la fois au Moyen-Orient et dans le contexte international plus large. Sa rigueur analytique met en avant les négociations et les compromis qui, loin d'être secondaires, se sont avérés indispensables à la création de l'État, déstabilisant ainsi les récits réducteurs qui présentent le processus comme une progression déterministe ou unilatérale. Réévaluant ce moment charnière sous l'angle diplomatique, Shlaim incite son public à se confronter aux subtilités troublantes de la politique et du pouvoir qui ont guidé chaque étape décisive, favorisant ainsi une historiographie qui équilibre la rigueur morale et la nuance empirique. Il en résulte une expédition réflexive qui non seulement revisite les interprétations établies d'un épisode fondateur, mais oblige également à réfléchir à la manière dont l'héritage des choix diplomatiques continue de déterminer l'équilibre des pouvoirs dans une région agitée.

Ariel Sharon et le franchissement des frontières : stratégie militaire dévoilée

Sharon, architecte de la doctrine militaire et de l'orientation politique de l'État d'Israël, a transcendé le champ de bataille pour façonner de manière irréversible les configurations régionales. Sa carrière, marquée par des engagements multiples, de la campagne de Palestine de 1948 à la fonction de Premier ministre, a cristallisé un mode de gouvernance dans lequel les choix opérationnels étaient imprégnés d'intentions diplomatiques.

À la fois acceptées et contestées dans les cercles israéliens et étrangers, ses décisions concernant les frontières, les mouvements de population et les méthodes de contre-insurrection font l'objet d'un réexamen continu par les historiens et les spécialistes de la sécurité. La crise de Suez de 1956 a cristallisé la compréhension de Sharon de l'intersection entre la guerre et la diplomatie. Chargé du commandement du front sud, il a mené l'assaut sur le Sinaï qui, bien que présenté comme un affrontement limité, a servi à la fois à neutraliser la menace immédiate des forces égyptiennes et à repositionner le Sinaï comme une scène sur laquelle se disputerait le dialogue entre les superpuissances.

La coordination avec la France et la Grande-Bretagne, bien qu'elle se soit finalement avérée être une erreur de calcul diplomatique, a illustré la volonté de Sharon d'utiliser le risque militaire comme monnaie d'échange dans la négociation de l'espace stratégique d'Israël. Sa signature opérationnelle a atteint son apogée lors de la guerre des Six Jours en 1967, lorsque l'assaut qu'il a dirigé à travers les routes surélevées de la péninsule du Sinaï a incarné la combinaison de renseignement, de mobilité et de diversion tactique qui caractérisait les Forces de défense israéliennes de l'époque. L'encerclement rapide des formations égyptiennes a brisé l'unité de la ligne de front et prolongé la latence de la capacité militaire arabe pendant les décennies qui ont suivi. La transition sans heurts entre la victoire sur le champ de bataille et la prise politique du plateau du Golan, de la Cisjordanie et de la région du Sinaï a modifié la cartographie du Levant et fait de Sharon l'un des principaux architectes du calcul territorial postcolonial d'Israël. L'importance qu'il accordait à l'action préventive, associée à des offensives rapides et synchronisées, a renforcé sa volonté de redéfinir les limites conventionnelles. En outre, le rôle central joué par Sharon dans la consolidation du contrôle israélien sur la Cisjordanie et la bande de Gaza pendant le conflit a ajouté une complexité durable à la matrice géopolitique de la région, une complexité qui influence encore aujourd'hui la politique et la trajectoire du conflit.

La guerre du Liban de 1982 a marqué un autre tournant dans la carrière de Sharon, mettant en évidence ses choix opérationnels et sa conduite controversée. En tant que ministre de la Défense, il a dirigé l'incursion au Liban conçue pour neutraliser la présence armée palestinienne qui avait trouvé refuge dans l'arrière-pays libanais. Les conséquences de cette campagne, en particulier les massacres de Sabra et Chatila, ont suscité une condamnation généralisée au niveau national et international, redéfinissant le discours sur la doctrine militaire de Sharon et le calcul moral qui l'accompagnait. Une évaluation attentive de la politique frontalière de Sharon révèle un calcul intégratif où se mêlent pouvoir coercitif et diplomatie. Son engagement en faveur de périmètres fortifiés et allongés s'est traduit par des programmes prévoyant la création de blocs civils dans les territoires contrôlés par l'OCI, une politique qui a suscité une vive controverse et accru les frictions intercommunautaires. Les ramifications continues de ces décisions imprègnent les débats contemporains sur l'interaction entre les impératifs de sécurité, les revendications de souveraineté et la cohérence de la configuration territoriale au Levant.

La stratégie militaire d'Ariel Sharon invite à un examen qui dépasse les engagements tactiques et se situe à la confluence de l'histoire israélienne et des courants géopolitiques durables. Qu'il soit considéré comme un commandant peu orthodoxe ou comme un symbole de la division idéologique,

Sharon apparaît comme un acteur décisif dont les choix ont façonné non seulement le paysage des combats, mais aussi les fondements institutionnels et moraux de l'État. Son héritage, à la fois célébré et contesté, sert ainsi de prisme révélateur à travers lequel on peut interroger les motifs entremêlés de l'art de gouverner, de l'ambition personnelle et de la recherche incessante de la sécurité dans un contexte d'instabilité régionale persistante et complexe.

Moments charnières : conflits clés et leurs conséquences

Le conflit israélo-arabe est un entrelacement dense d'événements historiques qui se croisent, chacun chargé de son propre poids et produisant des répercussions bien au-delà de la décennie immédiate. Avi Shlaim, dans ses travaux universitaires qui se distinguent par leur examen sans concession de l'art de gouverner et de la doctrine armée israéliens, nous invite à préciser les points chauds qui ont creusé le long sillon de la région. Parmi ceux-ci, la crise de Suez de 1956 apparaît comme une fracture décisive. Israël, avec la Grande-Bretagne et la France, a autorisé une frappe clandestine présentée comme des représailles à la nationalisation du canal par l'Égypte ; ce qui était un objectif tactique s'est rapidement transformé en un théâtre de calculs impériaux multinationaux.

L'entreprise s'est effondrée sous la pression américaine et soviétique, mais sa force centrifuge était indéniable : la cour que Washington faisait au régime du Caire, la réaffectation des subventions occidentales à des établissements militaires en plein essor et un sentiment arabe accru d'encerclement stratégique. La crise ne s'est donc pas terminée par un règlement diplomatique ; elle a réorganisé toute l'architecture politico-institutionnelle de la région, renforçant le paradoxe selon lequel chaque initiative militaire pour la sécurité d'Israël a fini par multiplier le nombre et la cohésion des politiques adverses.

La guerre des Six Jours de 1967 a représenté un tournant décisif dans le conflit israélo-arabe, car la victoire rapide et asymétrique d'Israël a redessiné la carte et reconstitué l'équilibre géopolitique très critique au Levant. L'occupation de la Cisjordanie, du plateau du Golan, de la péninsule du Sinaï et de la bande de Gaza qui en a résulté a introduit une forme de gouvernance territoriale qui, ancrée dans un pouvoir asymétrique, a engendré un irrédentisme et des conflits territoriaux durables qui, des décennies plus tard, continuent de constituer à la fois la diplomatie régionale et les affrontements militaires cycliques.

La guerre du Kippour de 1973 qui a suivi a réaffirmé la volatilité inhérente aux relations israélo-arabes. L'attaque coordonnée, bien que stratégiquement limitée, de l'Égypte et de la Syrie, menée le jour le plus sacré du calendrier juif, a brisé l'illusion d'immunité que la victoire précédente avait inspirée. Le conflit a non seulement mis en évidence la faillibilité des services de renseignement israéliens et du processus décisionnel centralisé qui avait présumé d'une accalmie prolongée, mais il a également incité les deux parties à recalibrer leurs doctrines militaires et leurs positions diplomatiques, en intégrant une nouvelle logique de dissuasion qui reconnaissait le caractère central de l'effet de surprise.

Les intifadas qui ont suivi, en particulier la première (1987-1993) et la deuxième (2000-2005), ont compliqué la signification de la résistance et de la gouvernance militarisée. Chaque soulèvement, catalysé par des substrats sociaux et économiques distincts, a placé la nature quotidienne de l'occupation à l'ordre du jour diplomatique, obligeant à réévaluer les registres moraux, juridiques et stratégiques du conflit sur les scènes nationale et internationale. La première a déclenché une désobéissance civile, des jets de pierres et une mobilisation de masse qui ont sapé l'opacité de l'occupation, tandis que la seconde a introduit une asymétrie meurtrière et une contre-insurrection qui ont durci l'intransigeance institutionnelle et idéologique des deux côtés. Les événements décisifs de cette époque ne doivent pas être considérés comme de simples vestiges de l'histoire ; ils constituent plutôt les éléments structurels des complexités actuelles qui caractérisent le conflit israélo-arabe. Un examen attentif de leurs conséquences est donc indispensable pour saisir la sophistication complexe de l'intervention analytique d'Avi Shlaim et pour reconnaître son influence plus large sur l'évolution des discours diplomatiques et stratégiques militaires dans ce milieu en perpétuel conflit.

Conversations secrètes : la diplomatie derrière des portes closes

Dans le réseau complexe des relations internationales contemporaines, la diplomatie se déroule souvent à l'abri du regard du public. Avi Shlaim examine les négociations secrètes et les délibérations informelles qui ont façonné les contours de la politique israélienne. Ces échanges non divulgués ne sont pas des appendices périphériques aux confrontations plus pâles et plus accessibles : ils sont des éléments constitutifs de toute évaluation rigoureuse des subtilités politiques de la région. Se plongeant dans une prodigieuse quantité de documents d'archives récemment rendus accessibles, Shlaim reconstitue les contours des rencontres secrètes, de la diplomatie discrète et des accords discrets qui ont tranquillement calibré le vecteur de la diplomatie israélienne. Loin des feux de la rampe, ces dialogues occultes révèlent la chorégraphie calibrée des leviers, des persuasions et des compromis qui se déroulent derrière des murs protégés.

Grâce à une combinaison de recherches archivistiques minutieuses et de commentaires interprétatifs nuancés, Shlaim dissèque les ambitions cachées et les scénarios secrets des principaux acteurs de ce mini-opéra diplomatique, permettant ainsi à l'auteur et au lecteur de prendre conscience des facteurs déterminants qui, trimestre après trimestre, ont redirigé le cours de l'histoire. Il dévoile les choix tactiques, les échanges modérés et les constellations cachées qui ont façonné les relations d'Israël avec les États voisins et les capitales métropolitaines. Dans le même temps, Shlaim clarifie la chorégraphie conflictuelle entre l'idéologie politique et la prudence diplomatique dans ces arènes silencieuses. L'étude de cette sphère diplomatique souterraine bouleverse les orthodoxies historiographiques dominantes et invite les chercheurs et les praticiens à se confronter aux complexités multiples qui ponctuent l'ordre international contemporain.

Les fouilles de Shlaim sur les échanges cachés attirent notre attention sur les canaux rarement visibles de coercition et de concession qui se trouvent entre les performances ritualisées de la politique. Ces révélations indiquent que l'histoire diplomatique englobe bien plus que la signature cérémonielle d'accords ou les prises de position publiques lors de sommets. Le récit de ces délibérations classifiées expose un enchaînement continu d'ambitions cachées, de franchise expérimentale et de trahisons calculées, illustrant comment les grandes lignes de la posture internationale d'Israël ont été façonnées par des équilibres éphémères entre confiance et duplicité. Ce faisant, il met à nu les matrices opérationnelles du pouvoir et de l'anxiété qui sous-tendent la recherche permanente de la sécurité de l'État et de la reconnaissance diplomatique.

Tactiques collaboratives ou agressives dans la politique régionale

Le contraste entre les tactiques collaboratives et agressives reste un élément incontournable de la réflexion stratégique et de la conception des politiques dans la politique régionale. Dans le calcul diplomatique et militaire israélien, cette distinction est particulièrement importante, car elle influe à la fois sur la gestion des relations étrangères et la recherche de la sécurité. Les tactiques collaboratives, axées sur la diplomatie, les traités et les initiatives conjointes, sont considérées comme indispensables pour instaurer la stabilité et entretenir des partenariats avec les États voisins et la communauté internationale au sens large. Ces tactiques impliquent un dialogue soutenu, la création d'alliances et l'identification d'intérêts communs, le tout dans le but de favoriser la coexistence et d'atténuer les frictions.

En revanche, les tactiques agressives englobent toute une série d'actions conflictuelles visant à projeter la force, à protéger les intérêts vitaux perçus et à remodeler les conflits géopolitiques. Les incursions militaires, les opérations clandestines et les postures résolues caractérisent cette approche, qui privilégie la dissuasion et le succès coercitif. L'évaluation de l'efficacité et des ramifications morales de l'une ou l'autre de ces voies exige une étude rigoureuse des cas historiques, des manifestations actuelles et des résultats potentiels. Le dialogue entre ces deux modes est encore compliqué par l'évolution de la répartition du pouvoir dans la région, les visions idéologiques concurrentes et la possibilité permanente d'un conflit armé. Les contours moraux du recours à la force coercitive et aux dialogues diplomatiques, parallèlement aux pratiques de médiation, font l'objet d'un examen éthique incessant, obligeant les États et les universitaires à rendre compte de manière transparente de leur action morale dans la région.

Une réflexion approfondie sur l'intégration stratégique des approches coopératives et coercitives apparaît donc comme une nécessité pragmatique et une obligation normative. Elle nécessite de discerner les frontières poreuses qui séparent la capacité militaire et l'influence diplomatique, le retentissement public de la doctrine militariste et la précision souterraine des ouvertures diplomatiques, le caractère sacré de l'autonomie des États et l'aspiration collective à une paix durable. Cette section retracera donc l'histoire de l'émergence de ces tactiques, identifiera leurs manifestations actuelles et passera en revue les principales contributions de la littérature universitaire qui mettent en lumière le renforcement réciproque des stratégies coopératives et coercitives dans l'évolution politique d'Israël au sein du milieu régional plus large.

Réactions et répercussions : engagement universitaire et discours public

L'interrogation d'Avi Shlaim sur la politique étrangère et militaire d'Israël a eu des conséquences marquées tant dans le monde universitaire que dans l'opinion publique. Sa reconstruction d'épisodes clés de l'histoire israélienne, associée à une critique implacable des choix diplomatiques et des doctrines opérationnelles, a suscité à la fois un soutien vigoureux et une réfutation redoutable. Des historiens, des politologues et des spécialistes des relations internationales ont à leur tour publié des articles, organisé des colloques et publié des monographies qui renforcent ou contestent les interprétations de Shlaim, générant ainsi un débat universitaire d'une multidisciplinarité et d'une profondeur considérables.

Parallèlement, le grand public – au sein de la société israélienne et dans le discours transnational entourant le conflit israélo-palestinien – s'est intéressé au fond de ses affirmations, leur accordant un poids discursif qui dépasse la portée universitaire conventionnelle. La rigueur archivistique de Shlaim et ses commentaires calibrés, parfois dérangeants, ont obligé les analystes et les praticiens à soumettre les chronologies conventionnelles à un regard critique renouvelé, au risque de déstabiliser des prismes explicatifs établis de longue date. Ces recalibrages, tant dans les commentaires publiés que dans les forums politiques, ont à leur tour influencé les représentations médiatiques, les programmes éducatifs et la rhétorique militante.

L'effet cumulatif a été une augmentation perceptible de

la remise en question réfléchie du comportement diplomatique et opérationnel d'Israël, reconfigurant ainsi les paramètres dans lesquels les citoyens et les universitaires délibèrent sur les déterminants du comportement de l'État israélien dans une région stratégiquement contestée. De plus, les controverses entourant les travaux universitaires de Shlaim dépassent désormais le cadre des presses universitaires, influençant les pages d'opinion, les commentaires diffusés à la télévision et les débats civiques. Par conséquent, son héritage intellectuel s'étend bien au-delà des amphithéâtres, guidant le débat public sur le passé d'Israël et sa place actuelle au Moyen-Orient. La persistance de la critique de Shlaim illustre comment une recherche historique rigoureuse peut devenir un catalyseur à la fois pour l'avancement scientifique et la réévaluation publique. La ferveur des réactions suscitées par ses arguments révèle la contribution essentielle d'une recherche historique rigoureuse pour rendre transparents des processus géopolitiques opaques et encourager un discours nuancé et éclairé.

La critique comme héritage : l'influence de Shlaim sur le discours contemporain

La critique incisive d'Avi Shlaim à l'égard de la politique israélienne a façonné de manière indélébile les termes du débat contemporain sur le conflit israélo-palestinien. Grâce à une analyse minutieuse des archives gouvernementales, de la correspondance diplomatique et des archives militaires, Shlaim a ancré le débat scientifique et public dans la rigueur des preuves empiriques tout en interrogeant les fondements moraux et politiques du projet sioniste. Ses écrits sont désormais synonymes de diligence archivistique, de sophistication théorique et d'engagement inébranlable à remettre en question les idées reçues.

Shlaim fait preuve d'une grande perspicacité lorsqu'il replace les actions israéliennes dans un contexte plus large de relations internationales, mettant en lumière la manière dont l'évolution des agendas des grandes puissances et des alignements régionaux a conditionné et contraint la politique sioniste. En exposant les calculs complexes qui sous-tendent les décisions politiques et militaires, et en démontrant comment les sphères civile et militaire sont inévitablement fusionnées, il a sapé les dichotomies réductrices qui polarisent habituellement les commentateurs.

Sa quête incessante de précision et de jugement mesuré a ainsi élevé le débat au-delà de la rhétorique partisane, incitant même les sceptiques à reconnaître le fondement empirique sur lequel reposent ses conclusions. La portée des écrits de Shlaim ne se limite toutefois pas aux revues savantes ; ses analyses ont été reprises dans la presse grand public, ont éclairé des tables rondes diplomatiques et ont façonné le programme d'études d'une génération d'étudiants de premier cycle et de troisième cycle.

En détaillant des épisodes historiques clés et en retraçant leurs répercussions prolongées, Shlaim a stimulé à la fois l'introspection et l'examen analytique des récits dominants, aboutissant à une révision de croyances autrefois considérées comme acquises. Dans le même temps, son insistance sur les impératifs éthiques et les considérations relatives aux droits de l'homme a insufflé un contenu moral indispensable aux délibérations sur la diplomatie et le règlement des conflits, obligeant les décideurs à faire face à des réalités douloureuses et à défendre une gouvernance fondée sur des principes et un engagement international.

L'influence de son œuvre survit à son auteur, encourageant les nouveaux chercheurs, les militants et les cercles politiques à mener des enquêtes approfondies, à remettre en question les orthodoxies établies et à exiger un règlement juste et durable dans la région. Ce faisant, il a établi un corridor durable pour une délibération soutenue, pour les efforts de réconciliation et pour la quête incessante d'un récit historique vérifiable. La pertinence durable de Shlaim positionne de manière affirmative l'interrogation critique des récits historiques comme essentielle pour démêler les fils entrelacés de l'influence, de la rhétorique et des efforts soutenus en faveur d'une paix durable.

Conclusion : naviguer dans les héritages complexes du pouvoir et de la persuasion

Naviguer dans les héritages complexes du pouvoir et de la persuasion exige une vigilance critique soutenue et une analyse méthodique. La révision incisive d'Avi Shlaim de la politique et de la doctrine militaire israéliennes permet aux chercheurs de discerner les nœuds d'intérêts et d'idéologies qui lient le présent à la lutte centenaire pour la Palestine. Face à des souvenirs divergents et souvent contradictoires, nous reconnaissons que l'interaction entre la politique, les calculs d'équilibre des pouvoirs et les récits formateurs de l'identité collective a laissé des traces sédimentaires que les historiens et les décideurs doivent passer au crible. La dissection patiente par Shlaim de la chorégraphie diplomatique qui sous-tend l'État israélien révèle les conversations cachées et les placements tactiques qui passaient autrefois pour de la realpolitik.

Ces découvertes d'archives ne sont pas figées ; elles interviennent plutôt dans la géopolitique actuelle par la persistance de décisions prises dans l'ombre de la guerre et l'ambiguïté calculée des « jeux d'attente » qui renient la transparence. Les vestiges diplomatiques n'appartiennent donc pas exclusivement au passé ; ils rajeunissent le présent, limitant le vocabulaire de la paix et renforçant les certitudes positionnelles qui régissent encore l'analyse de chaque cessez-le-feu, élection et médiation étrangère.

L'interrogation rigoureuse de Shlaim met en évidence l'interrelation complexe entre la doctrine militaire et la construction nationale dans le passé d'Israël. Il retrace les moments décisifs de l'élaboration des politiques, des opérations audacieuses de Sharon à la logique coercitive qui a régi les guerres successives, illustrant comment la convergence entre le jugement militaire immédiat et la nécessité géopolitique plus large a forgé un cadre stratégique durable. Les conséquences de ce cadre ont structuré les calculs territoriaux et politiques post-conflit, produisant des effets qui s'étendent bien au-delà des lignes de front immédiates.

En réfléchissant à la durabilité de la contribution de Shlaim, nous devons reconnaître son effet transformateur sur les débats historiographiques actuels. Les conversations analytiques qu'il a suscitées ont mûri pour devenir un champ de contestation dynamique, où les chercheurs testent et affinent à leur tour ses interventions. Loin de s'estomper, ces débats soutenus préservent l'actualité de ses questions et invitent les générations successives à remettre en question les idées reçues. Les écrits de Shlaim n'appartiennent donc pas simplement au passé ; ils catalysent activement un dialogue réflexif et trans-centenaire qui remodèle notre compréhension de l'État israélien et de ses multiples héritages.

En se penchant sur les contributions fondamentales d'Avi Shlaim, on ne peut que reconnaître à quel point la recherche historique elle-même régit à la fois notre imaginaire rétrospectif et prospectif. Shlaim démêle l'intrication complexe entre la diplomatie, indissociable du calcul militaire et de l'historiographie critique, situant ainsi le travail intellectuel du chercheur dans le même terrain miné que celui occupé par les hommes d'État. Cette synthèse ne se contente pas de répertorier les enchevêtrements passés ; elle met en lumière les hypothèses épistémiques qui faussent le débat actuel et prescrit le conseil scientifique d'analyses synthétiques, réflexives et désagrégées face aux crises génératives de notre époque.

Références pour approfondir le sujet

Core works by Avi Shlaim
- Shlaim, Avi. The Iron Wall: Israel and the Arab World. New York: W. W. Norton, 2000; updated eds., 2014.

  — Shlaim's signature thesis on Israeli security doctrine from 1948 onward; essential for his "iron wall" framework.

- Shlaim, Avi. Collusion Across the Jordan: King Abdullah, the Zionist Movement, and the Partition of Palestine. New York: Columbia University Press, 1988. Rev. as The Politics of Partition: King Abdullah, the Zionist Movement, and the Partition of Palestine, 1921–1951. Oxford: Oxford University Press, 2000.

— Pioneering reappraisal of alleged Zionist–Jordanian understandings; a cornerstone of the "New Historians" debate.

- Shlaim, Avi. Lion of Jordan: The Life of King Hussein in War and Peace. London: Allen Lane, 2007; New York: Knopf, 2008.

— Biography rich in Israeli–Jordanian backchannels; indispensable for "secret diplomacy" themes.

- Shlaim, Avi. Israel and Palestine: Reappraisals, Revisions, Refutations. London: Verso, 2009.

— Collected essays refining his arguments on diplomacy, war, and historiography.

- Shlaim, Avi. War and Peace in the Middle East: A Concise History. New York: Penguin, 1995.

— A compact overview that distills the diplomatic-military arc shaping the region.

- Rogan, Eugene L., and Avi Shlaim, eds. The War for Palestine: Rewriting the History of 1948. Cambridge: Cambridge University Press, 2001; 2nd ed., 2007.

— Influential essay collection that crystallizes

post-1980s historiographical debates.

- Louis, Wm. Roger, and Avi Shlaim, eds. The 1967 Arab–Israeli War: Origins and Consequences. Cambridge: Cambridge University Press, 2012.

    — Multi-archival, multi-author reassessment of the war's causes and reverberations.

- Shlaim, Avi. Three Worlds: Memoir of an Arab-Jew. London: Oneworld, 2019 (later eds. 2023).

    — Personal history that informs Shlaim's sensitivity to diaspora, identity, and state narratives.

Israeli military doctrine, Ariel Sharon, and key wars

- Schiff, Zeev, and Ehud Ya'ari. Israel's Lebanon War. New York: Simon & Schuster, 1984.

    — Standard account of the 1982 war and its aftermath; essential for context on Sharon and Lebanon.

- Rabinovich, Itamar. The War for Lebanon, 1970–1985. Ithaca: Cornell University Press, 1985.

    — Political-military analysis of Lebanon's arena and Israel's intervention.

- Gorenberg, Gershom. The Accidental Empire: Israel and the Birth of the Settlements, 1967–1977. New York: Times Books, 2006.

    — On settlement policy formation; crucial for understanding post-1967 strategy.

- Segev, Tom. 1967: Israel, the War, and the Year that Transformed the Middle East. New York: Metropolitan Books, 2007.

  — Social-political history of the '67 moment, complementing strategic narratives.

- Oren, Michael B. Six Days of War: June 1967 and the Making of the Modern Middle East. New York: Oxford University Press, 2002.

  — Mainstream strategic synthesis; useful counterpoint to Shlaim's interpretations.

- Rabinovich, Abraham. The Yom Kippur War: The Epic Encounter That Transformed the Middle East. New York: Schocken, 2004.

  — Detailed operational narrative of 1973 and its strategic shock.

- Herzog, Chaim. The War of Atonement: The Inside Story of the Yom Kippur War. London: Greenhill Books, 2003 (rev. ed.).

  — Insider military analysis and lessons learned.

- Kyle, Keith. Suez: Britain's End of Empire in the Middle East. London: I.B. Tauris, 2003.

  — Authoritative chronicle of the 1956 crisis and

great-power entanglements.

- Zelikow, Philip, et al. Suez Deconstructed: An Interactive Study in Crisis, War, and Peacemaking. Washington, DC: Brookings Institution Press, 2018.

  — Multi-perspective re-reading of the Suez crisis decision-making.

- Maoz, Zeev. Defending the Holy Land: A Critical Analysis of Israel's Security and Foreign Policy. Ann Arbor: University of Michigan Press, 2009.

  — Data-rich, critical assessment of Israeli strategy across decades.

- Bergman, Ronen. Rise and Kill First: The Secret History of Israel's Targeted Assassinations. New York: Random House, 2018.

  — Covert action and counterterrorism within Israel's security repertoire.

Secret diplomacy and backchannels
- Shlaim, Avi. Lion of Jordan (see above).

  — Outstanding on Israel-Jordan clandestine contacts.

- Quandt, William B. Peace Process: American Diplomacy and the Arab-Israeli Conflict since 1967. Washington, DC: Brookings Institution Press, 2005 (3rd ed.).

— Classic practitioner-scholar history of U.S. mediation and backchannels.

- Savir, Uri. *The Process: 1,100 Days That Changed the Middle East.* New York: Random House, 1998.

  — Insider account of Oslo's secret talks.

- Kurtzer, Daniel C., et al. *The Peace Puzzle: America's Quest for Arab–Israeli Peace, 1989–2011.* Ithaca: Cornell University Press, 2013.

  — Post–Cold War diplomatic playbook and its constraints.

- Miller, Aaron David. *The Much Too Promised Land: America's Elusive Search for Arab–Israeli Peace.* New York: Bantam, 2008.

  — Candid reflections on U.S. facilitation and its limits.

- Waage, Hilde Henriksen. *Peacemaking Is a Risky Business: Norway's Role in the Peace Process in the Middle East, 1993–96.* Oslo: PRIO, 2004.

  — On the Norwegian channel and the anatomy of unofficial facilitation.

- Thrall, Nathan. *The Only Language They Understand: Forcing Compromise in Israel and Palestine.* New York: Metropolitan Books, 2017.

  — Hard-nosed analysis of leverage in negotiations.

Debating the "New Historians" (support, critique, and reappraisals)
- Morris, Benny. The Birth of the Palestinian Refugee Problem, 1947–1949. Cambridge: Cambridge University Press, 1987; rev. ed., 2004.

  — Archival baseline for 1948 refugee debates.

- Morris, Benny. 1948: A History of the First Arab–Israeli War. New Haven: Yale University Press, 2008.

  — Operational and diplomatic synthesis.

- Segev, Tom. One Palestine, Complete: Jews and Arabs Under the British Mandate. New York: Metropolitan Books, 2000.

  — Social-political portrait of the Mandate era.

- Karsh, Efraim. Fabricating Israeli History: The "New Historians." London: Frank Cass, 1997; 2nd ed., 2000.

  — Principal critique of Shlaim, Morris, and others.

- Karsh, Efraim. "The Collusion That Never Was." Middle East Quarterly 4, no. 2 (1997).

  — Direct challenge to Shlaim's "collusion" thesis.

- Gelber, Yoav. Palestine 1948: War, Escape and the Emergence of the Palestinian Refugee Problem. Brighton: Sussex Academic Press, 2006.

— Emphasizes military dynamics and Arab leadership roles.

- Shapira, Anita. Israel: A History. Waltham, MA: Brandeis University Press, 2012.

— Mainstream synthesis; helpful as a counterbalance.

- Pappé, Ilan. The Idea of Israel: A History of Power and Knowledge. London: Verso, 2014.

— Critique of Israeli historiography and knowledge production.

Palestinian and Arab perspectives (statecraft, memory, and strategy)
- Sayigh, Yezid. Armed Struggle and the Search for State: The Palestinian National Movement, 1949–1993. Oxford: Oxford University Press, 1997.

— Definitive study of PLO strategy and organizational evolution.

- Khalidi, Rashid. The Iron Cage: The Story of the Palestinian Struggle for Statehood. Boston: Beacon Press, 2006.

— Structural constraints and leadership dilemmas.

- Khalidi, Rashid. Palestinian Identity: The Construction of Modern National Consciousness. New York: Columbia University Press, 1997.

— Formation of modern identity; useful for the memory/diplomacy nexus.

- Khalidi, Walid, ed. From Haven to Conquest: Readings in Zionism and the Palestine Problem until 1948. Washington, DC: Institute for Palestine Studies, 1971 (updated eds.).

— Documentary anthology juxtaposing Zionist and Arab texts.

- Black, Ian. Enemies and Neighbors: Arabs and Jews in Palestine and Israel, 1917–2017. New York: Atlantic Monthly Press, 2017.

— Balanced, archive-based narrative from both sides.

International relations and strategy frameworks (for "collaborative vs. aggressive" analysis)
- Jabotinsky, Ze'ev. "The Iron Wall (We and the Arabs)." 1923. (English translations widely available.)

— Foundational strategic concept that Shlaim interrogates and reframes.

- Waltz, Kenneth N. Theory of International Politics. Reading, MA: Addison-Wesley, 1979.

— Structural realist baseline for state behavior under anarchy.

- Jervis, Robert. Perception and Misperception in International Politics. Princeton: Princeton University

Press, 1976; new ed., 2017.

— Classic on signaling, misreading, and deterrence failure.

- Schelling, Thomas C. Arms and Influence. New Haven: Yale University Press, 1966.

  — Coercive diplomacy, compellence, and credible threats.

- Glaser, Charles L. Rational Theory of International Politics. Princeton: Princeton University Press, 2010.

  — Distinguishes security-seeking vs. greedy strategies; helpful for policy evaluation.

- Art, Robert J., and Kenneth N. Waltz, eds. The Use of Force: Military Power and International Politics. Lanham, MD: Rowman & Littlefield, multiple eds.

  — Canonical essays on coercion, deterrence, and limited war.

Reference surveys and teaching texts
- Gelvin, James L. The Israel–Palestine Conflict: One Hundred Years of War. Cambridge: Cambridge University Press, 2005; 4th ed., 2021.

  — Concise, even-handed overview with strong pedagogy.

- Smith, Charles D. Palestine and the Arab–Israeli Conflict. Boston: Bedford/St. Martin's, multiple eds.

— Widely used survey with documents and historiographic notes.

- Tessler, Mark. A History of the Israeli-Palestinian Conflict. Bloomington: Indiana University Press, 1994; 2nd ed., 2009.

— Comprehensive, balanced synthesis.

- Morris, Benny. Righteous Victims: A History of the Zionist-Arab Conflict, 1881-2001. New York: Knopf, 1999.

— Broad narrative engaging political, military, and social strands.

Primary sources and document readers
- United Nations Security Council Resolutions 242 (1967) and 338 (1973); Israel-Egypt Peace Treaty (1979); Israel-Jordan Peace Treaty (1994); Oslo Accords (1993, 1995).

— Texts available via the UN and Israel Ministry of Foreign Affairs document repositories.

- Kahan Commission. Report of the Commission of Inquiry into the Events at the Refugee Camps in Beirut. Jerusalem, 1983.

— Official inquiry following Sabra and Shatila; central to assessments of 1982.

- U.S. Department of State, Foreign Relations of the United States (FRUS), relevant volumes for 1956 (Suez), 1967, and 1973.

  — Diplomatic cables and policy deliberations.

- Israel State Archives (ISA); IDF and Defense Establishment Archives (IDFA); Central Zionist Archives (CZA); British National Archives (FO series).

  — Core archival repositories underpinning Shlaim's and others' work.

- Laqueur, Walter, and Barry Rubin, eds. The Israel-Arab Reader: A Documentary History of the Middle East Conflict. New York: Penguin, various eds.

  — Broad documentary sampler for quick reference across decades.

Quick reading path (if you want a compact starter set)
- Shlaim, The Iron Wall (framework) + Collusion Across the Jordan (case study).

- Rogan & Shlaim (eds.), The War for Palestine (state of the field).

- Maoz, Defending the Holy Land (critical strategy analysis).

- Kyle, Suez and Segev, 1967 (two pivot points).

- Quandt, Peace Process + Savir, The Process (backchannel mechanics).

- Jabotinsky, The Iron Wall (primary concept) to pair against Shlaim's reinterpretation.

6
Simha Flapan
Repenser les mythes nationaux

Simha Flapan et son travail pionnier

Simha Flapan est un intellectuel redoutable dans le domaine de l'historiographie israélo-palestinienne, dont les recherches fondamentales ont bouleversé à jamais le paysage universitaire. Né en 1911, ses années de formation en tant que militant politique, associées à son implication dans le Yishouv avant la création de l'État, lui ont conféré une perspective distinctive et réflexive à partir de laquelle il a pu interroger les légendes qui sous-tendent l'État israélien.

Champion infatigable de la paix et de la coopération binationale, Flapan a consacré sa carrière à démanteler l'édifice historiographique dominant qui consacrait des mémoires nationales exclusives. Il s'est forgé une réputation d'intégrité intellectuelle et de confrontation des preuves pour ce qu'elles sont, indépendamment des retombées politiques. Mobilisant des documents d'archives et situant les preuves dans des contextes soigneusement délimités, il a démêlé les mythes superposés qui en étaient venus à se faire passer pour les piliers immuables de l'identité israélienne.

L'ouvrage pionnier de Flapan, *The Birth of Israel: Myths and Realities* (La naissance d'Israël : mythes et réalités), reste un emblème de l'audace scientifique et d'un engagement sans faille envers la rigueur des preuves. Dans cette étude fondamentale, il a démantelé les récits vénérés qui s'étaient cristallisés autour de la naissance de l'État, révélant les dimensions moins discutées, souvent troublantes, dissimulées sous les récits triomphants. Son exposé des vicissitudes diplomatiques, militaires et démographiques de ces mois fondateurs a fourni une matrice interprétative reconstituée, mettant de côté les clichés jubilatoires et les remplaçant par une compréhension plus nuancée et variée de la convergence des forces locales et impériales.

Flapan, dans la tradition de l'enquêteur impartial, a évité la simple réfutation au profit d'une pédagogie qui invitait à l'interrogation et à la remise en question réfléchie. Son exégèse a poussé la conscience collective de la société israélienne à reconnaître la disjonction entre l'éthique et la pratique, incitant tant les universitaires que le public à réévaluer leurs convictions héritées. La perspicacité morale qui imprégnait son enquête, associée à un engagement inébranlable en faveur des droits de l'homme, a conféré à Flapan une originalité singulière, et finalement transformatrice, au sein du corpus évolutif de l'historiographie israélienne. L'influence durable de Simha Flapan dépasse largement le cadre de ses publications. Son engagement en faveur d'une historiographie franche et pluraliste continue d'alimenter les discussions actuelles sur le conflit israélo-palestinien. L'examen de la trajectoire intellectuelle de Flapan et de son corpus invite à une trajectoire qui dépasse l'étude historique habituelle, entraînant le chercheur dans les sphères de la conscience sociale et de l'obligation éthique.

Déconstruire les mythes fondateurs d'Israël

Le mythe exerce une attraction magnétique persistante, tissant des récits qui forgent une identité commune. Dans le domaine de l'histoire nationale, la création rituelle de mythes renforce les liens de la mémoire collective et façonne la sensibilité morale dominante. Pourtant, Simha Flapan, historien de la politique israélienne, expose la faiblesse explicative des mythes fondateurs établis, dépouillant les légendes sédimentées pour révéler une image plus nuancée de l'émergence de la nation. Sa dissection critique ne repose pas uniquement sur la polémique ; Flapan rassemble plutôt des traces d'archives et des récits chronologiques complets, ne laissant aucune contradiction masquer une fissure essentielle, et recadre ainsi l'ensemble du cadre explicatif. En conséquence, le champ intellectuel est bouleversé ; les convictions autrefois établies sont soumises à un examen minutieux et les contours de la naissance d'Israël sont redessinés. Une telle enquête clarifie non seulement les contours relatifs de la vérité historique, mais oblige également les observateurs à reconsidérer les récits faisant autorité qui, à force d'être répétés, ont colonisé la perception publique.

En démêlant les mythes, Flapan favorise le détachement discipliné nécessaire à une évaluation sans fioritures des actes coercitifs, accidentels et délibérés qui ont inauguré la politique, et distingue les séquences vérifiables des sources emblématiques qui ont animé la mémoire nationale. Dans la suite, son travail invite à une réflexion renouvelée sur la manière dont les représentations publiques du passé continuent de structurer les engagements moraux et politiques dans le présent. En outre, il cultive une atmosphère d'examen réfléchi, poussant les sociétés à reconsidérer les dimensions éthiques tissées dans l'histoire nationale.

Dans cet espace de questionnement intellectuel rigoureux, la pertinence durable des travaux de Flapan devient indéniable, dépassant les limites des universités pour atteindre l'imaginaire moral commun. Les effets de la récupération, de la révision et, si nécessaire, du démantèlement des mythes d'origine sont profonds et nécessitent une évaluation sans concession d'épisodes désormais libérés des cadres partisans.

Alors que nous parcourons le chemin intellectuel tracé par Flapan, nous sommes obligés d'affronter des réalités troublantes et de nous engager dans la texture entrelacée du passé. Le refus de protéger les fables fondatrices devient alors une invitation à un voyage philosophique dont la trajectoire modifie non seulement notre compréhension de l'histoire, mais également nos conceptions mêmes de l'identité.

Analyse de « La naissance d'Israël : mythes et réalités »

Dans La naissance d'Israël : mythes et réalités, Simha Flapan interroge rigoureusement les processus de formation qui ont conduit à la création de l'État d'Israël, déterminé à séparer les preuves vérifiables des embellissements mythologiques. Fournissant une synthèse dense et enrichissante de documents diplomatiques, d'ordres militaires et de témoignages personnels, l'auteur invite les lecteurs à reconsidérer chaque pilier du récit conventionnel.

Flapan porte une attention analytique soutenue à la période entourant la guerre israélo-arabe de 1948, contrant rigoureusement le mythe glorifié qui imprègne les traitements populaires et académiques. Il observe que ce sont des tactiques mûrement réfléchies, plutôt qu'un héroïsme naïf, qui ont sous-tendu la stratégie de la Haganah et la réponse des forces militaires arabes, et il documente les erreurs de calcul stratégiques qui, contrairement à la domination militaire arabe attendue, ont permis aux forces israéliennes d'obtenir des gains territoriaux initialement jugés improbables. Le terrain d'interprétation change lorsque Flapan interroge la crise émergente des réfugiés palestiniens, révélant une stratégie beaucoup plus prudente et délibérée que la reconstruction populaire d'une fuite spontanée et d'un désordre généralisé. Poursuivant dans la même veine critique, l'ouvrage met à nu les pressions diplomatiques occidentales incohérentes qui ont façonné la dispersion des réfugiés, en mettant l'accent sur les décisions administratives souvent occultées par la polémique.

Dans chaque chapitre, Flapan allie la rigueur archivistique à l'impartialité historiographique, ne laissant ni la justification ni la diffamation influencer la présentation des preuves et aboutissant, à chaque conclusion, à une évaluation sobre et indélébile des coûts humains et politiques inhérents à la construction d'une nation. L'insistance de Flapan sur les dimensions variées du conflit lui permet de dépasser les dichotomies réductrices qui tronquent souvent le débat public, encourageant ainsi une appréhension plus fine des courants politiques, militaires, sociaux et idéologiques convergents. Nous nous intéresserons donc à son démantèlement incisif des cadres explicatifs dominants, démontrant que sa reconstruction archivistique minutieuse a redéfini à la fois la chronologie et le terrain interprétatif de la période et continue d'orienter les recherches ultérieures.

En soumettant sa démarche et ses conclusions à une critique soutenue, nous apprécions ainsi la longévité de *The Birth of Israel: Myths and Realities* et le défi qu'il continue de poser aux historiens et aux analystes politiques confrontés aux répercussions persistantes de juillet 1949 sur les phases ultérieures du conflit israélo-arabe.

Évaluation de l'impact sur le récit historique israélien

L'ouvrage influent de Simha Flapan, *The Birth of Israel: Myths and Realities*, constitue une intervention décisive dans le récit historique israélien en pleine évolution, dont Flapan oblige désormais les historiens à interroger la commémoration et la contestation. En démantelant de manière rigoureuse le vernis nationaliste sédimenté qui protège les événements fondateurs, l'auteur active une faille historiographique, invitant à de nouvelles catégories de doutes et de questions que les études précédentes avaient largement différées. La lecture minutieuse des documents par Flapan, associée à un calcul des ambitions et des relations coercitives, a ainsi redessiné les contours des époques pré-étatiques et post-étatiques immédiates, fracturant la cartographie commémorative qui avait longtemps résisté à la fracture.

En retraçant les politiques, la correspondance et les non-divulgations dans une chaîne ininterrompue entre l'intention et la conséquence, Flapan attire l'attention sur des incohérences vainement supprimées que le grand récit avait mises entre parenthèses comme des incertitudes momentanées. Au grand désarroi des gardiens du mythe, la franchise de ses reconstructions réaligne l'héritage des personnes et des choix importants, redéfinissant les conflits fondateurs comme étant multicouches, contingents et moralement contrôlés plutôt qu'héroïques et prédéterminés.

Là où autrefois la mémoire historique consensuelle s'en remettait au mythe patriotique, les fouilles patientes de Flapan imposent une réévaluation incessante des documents fondateurs de la mémoire, situant les origines de l'État dans une dialectique plus large de conquête, d'expulsion et de récit civilisationnel revisité. En outre, les travaux de Flapan ont lancé un débat plus large dans les domaines académique et civique sur la manière dont la mémoire collective et l'identité nationale sont racontées et imposées.

En obligeant les historiens à se confronter aux mécanismes par lesquels les mythes sont initialement inventés puis naturalisés, Flapan a incité à reconsidérer des hypothèses et des tropes jusque-là incontestables, favorisant ainsi une compréhension plus profonde et plus nuancée de la société israélienne et de ses contingences historiques en constante évolution. L'impact des recherches de Flapan a largement dépassé les limites du monde universitaire. Ses travaux ont remis en question les interprétations dominantes et provoqué une réflexion collective sur la manière dont les imaginaires historiques façonnent les attitudes et les décisions politiques actuelles. En conséquence, la révélation critique par Flapan des fondements mythiques de la mémoire nationale a catalysé un exercice collectif nécessaire, bien que souvent difficile, de réévaluation des récits établis, préconisant une approche plus franche et réflexive des héritages multiples qui constituent le passé d'Israël.

En résumé, les travaux de Flapan exercent une influence exceptionnelle sur l'historiographie d'Israël : leurs effets ne sont ni éphémères ni limités à la salle de classe, et leurs répercussions sont déjà visibles dans les méthodologies historiographiques de la prochaine génération. En soumettant des croyances étroitement gardées à un examen empirique rigoureux et en exposant le caractère contingent des images fondatrices, il a non seulement révisé le contenu de cette période, mais aussi modifié les questions que les chercheurs et le public citent et poursuivent aujourd'hui. La résonance de ses recherches survit à la publication successive de récits concurrents et garantit que toute tentative future d'expliquer les premières décennies d'Israël devra désormais tenir compte des critères sur lesquels il a insisté. Le travail de Flapan ne fonctionne donc pas comme une critique définitive, mais comme une impulsion durable, invitant à une révision plus approfondie et à une attention soutenue à la politique de la mémoire qui façonne la production même du passé.

L'approche méthodologique de Flapan pour mettre au jour la vérité

Simha Flapan, figure fondatrice de l'historiographie israélienne, a adopté une méthodologie systématique et rigoureuse pour exposer les vérités sous-jacentes masquées par les mythes nationaux de la naissance d'Israël. Sa démarche illustrait un engagement profond en faveur de l'objectivité scientifique et de l'établissement d'un récit chronologique fondé sur des bases empiriques. Flapan a passé au crible les archives nationales et coloniales, évalué les documents contemporains et construit un récit synthétique qui contestait systématiquement le consensus historiographique dominant. La luminosité de son entreprise résidait dans sa lecture critique soutenue et son utilisation discriminante des preuves.

En refusant les prédispositions idéologiques et en plaçant les documents au-dessus des croyances, il a établi un statu quo définitif pour l'intégrité historiographique dans le contexte israélien. Il a navigué entre les réseaux entrecroisés de la représentation des partis, du secret bureaucratique et de l'engagement personnel qui déforment souvent la production de la mémoire, en maintenant une distance disciplinée entre le chercheur et la politique du moment. Son souci méticuleux de la vérification et sa pratique de la triangulation entre les sources ont renforcé la vérification de ses conclusions. La rigueur méthodologique dont il a fait preuve a non seulement mis en lumière la conditionnalité des événements eux-mêmes, mais a également constitué un puissant vecteur pour disséquer les mensonges reçus et désagréger les légendes durables.

L'insistance inébranlable de Flapan sur la documentation systématique et le contre-interrogatoire persistant a ouvert la voie à une compréhension plus analytique et chronologiquement précise de la période de formation d'Israël. Alors que les chercheurs sont confrontés à des interprétations divergentes de la fondation d'Israël, l'enquête rigoureuse de Simha Flapan témoigne d'un engagement exemplaire envers la vérité, guidant la discipline vers une confrontation sans concession avec le passé. Son modèle encourage les historiens à privilégier la rigueur archivistique et la franchise morale, préservant ainsi l'intégrité du métier pour les futurs praticiens.

Les principaux mythes remis en question par Flapan : un examen approfondi

Les interventions clés de Flapan, menées avec une précision chirurgicale, remettent en cause plusieurs mythes fondamentaux. Dans *The Birth of Israel: Myths and Realities*, il interroge d'abord l'image d'une société juive monolithique et amicale dans la Palestine mandataire. Grâce à un examen minutieux des correspondances et des journaux d'archives, il met en évidence les tensions entre les élites sionistes, les dirigeants des colonies et les Juifs palestiniens de longue date, révélant une société marquée par des divisions idéologiques et des soupçons mutuels. L'harmonie, conclut Flapan, est une fabrication rétrospective.

Sa critique du récit militaire sioniste de 1948 est tout aussi rigoureuse. S'opposant à la description de la Haganah et de l'Irgoun comme des gardiens improvisés répondant à un siège extérieur, Flapan exhume des ordres et des documents stratégiques qui montrent une préparation délibérée, l'acquisition d'armes et une expansion immédiate après la guerre. La distinction entre défense et expansion est donc le résultat d'un choix conscient plutôt que d'une contrainte extérieure. Enfin, il conteste la présentation de la guerre de 1948 comme une attaque arabe, arguant que les opérations militaires sionistes et les escarmouches frontalières ont catalysé plutôt que réprimé la résistance palestinienne.

Selon Flapan, le fait de crier à l'agression arabe occulte les asymétries nationales et internationales qui ont façonné la trajectoire du conflit. Flapan réfute systématiquement l'idée d'un exode volontaire des Palestiniens pendant la guerre de 1948 en rassemblant des preuves empiriques qui contredisent la croyance largement répandue selon laquelle les Palestiniens auraient quitté leurs villages de leur plein gré.

Son enquête détaillée sur les schémas de déplacement de population, associée à des documents sur les politiques d'expulsion sionistes, produit une image diamétralement opposée, révélant que c'est la coercition, plutôt que le choix, qui a régit une grande partie de l'exode palestinien. Parallèlement, l'exploration minutieuse des pratiques gouvernementales par Flapan sape l'image utopique de la démocratie israélienne qui circule dans les cercles diplomatiques. Son examen des cadres juridiques qui subordonnent les citoyens non juifs, associé à l'application de la loi martiale contre les Palestiniens à l'intérieur des frontières de 1948, révèle une incompatibilité persistante entre l'impératif sioniste fondateur et les principes normatifs de la gouvernance démocratique.

En résumé, la documentation exhaustive et la critique pénétrante de Flapan obligent à remettre en question les fondements historiographiques de l'État israélien. Il invite à réviser les hypothèses établies en démasquant les fictions sédimentées qui sous-tendent la mémoire nationale. Grâce à une recherche marquée à la fois par sa profondeur et sa précision, Flapan démantèle le méta-récit romancé, exposant les complexités entrelacées et les contradictions non résolues qui continuent de conditionner l'historiographie de l'émergence d'Israël.

Réactions des universitaires et du grand public

L'intervention de Simha Flapan dans l'historiographie de l'État israélien, exprimée de manière particulièrement critique dans son étude « The Birth of Israel: Myths and Realities » (La naissance d'Israël: mythes et réalités), a suscité des réactions soutenues et variées parmi les historiens spécialisés et le grand public intéressé par le passé fondateur de la nation. L'examen franc des fondements idéologiques de la mythographie israélienne présenté dans cet ouvrage a bouleversé le consensus scientifique, obligeant les historiens – qu'ils soient issus des universités israéliennes, de la diaspora ou d'archives neutres – à réévaluer les documents de la période 1948 à la lumière du contre-récit élaboré par Flapan.

S'appuyant à la fois sur des archives et sur une dissection méthodique de la légende, Flapan a invité les historiens à reconnaître la dissonance entre le mythe et les preuves, précipitant ainsi une vague d'auto-examen et de contre-lectures méthodologiquement rigoureuses. En dehors des salles de conférence, le texte de Flapan a circulé parmi les praticiens de l'histoire civique, les éducateurs et les citoyens engagés politiquement, de sorte que le livre a rapidement transcendé son origine académique.

Des séminaires publics, des critiques journalistiques, puis des émissions de radio et de télévision ont catalysé une enquête civique plus large sur la provenance de la République hébraïque. L'intensification observable des commentaires médiatiques, des délibérations des panels civiques et des publications de contre-textes a établi une dynamique réciproque : le débat scientifique a nourri le débat public, et vice versa, cadrant ainsi l'historiographie elle-même comme un domaine d'importance civique contemporaine.

Les échanges qui en ont résulté ont identifié le mythe fondateur comme une question politique et pédagogique d'actualité, et l'ampleur de l'engagement, tant spécialisé que public, a confirmé la puissance durable de la réévaluation critique de Flapan. Si ses conclusions ont attiré de nombreux partisans, un groupe redoutable a refusé d'abandonner des convictions laborieusement fortifiées au fil des décennies.

Cette polarisation marquée a amplifié l'intensité du débat. Les accusations et les réfutations se sont cristallisées autour de ce que les historiens et les journalistes ont décrit comme le fondement émotionnel de mémoires collectives divergentes. De plus, la capacité de Flapan à susciter une telle gamme d'indignation, d'enthousiasme et de doute suggérait que ses recherches avaient touché les artères vitales de l'identité nationale et de la mémoire commune.

Partout où les répercussions de son argumentation se sont fait sentir, les historiens ont redécouvert l'intérêt de remettre en question les affirmations héritées et le public a adopté un nouvel esprit sceptique, parfois passionné. Ainsi, une seule publication, résolument courageuse, a involontairement contraint les lecteurs à pratiquer l'histoire comme une recherche de la vérité plutôt que comme un renforcement des mythes. En résumé, les réactions variées au sein des séminaires universitaires, des éditoriaux et des foules éloquentes ont confirmé, bien avant les élégies du centenaire, l'importance durable d'une enquête qui a révélé le coût et la nécessité de remettre en question les idées reçues.

L'effet d'entraînement : influence sur l'historiographie ultérieure

L'étude historique de Simha Flapan a laissé une empreinte indélébile sur l'historiographie ultérieure, reconfigurant le terrain intellectuel et remettant en question les récits établis qui imprégnaient autrefois l'histoire israélienne. À la suite de la dissection incisive par Flapan des mythes qui ont longtemps consacré les origines d'Israël, les historiens qui lui ont succédé ont ressenti l'obligation urgente de réexaminer à la fois leurs cadres explicatifs et leurs présupposés épistémologiques. Les conséquences du travail de Flapan dépassent ainsi les limites des archives universitaires ; elles ont effectivement inauguré une métamorphose de la stratégie de recherche et ont rouvert la politique de la mémoire entourant l'identité nationale.

L'une des conséquences les plus décisives des conclusions de Flapan a été l'articulation d'un récit plus sophistiqué et multivalent de l'environnement de 1948. En interrogeant les substrats mythiques qui n'avaient jamais été examinés auparavant, Flapan a imposé une discipline herméneutique plus stricte aux sources primaires et secondaires, exposant ainsi les biais latents dont l'étude historiographique doit désormais tenir compte. Cette nécessité d'un questionnement critique a, par conséquent, accru la demande d'une matrice de preuves corroborantes et remis en question l'évidence supposée des modèles explicatifs précédemment dominants.

L'héritage intellectuel de Flapan s'est ensuite transformé en formes de mémoire collective ; la publication de ses travaux a catalysé des débats passionnés et une autoréflexivité soutenue au sein de la société civile israélienne et de la conscience diasporique au sens large. C'est la rigueur dont il a fait preuve en démantelant minutieusement les mythes qui définissent la nation qui a contraint les sphères intellectuelles et publiques à reconsidérer la conception même de la mémoire collective et le rôle que cette mémoire joue dans la réconciliation et le projet de longue date de consolidation de la paix.

Chaque nouvelle génération d'historiens trouve désormais dans les analyses de Flapan le contrepoids nécessaire à un travail critique qui continue de confronter des passés multiples. Son œuvre reste une référence essentielle, voire déterminante, pour une historiographie qui insiste sur l'équilibre, l'inclusivité et une condition morale sine qua non. Les répercussions intellectuelles de ses arguments continuent de façonner les courants disciplinaires, permettant et exigeant même des jeunes chercheurs qu'ils affrontent, plutôt que d'esquiver, les aspects dérangeants des documents et des héritages. Par sa volonté persistante de confronter les preuves sans fard, Simha Flapan a, à son tour, déterminé l'orientation formelle et éthique de l'historiographie israélienne elle-même et, dans un sens plus large, reconfiguré les termes sur lesquels la recherche de la compréhension peut être poursuivie.

Intégrer les idées de Flapan dans le discours contemporain

Les études pionnières de Simha Flapan occupent une place indispensable dans les conversations actuelles qui englobent la recherche universitaire, les médias et l'élaboration des politiques. Sa critique sans concession des mythologies nationales a contraint à réexaminer les années de formation de l'État israélien, imposant une nouvelle confrontation avec des sources auparavant reléguées à la marge. Les recherches patientes et archivistiques de Flapan ont mis à mal le récit idéalisé de la renaissance nationale, révélant les processus et les décisions qui, bien que dérangeants, ont soutenu la formation de l'État.

Avec l'augmentation constante du nombre de nouveaux lecteurs, cette interrogation ne se limite plus aux spécialistes ; les politiciens, les dirigeants de la société civile et les citoyens concernés délibèrent désormais sur ses conclusions. Le secteur pédagogique est l'un des principaux vecteurs d'une approche plus approfondie des travaux de Flapan. Lorsque les enseignants introduisent ses arguments dans les programmes d'enseignement secondaire et supérieur, les étudiants acquièrent une disposition à envisager des interprétations conflictuelles et plurielles du passé, ce qui nourrit la capacité critique attendue de citoyens informés.

Parallèlement, ses orientations interprétatives ont reconfiguré l'historiographie moderne, encourageant les chercheurs à remettre en question les périodisations acceptées, à explorer des sources ambiguës et à apprécier l'interaction entre idéologie et contingence. L'effet cumulatif est un tournant historiographique qui alimente des conversations publiques plus transparentes et recalibre progressivement la mémoire collective dans divers domaines de la société israélienne et transnationale. Les travaux de Flapan constituent donc une référence indispensable pour la formulation de cadres diplomatiques et l'orchestration d'initiatives de résolution des conflits.

Reconnaissant la rigueur de ses recherches, les hommes d'État et les médiateurs peuvent aborder les griefs historiques – traditionnellement source d'animosité – dans un esprit d'empathie et de compréhension, inaugurant ainsi des dialogues à la fois larges et solidement ancrés. Parallèlement, ce travail incite à une reconceptualisation systémique de l'identité nationale et de la mémoire collective, obligeant les politiques à examiner les sous-entendus fissurés de leur passé et à poursuivre le difficile travail d'introspection collective. De tels programmes de réflexion permettent aux sociétés d'affronter ce qui a longtemps été refoulé et de synthétiser une mémoire composite qui intègre délibérément des voix plurielles. L'impact durable des interprétations de

Flapan illustre ainsi l'utilité pérenne d'une recherche historique rigoureuse dans la chorégraphie du discours actuel. Lorsque ses conclusions sont diffusées dans les domaines pédagogique, diplomatique et civique, la perspective d'une politique capable de maintenir une conscience historique sans succomber à son potentiel de division est considérablement renforcée.

Conclusion : l'héritage de la remise en question des récits nationaux

Dans les sociétés où la mémoire collective façonne l'identité et la politique, le réexamen des récits nationaux reste une priorité intellectuelle et éthique impérative. Les historiens professionnels ont la responsabilité de recalibrer la lentille à travers laquelle les événements passés sont jugés, conditionnant ainsi les mesures morales par lesquelles le présent et l'avenir sont évalués. La dissection minutieuse des mythes fondateurs d'Israël par Simha Flapan a ainsi reconfiguré le terrain de la recherche historique. En délogeant les mythes sédimentés qui se sont incrustés dans la psyché nationale, Flapan a invité les universitaires et les citoyens à se livrer à une réflexion critique soutenue. Les conséquences de son enquête ont rayonné bien au-delà de la salle de séminaire, modifiant le lexique du débat public et le calcul des décideurs politiques. La contribution durable de ses travaux, et de l'entreprise consistant à interroger les récits nationaux en général, réside dans sa capacité à rendre la mémoire collective à la fois souple et interrogative, encourageant ainsi une mémoire à la fois compatissante et réfléchie.

En modifiant la perception que la discipline avait d'elle-même, les conclusions de Flapan ont déstabilisé les habitudes de pensée de la société dans son ensemble. Elles ont contraint la société israélienne à reconnaître ouvertement les paradoxes dissimulés par les cadres historiques alors dominants, incitant les citoyens à s'interroger sur les circonstances qui ont façonné leur politique. L'effet collectif a été une appréciation enrichie de la texture variée de la mémoire et une reconnaissance éthique des impératifs moraux qui accompagnent les souvenirs concurrents. Grâce à cette prise de conscience, la politique s'est orientée, bien que progressivement, vers une mémoire qui reste en dialogue avec le passé plutôt que d'adhérer entièrement à ses mythes. La pratique de la réévaluation des récits nationaux a ainsi généré un discours sociétal plus inclusif et empathique, qui intègre de multiples expériences et continue de confronter les erreurs historiques.

Les travaux de Flapan ont articulé les contours de cette pratique et ont légué aux chercheurs successifs un prototype méthodologique combinant recherche rigoureuse, enquête systématique et courage moral. Son analyse démontre la pertinence durable de la recherche historique pour démêler les forces variées qui ont façonné les identités nationales. En fouillant les strates des mythes et des idées fausses, Flapan a souligné la nécessité de récits vérifiables dans tout projet de réconciliation authentique et de progrès public durable. La perspicacité empirique acquise en repensant les récits nationaux ne connaît pas de frontières locales ou temporelles ; ses effets rayonnent à l'échelle du continent, attestant du pouvoir transformateur du travail historiographique.

En conclusion, la révolution historiographique esquissée dans l'œuvre de Simha Flapan constitue un indice durable du pouvoir de la recherche à dépasser les limites chronologiques et à susciter une profonde auto-analyse civique. À une époque marquée par des conflits géopolitiques complexes et des tensions intrasociétales multiples, la mémoire de Flapan continue de servir de guide analytique et moral, orientant la recherche vers une réconciliation plus éclairée avec le passé commun et un avenir collectif plus équitable.

Références Pour en savoir plus

Works by Simha Flapan
• Flapan, Simha. The Birth of Israel: Myths and Realities. New York: Pantheon, 1987. — The cornerstone of Flapan's challenge to Israel's founding narratives; combines archival work with pointed myth-deconstruction.
The "New Historians" and Adjacent Revisionist Scholarship
• Morris, Benny. The Birth of the Palestinian Refugee Problem, 1947–1949. Cambridge: Cambridge University Press, 1987; rev. as The Birth of the Palestinian Refugee Problem Revisited, 2004. — Foundational for debates on the causes of the 1948 exodus; heavily archival, frequently engaged by supporters and critics alike.
• Morris, Benny. 1948: A History of the First Arab–Israeli War. New Haven: Yale University Press, 2008. — Strategic-military synthesis of the war with extensive primary documentation.
• Morris, Benny. Israel's Border Wars, 1949–1956. Oxford: Clarendon Press, 1993. — Key for understanding postwar

dynamics and cross-border raids.
- Shlaim, Avi. Collusion Across the Jordan: King Abdullah, the Zionist Movement, and the Partition of Palestine. New York: Columbia University Press, 1988. — Reassesses diplomacy and alleged Zionist–Jordanian understandings during 1947–49.
- Shlaim, Avi. The Iron Wall: Israel and the Arab World. New York: W. W. Norton, 2000 (updated eds.). — Long-view diplomatic history using the "Iron Wall" concept to frame Israeli strategy.
- Pappé, Ilan. The Ethnic Cleansing of Palestine. Oxford: Oneworld, 2006. — Forceful thesis on 1948 expulsions; widely cited and contested.
- Pappé, Ilan. The Idea of Israel: A History of Power and Knowledge. London: Verso, 2014. — On Israeli historiography, ideology, and the politics of knowledge production.
- Segev, Tom. 1949: The First Israelis. New York: Free Press, 1986. — Social history of Israel's first year; complicates heroic nation-building narratives.
- Segev, Tom. One Palestine, Complete: Jews and Arabs Under the British Mandate. New York: Metropolitan Books, 2000. — Rich portrait of the Mandate period that reframes the pre-1948 context.

Critical Counter-Arguments and Mainstream Perspectives
- Karsh, Efraim. Fabricating Israeli History: The "New Historians." London: Frank Cass, 1997; 2nd ed., 2000. — The most sustained critique of the "New Historians," questioning method and inference.
- Karsh, Efraim. Palestine Betrayed. New Haven: Yale University Press, 2010. — Emphasizes Arab leadership decisions in explaining 1948 outcomes.
- Gelber, Yoav. Palestine 1948: War, Escape and the Emer-

gence of the Palestinian Refugee Problem. Brighton: Sussex Academic Press, 2006. — Military and political analysis challenging expulsion-centered accounts.

- Shapira, Anita. Israel: A History. Waltham, MA: Brandeis University Press, 2012. — A leading Israeli historian's synthetic narrative; useful as a mainstream counterpoint.
- Teveth, Shabtai. Ben-Gurion and the Palestinian Arabs: From Peace to War. Oxford: Oxford University Press, 1985. — Reassesses Ben-Gurion's policies and intentions toward Palestinian Arabs.

Palestinian Scholarship on 1948, Memory, and Displacement

- Khalidi, Walid, ed. From Haven to Conquest: Readings in Zionism and the Palestine Problem until 1948. Washington, DC: Institute for Palestine Studies, 1971; updated eds. — Comprehensive documentary anthology placing Zionist and Palestinian texts in dialogue.
- Khalidi, Walid. All That Remains: The Palestinian Villages Occupied and Depopulated by Israel in 1948. Washington, DC: Institute for Palestine Studies, 1992. — Definitive reference on depopulated villages; essential for microhistory.
- Khalidi, Walid. "Plan Dalet: Master Plan for the Conquest of Palestine." Journal of Palestine Studies 18, no. 1 (1988): 4–33. — Text and analysis of Plan Dalet; pivotal to arguments about intent and expulsion.
- Khalidi, Rashid. Palestinian Identity: The Construction of Modern National Consciousness. New York: Columbia University Press, 1997. — Classic work on the formation of modern Palestinian identity.
- Khalidi, Rashid. The Iron Cage: The Story of the Palestinian Struggle for Statehood. Boston: Beacon Press, 2006. — Structural constraints and leadership dilemmas in Palestin-

ian politics.

- Masalha, Nur. Expulsion of the Palestinians: The Concept of "Transfer" in Zionist Political Thought, 1882–1948. Washington, DC: Institute for Palestine Studies, 1992. — Traces "transfer" ideas in Zionist discourse; often read alongside Morris and Pappé.
- Masalha, Nur. The Palestine Nakba: Decolonising History, Narrating the Subaltern, Reclaiming Memory. London: Zed Books, 2012. — Memory, narrative, and decolonial framing of 1948.
- Sa'di, Ahmad H., and Lila Abu-Lughod, eds. Nakba: Palestine, 1948, and the Claims of Memory. New York: Columbia University Press, 2007. — Essays linking memory to politics and historical narration.

Memory, Myth, and Historiographical Method (Conceptual Tools)

- Zerubavel, Yael. Recovered Roots: Collective Memory and the Making of Israeli National Tradition. Chicago: University of Chicago Press, 1995. — Seminal study on myth, commemoration, and Israeli national tradition.
- Sternhell, Zeev, with Mario Sznajder and Maia Asheri. The Founding Myths of Israel: Nationalism, Socialism, and the Making of the Jewish State. Princeton: Princeton University Press, 1998. — Interrogates ideological myth-making in Zionist society.
- Kimmerling, Baruch. The Invention and Decline of Israeliness: State, Society, and the Military. Berkeley: University of California Press, 2001. — State-society-military triangle and identity formation.
- Shafir, Gershon. Land, Labor and the Origins of the Israeli–Palestinian Conflict, 1882–1914. Cambridge: Cambridge University Press, 1989. — Structural analysis of Zionist set-

tlement and labor policy.

- Anderson, Benedict. Imagined Communities: Reflections on the Origin and Spread of Nationalism. London: Verso, 1983 (rev. ed. 1991). — The classic on nations and narratives; useful framing for "founding myths."
- Hobsbawm, Eric, and Terence Ranger, eds. The Invention of Tradition. Cambridge: Cambridge University Press, 1983. — How "traditions" are constructed; a toolkit for myth analysis.
- Halbwachs, Maurice. On Collective Memory. Chicago: University of Chicago Press, 1992. — Foundational theory of social memory relevant to national narratives.
- Nora, Pierre. Realms of Memory: Rethinking the French Past. New York: Columbia University Press, 1996–1998. — Case-study model for sites of memory; methodologically comparable.

Document Readers, Archives, and Primary Sources

- Rogan, Eugene L., and Avi Shlaim, eds. The War for Palestine: Rewriting the History of 1948. Cambridge: Cambridge University Press, 2001; 2nd ed., 2007. — Essay collection that crystallized post-Flapan debates; pairs well with his themes.
- Laqueur, Walter, and Barry Rubin, eds. The Israel–Arab Reader: A Documentary History of the Middle East Conflict. New York: Penguin, various editions. — Broad documentary sampler (UN, speeches, accords) for quick reference.
- United Nations General Assembly. Resolution 181 (II): Future Government of Palestine (1947); Resolution 194 (III) (1948). — Core diplomatic texts commanding central place in narratives and disputes.
- United Nations Special Committee on Palestine (UNSCOP). Report to the General Assembly (31 August 1947). — Baseline Mandate-era primary document.

- Israel State Archives (ISA); IDF and Defense Establishment Archives (IDFA); Central Zionist Archives (CZA); British National Archives (FO 371 series). — Where much of the archival backbone of the historiography resides.

Broader Surveys and Textbooks for Orientation

- Morris, Benny. Righteous Victims: A History of the Zionist-Arab Conflict, 1881-2001. New York: Knopf, 1999. — Wide-ranging synthesis engaging political, military, and social dimensions.
- Gelvin, James L. The Israel-Palestine Conflict: One Hundred Years of War. Cambridge: Cambridge University Press, 2005; 4th ed., 2021. — Concise, balanced overview with strong pedagogy.
- Smith, Charles D. Palestine and the Arab-Israeli Conflict. Boston: Bedford/St. Martin's, multiple eds. — Standard teaching text with documents and historiographic signposts.
- Tessler, Mark. A History of the Israeli-Palestinian Conflict. Bloomington: Indiana University Press, 1994; 2nd ed., 2009. — Comprehensive and even-handed; helpful for readers new to the field.

Pedagogy and Dual-Narrative Approaches

- Adwan, Sami, Dan Bar-On, and Eyal Naveh, eds. Side by Side: Parallel Histories of Israel/Palestine. New York: The New Press, 2012. — Juxtaposes Israeli and Palestinian narratives; a practical extension of Flapan's call for reflexive, plural historiography.

Historical Method (for Flapan's evidentiary ethos)

- Bloch, Marc. The Historian's Craft. New York: Vintage, 1953. — A classic reflection on evidence, context, and critical method.
- Howell, Martha, and Walter Prevenier. From Reliable Sources: An Introduction to Historical Methods. Ithaca: Cor-

nell University Press, 2001. — Nuts-and-bolts of source criticism and archival practice.
- Gaddis, John Lewis. The Landscape of History: How Historians Map the Past. Oxford: Oxford University Press, 2002. — Clear guide to inference, causation, and narrative in historical analysis.
- Ginzburg, Carlo. Clues, Myths, and the Historical Method. Baltimore: Johns Hopkins University Press, 1989. — On reading traces and building arguments—apt for Flapan's documentary style.

7
Revisiter le paradigme
« David contre Goliath » Les mythes qui ont la peau dure

Introduction au récit de David contre Goliath

Les origines légendaires et la résonance durable du motif de David et Goliath sont inextricablement liées à l'histoire complexe du conflit israélo-palestinien. Issu du récit biblique du jeune berger qui, armé d'une simple fronde, a vaincu le champion philistin, ce motif est passé dans le langage courant pour désigner la victoire improbable du petit contre un adversaire plus puissant.

Dans le contexte israélo-palestinien, cette allégorie a été réutilisée pour cristalliser le déséquilibre des forces qui caractérise le conflit. La longévité de ce motif tient non seulement à son caractère évocateur, mais aussi à sa capacité à condenser la géopolitique du conflit en une parabole morale. Les dirigeants politiques l'invoquent, les analystes le citent et le public en saisit facilement la portée. La pérennité de cette analogie s'explique par son origine biblique et les traditions exégétiques qui lui ont donné une portée bien au-delà du texte original, ancrant cette image dans l'imaginaire et les arguments qui continuent d'animer la région.

Le conflit a souvent été présenté comme celui d'une nation isolée assiégée par une vaste inimitié, une image qui a profondément marqué la conscience publique. Ce motif a transcendé Israël et la Palestine, influençant les interprétations internationales des bouleversements continus en Méditerranée orientale. Chaque acteur a adopté cette image de manière stratégique, se présentant tour à tour comme le David opprimé ou le vengeur moral. Pourtant, une évaluation impartiale révèle un paysage plus complexe que ne le laisse supposer ce motif.

L'attention portée à la longue durée de l'empire, aux déplacements de population et à la stratification institutionnelle indique que la métaphore, bien qu'éclairante à certains égards, cache autant qu'elle révèle. Elle aplatit l'éventail des agences, les variations de pouvoir et les souffrances hétérogènes que le conflit engendre. Pour parvenir à une compréhension plus adéquate. Nous devons donc interroger la généalogie et la transformation du récit. Une telle enquête mettra en lumière la manière dont cette comparaison convaincante a structuré les perceptions, guidé les politiques et cristallisé la mémoire collective des deux sociétés, façonnant ainsi la nature prolongée et insoluble du désaccord.

La genèse d'une analogie mythique

L'histoire séculaire de David et Goliath, héritée du corpus biblique, a longtemps attiré l'imagination tant populaire qu'érudite. La visualisation du petit berger affrontant le colosse en armure amplifie le drame du combat asymétrique, garantissant à cet épisode une licence durable en tant que récit par excellence de l'opprimé. Une telle puissance a encouragé son invocation répétée chaque fois que l'asymétrie des forces a été jugée importante, en particulier dans le discours sur le conflit israélo-palestinien. La formule familière de la rencontre entre « David » et « Goliath » a colonisé l'espace historique et rhétorique, façonnant les commentaires des parlements et des médias populaires, et consolidant ainsi sa place dans les archives mentales du public.

Dans ce paradigme, le pacte entre l'adversaire imposant et

soutenu par l'État et la communauté assiégée et fragmentée oriente le regard de l'analyste vers les binaires de l'oppression et de la résistance. Pourtant, la persistance même de la figuration David-Goliath appelle une exploration rigoureuse de ses origines et de ses migrations, car plutôt que d'être un miroir objectif de la géopolitique, elle représente la sédimentation d'une mémoire sélective et d'une rationalisation narrative. La force de ce récit provient de l'impulsion humaine à compresser des forces multivalentes en une seule image lisible, éclipsant ainsi les stratifications et les résistances qu'un regard ethnographique permettrait autrement de découvrir. La fascination persistante pour les oppositions binaires et les figures archétypales dans les constructions narratives offre une lentille puissante à travers laquelle les confrontations politiquement chargées peuvent être mises en lumière. Simultanément, l'attrait éternel du motif de l'outsider pénètre la psyché culturelle, servant ainsi de moyen efficace pour la transmission d'impératifs éthiques.

Un protagoniste mineur, apparemment vulnérable, défiant un antagoniste plus grand et apparemment dominant, évoque un désir généralisé d'espoir, d'endurance et de rectitude morale. Par conséquent, le schéma mythique de David et Goliath s'ancrent profondément dans la mémoire collective, modulant les interprétations publiques d'une lutte donnée. Cependant, au sein de ce récit captivant, il faut rigoureusement démêler le cadre réducteur des rencontres historiques. Une enquête approfondie sur les configurations géopolitiques précises, les trajectoires historiques et les textures socioculturelles qui encadrent chaque conflit permet d'obtenir une perception graduée de la répartition et de l'exercice du pouvoir. Une compréhension adéquate du conflit israélo-palestinien nécessite donc de dépasser les oppositions statiques et de s'intéresser aux réalités complexes du passé. Bien que le motif de David et Goliath conserve une énergie archétypale, son utilisation dans ce cas particulier justifie une critique rigoureuse afin de révéler l'imbrication complexe des conditions historiques et des causes.

Un champ de bataille inégal : repenser les dynamiques de pouvoir

Les analyses traditionnelles du conflit israélo-palestinien dépeignent souvent la situation comme une opposition binaire : un Israël militairement omnipotent face à une Palestine politiquement et militairement impuissante. Cette description a imprégné le discours des élites comme celui du grand public, générant des hypothèses politiques et des interprétations humanitaires qui traitent le conflit comme une équation morale plutôt que comme un processus politique. Une enquête plus minutieuse révèle toutefois les limites de ce cadre et incite à réexaminer les configurations de pouvoir sous-jacentes.

Une réévaluation des axes de pouvoir à l'œuvre révèle un champ de bataille beaucoup plus hétérogène que ne le permet la dichotomie. Israël, bien qu'il présente des avantages évidents en matière de technologie militaire et de ressources économiques, est confronté à une société palestinienne qui, contre toute attente, a mobilisé de formidables capacités d'endurance, de mobilisation populaire et de défense transnationale. En outre, le pouvoir est multidimensionnel ; l'absence de souveraineté territoriale de la politique palestinienne ne nie pas d'autres formes d'action, notamment la persistance culturelle, les réseaux sociaux et le soutien transnational de la diaspora qui façonnent l'événement, la mémoire et la politique du conflit.

Une analyse calibrée doit donc tenir compte de l'héritage historique du déplacement colonial, des engagements variables des grandes puissances dans la région, des particularités tactiques du conflit asymétrique et de l'évolution de la micro-dynamique de la gouvernance quotidienne en matière de sécurité. Ce n'est qu'en contextualisant les différences de pouvoir dans ce kaléidoscope plus large que les chercheurs et les décideurs politiques pourront transcender l'impulsion réductionniste et cultiver une compréhension plus précise, empathique et politiquement exploitable de cette rupture durable. Les déséquilibres de pouvoir imprègnent la vie quotidienne dans la région, façonnant l'accès aux ressources, la liberté de mouvement et les perspectives d'avancement socio-économique. Ces inégalités ne se limitent pas à des manifestations explicites de contrôle ; elles s'infiltrent plutôt dans les échanges sociaux quotidiens, influencent les perceptions du public et renforcent les inégalités structurelles persistantes. Il en résulte un ordre hiérarchique persistant qui façonne les choix individuels et les chances de réussite collective. L'environnement géopolitique mondial complique encore les relations de pouvoir intrarégionales.

Les grands États, les institutions multilatérales et les acteurs transnationaux interviennent régulièrement, utilisant des instruments diplomatiques, économiques et militaires qui rééquilibrent les forces sur le terrain. Le chevauchement des intérêts vitaux des parties externes, la convergence et la divergence des alliances, ainsi que la conditionnalité de l'aide et de la reconnaissance intègrent le conflit local dans une mosaïque géopolitique plus large, soulignant l'impossibilité d'isoler la question israélo-palestinienne des schémas mondiaux de pouvoir. Un réexamen rigoureux de ces asymétries est impératif pour tout dialogue qui vise à une solution durable plutôt qu'à des cessez-le-feu momentanés.

Reconnaître que le pouvoir n'est pas seulement une question d'avantage militaire momentané, mais un phénomène territorial et social à plusieurs niveaux qui se reproduit activement, permet aux négociateurs de concevoir des interventions qui s'attaquent aux processus sous-jacents de domination plutôt qu'aux symptômes superficiels. Ce n'est que grâce à un engagement aussi calibré que les parties prenantes pourront commencer à créer les conditions d'une coexistence équitable et juste entre Israéliens et Palestiniens.

La fronde de David : le rôle de la politique internationale

La métaphore de David affrontant Goliath appliquée au conflit israélo-palestinien sert à compliquer plutôt qu'à clarifier la répartition du pouvoir, révélant au contraire l'influence multicouche de la politique mondiale sur les animosités persistantes. Cette image permet aux analystes de mettre en avant l'asymétrie des capacités militaires, tout en révélant comment les acteurs externes rééquilibrent continuellement les rapports de force grâce à des réseaux de soutien formels et informels.

L'État israélien, considéré comme le Goliath contemporain, a obtenu de plusieurs États occidentaux, notamment des États-Unis, du matériel militaire, le partage de renseignements et une couverture diplomatique, renforçant ainsi sa supériorité militaire et atténuant les coûts politiques de ses opérations. Le soutien occidental à l'ONU et dans d'autres forums a également atténué les sanctions officielles et la responsabilité juridique, consolidant ainsi cet avantage. La cause palestinienne, considérée comme David, a quant à elle orienté ses efforts politiques et diplomatiques vers l'obtention d'une reconnaissance au sein des institutions multilatérales, sollicitant le soutien d'un éventail d'États et d'organisations dont les motivations vont de la solidarité aux enjeux géopolitiques. Les entités multilatérales, notamment la Ligue arabe et désormais une constellation d'États du Sud, ont accordé un poids symbolique et politique, tandis que les aides conditionnelles de l'Union européenne et d'autres ont paradoxalement renforcé les vulnérabilités systémiques.

La chorégraphie complexe de la reconnaissance, de la rhétorique de construction de l'État et des stratégies juridiques internationales montre comment les structures politiques mondiales rééquilibrent le poids de la force et celui de la légitimité formelle, compliquant toute lecture linéaire des trajectoires du conflit. En outre, l'implication d'acteurs internationaux majeurs, notamment l'Union européenne et la Fédération de Russie, ajoute une autre couche de complexité aux structures de pouvoir dominantes. Leur engagement modifie le paysage géopolitique et façonne simultanément la manière dont les dirigeants d'Israël et des territoires palestiniens interprètent les intentions de l'autre et rééquilibrent leurs choix stratégiques.

Les manœuvres entre les puissances mondiales exercent une influence tangible sur les questions fondamentales de la délimitation territoriale, de l'accès aux ressources rares et de l'application pratique des normes juridiques internationales, qui restent toutes essentielles à toute résolution durable. La notion de « fronde de David », qui revient régulièrement dans le théâtre diplomatique multilatéral, signifie la double dimension des renforts que chaque acteur acquiert sur la scène mondiale. Ce soutien comprend non seulement des envois militaires et humanitaires et une ostentation diplomatique officielle, mais aussi un lobbying systématique, des campagnes de sensibilisation ciblées et la légitimation de récits historiques concurrents. Ces soutiens internationaux sont capables de modifier les perceptions du public national et international, d'orienter les choix gouvernementaux et de redéfinir les récits hégémoniques qui entourent le conflit, chacun de ces éléments constituant un vecteur décisif dans la détermination de l'évolution future du conflit.

L'interaction complexe entre les préoccupations stratégiques mondiales et le conflit israélo-palestinien illustre la manière dont les rapports de force mondiaux imprègnent les situations locales. Les résultats de la diplomatie internationale se répercutent sur la vie quotidienne des individus qui endurent des années de discorde. Cette convergence d'influences ne peut être reléguée à la périphérie de l'analyse; elle exige au contraire que toute recherche de justice ou de règlement durable situe les griefs locaux dans le cadre plus large de la prise de décision internationale et du calcul stratégique.

L'armure de Goliath : puissance militaire et perception

L'image familière de « David contre Goliath » illustre la

manière dont la perception de la puissance militaire façonne la trajectoire des conflits, et, appliquée au conflit israélo-palestinien, cette métaphore prend tout son sens. L'armure encombrante de Goliath symbolise la supériorité militaire, évoquant la doctrine et la technologie des Forces de défense israéliennes, tandis que David incarne le recours palestinien à la résistance asymétrique. S'appuyant sur une structure opérationnelle unifiée et technologiquement avancée, les Forces armées israéliennes sont souvent présentées dans les analyses externes comme un Léviathan apparemment invincible. Ces représentations se cristallisent non seulement dans l'opinion publique internationale, mais imprègnent également le discours public et sécuritaire israélien. La métaphore de la carapace abîmée et isolée de Goliath dépasse toutefois l'imagerie kitsch ; elle s'inscrit dans la perception collective du fardeau psychologique que représente une domination supposée et dominante. L'atmosphère qui en résulte oblige les planificateurs israéliens à répéter une série de mesures calibrées en fonction de leur omnipotence supposée, plutôt que de simplement y réagir.

L'empreinte psychologique de Goliath devient ainsi une variable cachée dans le calcul de la dissuasion, de la prévention et de l'attente persistante qu'Israël seul jouisse d'un avantage pour la préservation des objectifs nationaux. À chaque échelon du gouvernement israélien, la conviction que le mastodonte blindé des ressources, de la formation et du renseignement éclipse inconsciemment son rival guide la formulation de politiques qui, bien que sophistiquées sur le plan militaire, restent marquées par la nécessité chimérique d'assurer une supériorité totale sur une population civile dispersée et contestée.

La métaphore de l'armure de Goliath continue d'imprégner

la conscience publique, cultivant un sentiment de droit historique et d'invulnérabilité au sein de certains cercles de la société israélienne, ce qui se répercute à son tour sur l'évolution de l'identité nationale et de la mémoire collective. En amplifiant visuellement et rhétoriquement l'image d'Israël comme une force militaire indomptable, la métaphore occulte efficacement les asymétries structurelles du pouvoir et les réalités quotidiennes omniprésentes de l'occupation auxquelles sont confrontées les communautés palestiniennes. Ce cadre exerce une influence déterminante sur les courants diplomatiques, les alliances stratégiques et la formulation de la politique étrangère vis-à-vis du conflit israélo-palestinien.

L'armure de Goliath influence ainsi les calculs internationaux en matière d'aide humanitaire, d'échanges commerciaux et de coopération militaire, compliquant le tissu géopolitique complexe de la région. Cependant, une exploration critique doit transcender le spectacle ostensible de la suprématie militaire pour interroger les asymétries plus profondes et prolongées qui animent le conflit. Démêler les subtilités des relations de pouvoir en jeu et reconsidérer les ramifications de la métaphore de Goliath permettra d'obtenir un cadre analytique plus solide pour appréhender les réalités multicouches qui façonnent en permanence les relations entre Israéliens et Palestiniens.

La représentation médiatique et la reproduction du mythe

Les institutions médiatiques façonnent invariablement la

mémoire collective et la subjectivité politique par le biais d'une couverture sélective et d'une imagerie stratégique. En ce qui concerne le conflit israélo-palestinien, la diffusion du motif « David contre Goliath » invite à un examen et à une critique persistants. Les journaux télévisés, les titres des journaux et les commentaires numériques réduisent systématiquement le conflit à une grande opposition théâtrale entre le petit et vaillant David assiégé par un Goliath titanesque et disproportionné.

La persistance de ce mythe découle, dans une large mesure, de la synchronisation du cadrage et de l'inhibition éditoriale. Les principaux organes de presse ont tendance à présenter la politique israélienne comme celle d'un outsider assiégé confronté à des obstacles quasi surhumains, tandis que l'action palestinienne, qu'elle soit militante ou victimaire, est soit criminalisée, soit reléguée à la marge du cadre visuel et textuel. Cette pondération inégale déforme gravement l'échelle historique et les asymétries du conflit, permettant à la parabole héroïque micro-macro de s'imposer comme une vérité conventionnelle.

La visualité conserve également un poids disproportionné dans l'installation du mythe. Des images fixes emblématiques et des séquences vidéo circulantes saisissent des points chauds – roquettes, manifestations, maisons démolies – qui simplifient et hypermobilisent la polarité entre la puissance musclée et la fragilité de la vie humaine. Complétées par des légendes polémiques et des bandes sonores émotionnelles, ces images archivent un récit héroïque que les institutions commémoratives mobilisent ensuite pour justifier des positions politiques, enfermant l'expérience historique dans un lexique rapide et émotionnel.

En outre, le rôle de la politique éditoriale et de la concentration de la propriété des médias dans le maintien de ce mythe simplifié et trompeur est un aspect qui mérite une attention critique soutenue. Les pratiques éditoriales sélectives des organes de presse, souvent calibrées pour refléter leurs impératifs commerciaux sous-jacents ou leurs affiliations partisanes, dictent les contours des reportages relatifs à la confrontation. Simultanément, la fusion de la loyauté politique et du capital médiatique corrompt la présentation du conflit lui-même, amplifiant la force rhétorique de la dichotomie « David et Goliath ».

Il faut reconnaître les conséquences vastes et durables de cette mythification journalistique. L'acceptation généralisée et l'appropriation inconsciente de ces images réductrices masquent les multiples facettes du conflit et empêchent le développement d'une compréhension éclairée et empathique des deux parties. La circulation continue du motif « David et Goliath » abstrait par conséquent les spécificités historiques et géopolitiques, imposant un cadre interprétatif rigide et polarisé qui entrave les dialogues sincères qui précèdent toute résolution durable.

Pour répondre aux effets délétères de la perpétuation médiatique, il est impératif d'interroger et de contester les imaginaires dominants qui façonnent la conscience publique. Cultiver une pratique plus éclairée et nuancée de la consommation médiatique permet aux électeurs de se détacher du mythe qui voile depuis longtemps la trajectoire prolongée du conflit. Parallèlement, amplifier les voix hétérogènes, et en particulier marginalisées, qui échappent aux circuits dominants de représentation peut perturber les récits sédimentés et produire une compréhension plus nuancée des tensions en jeu.

Tragédie et parodie dans le trope « David et Goliath »

Le schéma souvent cité de « David et Goliath », diffusé dans les médias occidentaux et la rhétorique politique, a suscité une vive contestation précisément parce qu'il résume les événements d'une manière qui neutralise les complexités historiques et sociales du conflit. L'image séduisante d'un outsider assiégé affrontant un colosse est médiatique, mais chroniquement réductrice ; elle occulte l'héritage colonial, les asymétries géopolitiques et les formes variées de violence déployées au fil des ans. Une telle économie narrative est séduisante, mais elle déforme les relations de pouvoir existantes et réduit la pluralité à une caricature. La distorsion qui en résulte simplifie la complexité et cristallise une formation discursive qui obscurcit la réalité du conflit.

Pour transformer la compréhension, il faut donc retracer l'émergence généalogique du concept, interroger son déploiement stratégique et exposer ce que la métaphore supprime : une constellation d'acteurs, de technologies et d'héritages historiques qui défient le destin binaire. Au cœur de cet argument se trouve le rejet du cadre binaire qui présente David comme le champion vertueux et assiégé et Goliath comme le bourreau impitoyable. Le démantèlement de cette pomposité révèle que chaque partie possède sa propre capacité d'action, ses propres points de fragilité et sa propre profondeur historique, éléments que l'histoire familière rend muets.

Si l'on s'intéresse maintenant aux conséquences géopolitiques plus larges de la diffusion sans examen de cette vision binaire, on peut retracer la distorsion que cette dyade opère sur la perception mondiale. Ce cadre réducteur comprime une réalité multiforme en un tableau héroïque bien ordonné, excluant ainsi toute possibilité de compréhension authentique et, par conséquent, de mesures correctives durables. Les images de la confrontation filtrées par le motif « David contre Goliath » occultent davantage les critiques plus discrètes mais décisives qui refusent de se laisser captiver par sa poésie. Ces discours alternatifs, souvent marginalisés par l'imagerie convaincante, mettent en lumière les dilemmes éthiques et politiques auxquels chaque partie est confrontée, relâchant ainsi l'emprise des hypothèses figées et cultivant une appréhension plus attentive de l'ensemble de la confrontation.

Le célèbre trope « David contre Goliath » finit par restreindre plutôt qu'éclairer notre analyse du conflit israélo-palestinien. Soumettre cette analogie à un examen rigoureux et donner la parole à des contre-arguments critiques nous permet de dépasser les hypothèses restrictives qu'elle propage. Ce faisant, nous ouvrons l'espace intellectuel nécessaire à un dialogue fondé sur les réalités empiriques et la complexité morale, un dialogue que tout règlement viable et équitable doit susciter et entretenir.

Voix critiques : perspectives dissidentes

Dans le cadre du débat actuel sur le cadre dit « David contre Goliath », la dissidence organisée a gagné suffisamment de terrain pour ébranler les interprétations dominantes du conflit israélo-palestinien. Les universitaires et les analystes politiques qui partagent ces positions dissidentes remettent en question le schéma binaire dans son ensemble, insistant plutôt sur un répertoire d'inégalités historiques et structurelles que la simple mythologie de l'opprimé occulte. Parmi les objections les plus cohérentes à la narration dominante figure l'insistance sur le fait que la politique israélienne, tout en étant confrontée à des provocations conflictuelles, bénéficie simultanément d'une série d'avantages militaires, technologiques et diplomatiques que le paradigme de « l'opprimé » ne peut intégrer de manière adéquate.

Au-delà de la critique structurelle, ces voix dissidentes placent la mémoire historique au centre de leur analyse. L'évocation constante de l'Holocauste, renforcée par les cultures mémorielles de l'Israël contemporain et des communautés juives de la diaspora mondiale, a contribué à présenter Israël comme une victime perpétuelle devant l'opinion publique mondiale. Selon eux, ce cadre mémoriel confond la vulnérabilité historique avec le pouvoir contemporain et sanctionne ainsi les pratiques répressives sous le couvert de l'autodéfense.

La critique s'étend ainsi au-delà de la falsification empirique au domaine psychosocial, interrogeant la manière dont la mémoire, le symbolisme et l'affect constituent mutuellement l'efficacité du trope « David contre Goliath » au fil des décennies. En outre, des voix hétérodoxes émergeant au sein des électorats israéliens et palestiniens remettent en question le cadre binaire dominant du conflit, affirmant qu'il efface le caractère stratifié et contesté de la lutte. En interrogeant les asymétries de pouvoir, les fractures intrasociétales et les aspirations nationales variées, ces interlocuteurs mettent en lumière la nécessité impérative de transgresser les récits réductionnistes.

De manière critique, un certain nombre de dissidents

affirment que le trope « David contre Goliath » a des conséquences tant pour l'historiographie que pour la plausibilité d'une paix durable. En entretenant un récit de victimisation incessante d'un côté et de puissance inattaquable de l'autre, ce trope empêche le développement d'une empathie réciproque et la volonté de faire des concessions, entravant ainsi la voie vers une résolution.

Lorsque ces analyses dissidentes sont mises en avant, leur contribution à une compréhension globale du conflit israélo-palestinien devient indéniable. Elles obligent les universitaires et les praticiens à renoncer aux raccourcis binaires, à tenir compte des complexités sédimentées des archives historiques et à s'interroger sur les conséquences durables des mythes profondément enracinés et du discours figuratif. Omettre ces voix critiques revient à appauvrir le dialogue ; les intégrer revient à faire progresser la recherche d'un cadre plus inclusif et plus solide sur le plan analytique pour aborder la conjoncture actuelle.

Impact sur l'identité israélienne et palestinienne

La métaphore persistante de « David contre Goliath » a pénétré au cœur de la perception que les Israéliens et les Palestiniens ont d'eux-mêmes, s'ancrant dans leur mémoire collective et leur vision du monde. Pour les Israéliens, le parcours de cette petite nation assiégée qui a vaincu des adversaires plus puissants est devenu un registre mythique dans lequel ils articulent leur identité nationale, consacrant les miracles historiques perçus en une doctrine de survie inévitable.

Dans ce cadre, le succès contre toute attente renforce une image de soi fondée sur la justification morale et historique, tout en agissant comme un ciment social qui réaffirme la justification de l'autodétermination souveraine. À l'inverse, cette même métaphore, lorsqu'elle est réinterprétée par les Palestiniens, cristallise les expériences de l'exil et des blessures structurelles en un portrait clair mais tragique d'un martyre continu. Les relations de pouvoir asymétriques implicites dans « David contre Goliath » sanctionnent une rhétorique de dépossession qui galvanise les récits palestiniens d'une terre inaliénable et de droits bafoués par une puissance écrasante considérée comme irrémédiablement coercitive.

Les canaux artistiques, littéraires et éducatifs par lesquels circule la métaphore ont, dans chaque société, approfondi l'enracinement de registres mémoriels inconciliables. Les programmes scolaires, les commémorations publiques, les romans, les films et les graffitis servent à la fois d'instruments d'identification et d'éloignement, enfermant chaque communauté dans une image de l'autre qui échappe à toute traduction empathique.

Dans cette dialectique, la méfiance se cristallise en identité, et la métaphore passe d'une stratégie rhétorique à un principe structurant de la mémoire collective, frustrant sans cesse les initiatives visant à une coexistence négociée. Les répercussions de cet édifice figuratif ne se limitent toutefois pas aux chroniques et aux déclarations de pouvoir ; elles imprègnent également les registres inconscients à travers lesquels chaque groupe négocie le monde social. Pour les Israéliens, le récit entretient un sentiment inébranlable de vigilance et de permission morale face à ce qu'ils perçoivent comme un danger existentiel, perpétuant un paysage mental semblable à une enclave perpétuellement fortifiée qui colore les décisions, le discours et le rythme de la vie quotidienne.

Pour les Palestiniens, parallèlement, ce même récit renforce une éthique indomptable de fermeté, présentant chaque revers comme une répétition en vue d'une restitution éventuelle et chaque concession comme un appel à affirmer avec plus de force ce qu'ils considèrent comme des droits inaliénables. Pourtant, le caractère insoluble de ces croyances entremêlées constitue un obstacle redoutable à la résolution du conflit. L'identification à des scénarios héroïques dépassés laisse peu de place à l'imagination pour envisager un avenir qui ne repose pas sur une endurance héroïque, mais sur une vulnérabilité humaine partagée.

Si les Israéliens perdaient le sentiment d'un siège existentiel, la structure symbolique de leur État s'en trouverait modifiée ; si les Palestiniens concédaient la certitude d'une perte historique, leur mémoire collective se sentirait violée. Pour rompre avec l'attraction gravitationnelle du trope « David contre Goliath » et s'orienter vers un horizon de dialogue qui privilégie l'interdépendance plutôt que le récit antagoniste, il faut réinterpréter les blessures sédimentées dans un cadre qui privilégie l'empathie et la reconnaissance plutôt que la justification à somme nulle. Seul un examen sans concession mais compatissant de la manière dont le récit passé étouffe plutôt que métabolise l'expérience vécue peut ouvrir la voie à une réconciliation que ni la souffrance héroïque ni la fermeté victimaire ne peuvent résoudre à elles seules.

Conclusion : transcender les analogies réductionnistes

L'étude de l'analogie « David contre Goliath » a démontré la remarquable résilience de ce motif historique dans la formation des cadres cognitifs des populations israélienne et palestinienne. Notre critique révèle que la métaphore opère à plusieurs niveaux : elle réinterprète le passé, stylise le présent et solidifie les référentiels symboliques à travers lesquels les collectifs nationaux racontent leurs identités. Dissocier la métaphore de la rhétorique politique permet ainsi d'articuler le conflit israélo-palestinien en des termes qui rendent justice à sa stratification et à sa permutation inhérentes.

Lorsque les universitaires et les praticiens remettent en question le canon des oppositions simplistes, ils invitent à examiner comment les asymétries de pouvoir, d'identité et de récit se combinent de manière contingente plutôt que prédéterminée. Cette orientation favorise un éloignement du cylindre rigide et moralisateur de la victime et du bourreau, permettant une vision réfractée dans laquelle l'action et la souffrance sont réparties de manière inégale, mais réciproque. Pour transcender les images réductionnistes, il faut accorder une attention rigoureuse aux contingences multiples que l'histoire implique.

La reconnaissance de souvenirs divergents, qui se chevauchent et sont parfois comparables n'est pas un ajout facultatif, mais le point de départ méthodologique. Une telle reconnaissance pourrait, dans un avenir encore indéterminé, créer l'espace épistémique et émotionnel dans lequel le dialogue, la reconnaissance et, potentiellement, une paix durable pourraient germer. De plus, il est indispensable de rejeter la vision réductrice de David contre Goliath pour faire progresser une paix juste et durable.

En dépassant ce cadre polarisé, nous permettons l'émergence de récits qui honorent l'humanité, la souffrance et l'endurance de tous ceux qui portent les cicatrices du conflit. Cela cultive à son tour l'empathie, le dialogue et la promesse d'une réconciliation authentique que le moment présent exige. Nous devons reconnaître que, bien que l'image de David contre Goliath ait dynamisé les deux camps et brièvement animé leurs récits, sa distorsion de la réalité a cristallisé des positions figées et entravé un véritable rapprochement.

En revanche, s'engager en faveur d'une compréhension historique richement contextualisée ouvre le présent à une époque où le discours coopératif, la compassion et une vision collective de l'avenir fondée sur la coexistence peuvent remplacer les postures antagonistes. L'analyse présentée ici montre clairement que dépasser ces métaphores simplistes n'est pas seulement souhaitable, mais impératif pour surmonter les rancœurs historiques et construire de manière réfléchie un avenir ancré dans le respect mutuel et la reconnaissance réciproque des mémoires de chacun. Ce n'est qu'en remettant en question les simplifications historiques et en osant s'attarder sur les complexités du passé que nous pourrons tracer de manière responsable la voie vers une paix et une réconciliation durables dans la région.

Références Pour en savoir plus

Core Theoretical & Critical Frameworks

Said, Edward W. The Question of Palestine. Vintage, 1992.

Gladwell, Malcolm. David and Goliath: Underdogs, Misfits, and the Art of Battling Giants. Little, Brown, 2013.

Gregory, Derek. The Colonial Present: Afghanistan, Palestine, Iraq. Wiley-Blackwell, 2004.

Mamdani, Mahmood. Neither Settler nor Native: The Making and Unmaking of Permanent Minorities. Harvard UP, 2020.

Why relevant: Traces how colonial conflicts are narrated as "ancient hatreds"; critiques the moral binaries that sustain the David/Goliath trope. Connects to the text's call for "graduated perception of power."

Historical Genealogy & Power Asymmetry

Khalidi, Rashid. The Hundred Years' War on Palestine: A History of Settler Colonialism and Resistance, 1917–2017. Metropolitan Books, 2020.

Shlaim, Avi. The Iron Wall: Israel and the Arab World. W.W. Norton, 2014 (revised ed.).

Pappe, Ilan. The Idea of Israel: A History of Power and Knowledge. Verso, 2014.

Farsakh, Leila. Palestinian Labour Migration to Israel: Labour, Land and Occupation. Routledge, 2005.

Media, Myth-Making & Representation

Philo, Greg, et al. The Israel-Palestine Conflict: Mapping News Media Bias. Pluto Press, 2013.
Matar, Dina. What It Means to Be Palestinian: Stories of Palestinian Peoplehood. I.B. Tauris, 2010.
Khalidi, Rashid. Brokers of Power: The U.S. Role in Palestine and the Arab-Israeli Conflict. Haymarket Books, 2023.

Identity, Memory & Dissenting Voices

Bar-Tal, Daniel, and Izhak Schnell. The Impacts of Lasting Occupation: Lessons from Israeli Society. Oxford UP, 2013.
Swedenburg, Ted. Memories of Revolt: The 1936–1939 Rebellion and the Palestinian National Past. Univ. of Arkansas Press, 2003.
Lentin, Ronit. Traces of Racial Exception: Racializing Israeli Settler Colonialism. Bloomsbury, 2023.
Abu-Lughod, Lila. Do Muslim Women Need Saving? Harvard UP, 2013.

Alternative Paradigms for Resolution
Abu-Nimer, Mohammed. Nonviolence and Peace Building in Islam: Theory and Practice. Univ. Press of Florida, 2003.
Peteet, Julie. Lamentation and Land: Palestinian Mourning and the Israeli Occupation. Stanford UP, 2023.
Gunning, Jeroen, and Ilan Pappé. Trials of the Resistance: The Future of the Israeli-Palestinian Conflict. Pluto Press, 2021.b v.

8
L'exode palestinien
Causes et controverses

Contexte historique

Pour comprendre l'exode palestinien de 1948, communément appelé la Nakba, il faut se plonger dans un continuum historique dont les lignes de fracture étaient déjà profondes avant la rupture décisive. Cette rupture a rompu les liens communautaires et cristallisé des historiographies nationalistes divergentes qui continuent de façonner le lexique politique du Moyen-Orient. Les décennies qui ont précédé l'exode ont elles-mêmes été marquées par une reconfiguration du pouvoir, l'appareil impérial ottoman ayant succombé au remaniement colonial européen et le mandat britannique ayant établi un équilibre fragile qui a été progressivement sapé par des projets nationalistes mutuellement exclusifs. Parallèlement, l'immigration juive, soutenue par la déclaration Balfour et les sanctions internationales, a renforcé les ambitions démographiques et territoriales exprimées dans le discours politique sioniste.

Le compromis territorial envisagé par les Nations unies en 1947, qui prévoyait la partition du mandat en un État juif et un État arabe, s'est heurté au rejet diplomatique et militaire des Arabes. L'internement de cette partition a déclenché une nouvelle vague de violence civile, et la période qui a suivi l'annonce a été marquée par une escalade systématique des opérations militaires. Les hostilités qui en ont résulté, opposant les formations paramilitaires juives aux forces volontaires arabes et aux milices locales, ont invalidé le cadre protecteur qui avait jusqu'alors confiné les escarmouches communautaires, précipitant l'évacuation organisée et, dans certains cas, coercitive des populations civiles palestiniennes, dont la mémoire collective allait par la suite se cristalliser comme l'événement déterminant de la dépossession du XXe siècle.

La trajectoire qui a abouti à l'expulsion massive des Palestiniens a été marquée par une convergence d'injustices historiques, d'aspirations nationalistes et d'engagements idéologiques concurrents qui ont inscrit la Nakba de manière décisive dans le cadre plus large du conflit israélo-arabe. Les effets opérationnels de ces multiples antécédents se sont matérialisés dans une convergence turbulente de conflits armés, d'anxiété omniprésente et de déracinement qui a brisé les réseaux sociaux et communautaires complexes de la vie palestinienne.

Dans ce contexte instable, l'expérience de ceux qui se sont retrouvés sans abri a pris une importance disproportionnée, devenant le symbole des répercussions persistantes et transgénérationnelles de la Nakba et régissant la psyché collective de ceux qui ont suivi. Par conséquent, une étude rigoureuse de la diaspora palestinienne doit commencer par inscrire cette rupture dans son cadre historique global, afin de pouvoir appréhender pleinement la convergence des variables causales qui ont produit ce tournant dans l'histoire moderne du Moyen-Orient.

Récits de déplacement : une double perspective

La fuite des réfugiés palestiniens en 1948 reste un sujet controversé dans l'historiographie, suscitant des interprétations très divergentes qui cristallisent le schisme persistant dans le conflit israélo-arabe. Ce chapitre examine de près la constellation d'événements entourant le déplacement, en mettant en avant une double perspective analytique qui respecte simultanément les cadres antithétiques dans lesquels chaque partie raconte le traumatisme.

Dans l'historiographie sioniste, la fuite est généralement présentée comme une nécessité opérationnelle, justifiée par les conditions de guerre et l'engagement primordial de consolider une entité politique juive souveraine. Les partisans de cette interprétation soulignent les décisions individuelles et collectives d'évacuer, rejettent l'hypothèse d'une expulsion coordonnée et analysent le phénomène de la fuite comme un artefact des mouvements de troupes, du bombardement psychologique et de la fragilité régionale.

Les chroniques palestiniennes, en forte contradiction, décrivent ces mêmes mouvements comme une campagne calculée de déplacement ethnique, systématiquement dirigée par des organes paramilitaires et gouvernementaux. Les descriptions d'évacuations forcées, d'exécutions sommaires et de menaces d'anéantissement de la réputation reviennent dans ces témoignages, chacun inscrit dans la mémoire collective des villages et des quartiers déchirés par l'offensive.

La confrontation de ces lectures mutuellement exclusives ne se limite pas à signaler des héritages conflictuels de chagrin ; elle expose un dilemme insoluble pour l'historien, car chaque geste analytique se trouve recomposé par les impératifs moraux concurrents qui animent la mémoire, l'identité et la lutte pour l'hégémonie narrative dans le Moyen-Orient moderne. À travers une lecture comparative de ces témoignages opposés, cette section s'efforce de révéler la complexité stratifiée de l'exode palestinien et le caractère pluriel de l'expérience vécue pendant la guerre et l'exil.

Le renforcement mutuel des récits des survivants, des ordres militaires et des calculs politiques génère un palimpseste d'interprétations, obligeant les chercheurs à se pencher sur les récits conflictuels et souvent antagonistes qui se sont cristallisés autour de cet épisode. L'argument dépasse ainsi l'historiographie pour aborder la politique de la mémoire, encourageant à examiner de près comment ces récits contradictoires sont produits, légitimés et réécrits. L'implication plus large est une réévaluation critique de la manière dont les cadres mémoriels divergents façonnent le dialogue politique actuel et comment ils permettent, ou dans certains cas empêchent, la possibilité d'une réconciliation authentique dans un contexte encore marqué par un pouvoir asymétrique et une violence persistante.

Stratégie sioniste ou tragédie circonstancielle ?

La nature de l'exode palestinien de 1948 suscite des interprétations très contrastées quant à savoir si le résultat découle d'un projet sioniste prémédité ou des oscillations fortuites et violentes de la dynamique de la guerre. Les partisans de la première position citent un corpus multidimensionnel de correspondance, de plans militaires – notamment le plan Dalet – et de déclarations inaugurales de porte-parole sionistes qui, selon eux, donnent l'impression d'une intention systématique sous-jacente à l'expropriation des habitants arabes dans les couloirs stratégiques. Ils affirment en outre que le schéma démographique qui en a résulté reflétait l'objectif ultime d'établir une majorité hégémonique juive stable.

À l'inverse, les partisans de la seconde thèse soulignent l'incohérence de l'ordre militaire et civil, la confusion des armées rivales et le climat d'appréhension, suggérant que le mouvement résultait de décisions prises dans l'urgence et d'évacuations improvisées plutôt que d'un seul architecte stratégique. Ils considèrent la fluidité du moment – la crainte d'un massacre, les avancées militaires imminentes et la désintégration du tissu social – comme des facteurs causaux déterminants qui ont conditionné la fuite collective. Ces cadres antagonistes reflètent non seulement la difficulté d'établir un paradigme explicatif unique dans une conjoncture marquée par des logiques convergentes et qui se chevauchent, mais ils servent également les agitations modernes, car la légitimité des interprétations concurrentes influence la légitimité attribuée aux revendications politiquement chargées aujourd'hui.

La recherche d'une compréhension approfondie nécessite une méthode discriminante, qui tienne compte des divers déterminants à l'œuvre tout en restant consciente des intersections entre les événements passés. Une enquête sur l'exode palestinien, source de nombreuses controverses, oblige le chercheur à soumettre les documents originaux et la littérature interprétative à un examen rigoureux, tout en restant ouvert aux interprétations divergentes qui se sont cristallisées au fil des époques successives. Un tel engagement avec les multiples niveaux de témoignages et d'exégèses permet d'extraire un récit plus intégré des forces qui ont poussé la population exilée, éclairant ainsi un chapitre du XXe siècle dont les répercussions continuent de façonner la mémoire collective et les réalités géopolitiques.

Témoignages arabes et réalités vécues

À la suite du cataclysme de 1948, les voix des Palestiniens déplacés ont fourni, et continuent de fournir, le principal vecteur de connaissances sur le déracinement massif de la population arabe du territoire qui est devenu Israël. Ces histoires orales, recueillies par des universitaires, des militants et des équipes de projets de mémoire, transmettent la texture affective de l'exil : l'odeur de la fumée dans les rues, le bruit de la dernière porte qui claque, la couleur des amandiers laissés derrière eux.

En privilégiant l'expérience subjective plutôt que les catégories administratives et les rapports militaires, les témoignages invitent les historiens à aborder l'événement dans son immédiateté matérielle et éthique plutôt que par le biais d'abstractions épurées issues d'analyses externes. Les récits refusent d'être assimilés aux versions idéologiques opposées de l'événement ; au contraire, ils multiplient les voix, les motivations et les contradictions auxquelles tout récit complet doit faire face. Ils accomplissent ainsi l'opération nécessaire de décentrer les souvenirs sponsorisés par l'État qui ont dominé l'historiographie depuis 1948.

Les récits enregistrés dans les camps de réfugiés, les cercles d'exilés et les rassemblements de la diaspora révèlent les contours de la mémoire communautaire et la persistance de l'histoire vécue. Les personnes interrogées évoquent les textures de leurs anciens villages : le nœud particulier de l'olivier, la cour qui a abrité trois mariages, les rivalités entre voisins qui ponctuaient la vie quotidienne. Pour les narrateurs, ces détails ont la force d'un testament ; ils ne sont pas de simples ornements, mais des ancrages factuels de l'identité qui sont constamment niés par la terminologie de la normalisation.

Les récits témoignent également de la relation dialectique entre rupture et continuité, entre les courants d'expulsion physique et les efforts obstinés pour conserver la mémoire de la géographie d'origine. La violence, bien qu'omniprésente, n'épuise pas le cadre ; les récits soulignent également les actes de solidarité qui ont caractérisé l'expérience commune de la diaspora : la mémoire prothétique communautaire construite dans de petites pièces, les efforts coordonnés pour préserver la chaîne des noms à travers les frontières, la transmission du dialecte et des vêtements des grands-mères aux petites-filles.

En racontant à la fois le déracinement et la continuité, les témoignages offrent à l'historien le paradoxe de l'histoire comme blessure et architecture narrative. Les témoignages arabes enrichissent encore notre compréhension des conséquences socio-économiques et culturelles de la migration forcée. Ils exposent les obstacles profonds auxquels les réfugiés palestiniens ont été confrontés lorsqu'ils ont tenté de reconstruire leur vie dans des environnements étrangers, souvent confrontés à la pauvreté, à la discrimination systémique et à la marginalisation sociopolitique. Les récits révèlent une volonté communautaire de survivre et de s'adapter, les familles déplacées mobilisant leurs maigres ressources, créant des réseaux de soutien informels et insistant sur la poursuite des pratiques culturelles qui marquaient leur identité communautaire et familiale, même dans la diaspora.

Au-delà des souvenirs individuels, ces témoignages constituent une archive communautaire de la mémoire et de l'identité du peuple palestinien. Ils capturent le sentiment persistant de dépossession et le désir inextinguible de retour qui imprègne la mémoire palestinienne à travers les générations. Les récits évoquent un attachement indélébile à la patrie et expriment une demande inébranlable de justice et de restauration.

En ce sens, les témoignages dépassent le rôle de documents historiques objectifs ; ils expriment une chronique continue de l'endurance, de la résistance clandestine et d'un engagement inébranlable à retrouver sa dignité et à affirmer son droit à l'autodétermination. Les témoignages arabes remettent en question les cadres historiographiques existants en introduisant des récits rivaux qui résistent à la consolidation du passé en récits monolithiques.

En mettant en avant les souvenirs de ceux qui ont été profondément marqués par les bouleversements de 1948, ces témoignages obligent les historiens à reconsidérer les paradigmes dominants et à reconnaître les dimensions contradictoires et contingentes de l'exode palestinien. Ils insistent sur la reconnaissance scientifique d'un passé pluriel, dont l'interprétation doit intégrer les réalités vécues et variées qui caractérisent les déplacements violents et les contestations prolongées. En fin de compte, les témoignages arabes constituent un instrument indispensable pour appréhender les effets quotidiens de l'exode palestinien. Ils documentent l'endurance, l'angoisse et les projets d'avenir d'une société submergée par des forces qui dépassent son pouvoir d'action. Ce faisant, ces récits élargissent non seulement l'horizon analytique des événements de 1948, mais illustrent également l'efficacité durable de la documentation orale pour préserver la mémoire des personnes politiquement soumises et structurellement privées de pouvoir. Les témoignages des personnes qui ont fui l'exode palestinien tissent ensemble des rencontres personnelles distinctes, mettant en lumière les courants émotionnels qui sous-tendent cette rupture historique multiforme et politiquement chargée. Ceux qui ont subi cette rupture racontent la terreur, la désorientation et les choix déchirants qui ont marqué les derniers instants passés dans leurs maisons abandonnées. Les liens familiaux brisés, les géographies des quartiers redessinées et les routines quotidiennes irrémédiablement interrompues : ces traces viscérales persistent dans les discours des survivants.

Certains souvenirs évoquent des odyssées désespérées ponctuées de rafales de coups de feu et de rumeurs, d'autres décrivent les derniers instants passés à saisir un seul vêtement tandis que le reste des artefacts d'une vie entière glissaient dans le passé. Les sentiments exprimés dans ces fragments révèlent les cicatrices indélébiles que le déplacement inflige à la fois à l'individu et à la mémoire collective. Le témoignage de Khadija traduit avec force la panique et la peur qui ont envahi des villages entiers lorsque les familles ont été contraintes d'abandonner leurs maisons et leur passé. Ses souvenirs mettent en lumière le moment cruel où le poids de la tradition est remplacé par le poids d'une seule valise, illustrant comment le calendrier de la vie du village est soudainement et violemment effacé. De même, Ibrahim évoque les champs et les vergers qui faisaient partie intégrante de son identité, décrivant la douleur tenace de voir la terre que ses ancêtres avaient cultivée réduite à un souvenir vacillant. Ensemble, leurs récits dépouillent les abstractions de la politique et produisent un témoignage humain palpable du déracinement, rappelant à l'auditeur que chaque personne déplacée emporte avec elle un monde qui ne sera jamais reconstitué.

Documenter les départs : témoignages oculaires

Ces témoignages oculaires nous permettent de comprendre l'exode palestinien comme un processus complexe plutôt que comme un événement historique unique, nous obligeant à prendre en compte les coûts humains irrémédiables que les prismes réductionnistes simplificateurs omettent. Chaque voix transperce la diffusion des statistiques, redonnant vie à la perte comme une réalité vécue. Par conséquent, l'analyste est invité à reconnaître qu'au-delà des forces structurelles (stratégies militaires, manœuvres diplomatiques, cartes territoriales), les destins personnels ont supplanté l'enfance, la filiation et les liens ancestraux. Ces révélations interrogent la charte morale de l'historien, insistant sur le fait que la recherche scientifique doit être attentive aux résonances de la souffrance qui persistent longtemps après que les camps ont été vidés et les frontières redessinées.

Les récits nous obligent en outre à examiner les obligations mémorielles des colons et des voisins, en soutenant que la légitimité des revendications contemporaines, qu'elles concernent la terre ou le récit, doit engager la mémoire des vivants et des morts. Se détourner de ces récits revient donc à renoncer non seulement à la mémoire, mais aussi au devoir éthique de situer nos discours dans l'échelle granulaire et irréductible du sujet humain.

Les historiens qui tentent d'expliquer les causes de l'exode palestinien ont, comme on pouvait s'y attendre, fait de cette question un terrain d'essai pour des engagements méthodologiques et idéologiques concurrents. Le présent chapitre met en évidence les différents prismes scientifiques à travers lesquels le déplacement a été étudié, révélant les cavités dans lesquelles s'affrontent des passés construits opposés. Les divergences d'interprétation se sont accentuées à la fois sur les mouvements de population en 1947-1948, et sur les préoccupations politiques des chercheurs eux-mêmes.

Le camp qui affirme l'expulsion intentionnelle de la population palestinienne par les agences sionistes sélectionne des preuves de directives militaires, de rapports opérationnels et de violence systémique, soutenant que leur effet cumulatif a été de créer une majorité démographique juive sur un territoire dont les contours allaient être annoncés comme ceux d'un État sioniste. Les opposants à cette interprétation rejettent l'accent mis sur un tabou cohérent et descendant, reconstituant les mêmes preuves dans un récit qui met en avant la guerre civile, les processions militaires et les calculs ordinaires des communautés déplacées – la crainte d'un massacre, les rumeurs d'avancée des troupes et le désir d'anticiper l'oppression – induisant des départs volontaires, bien que tragiques. La confrontation entre chercheurs s'intensifie donc pour évaluer la contingence de la guerre par rapport aux preuves d'une politique préméditée. Auditeurs attentifs des documents primaires, les historiens des deux camps cataloguent, comparent et interrogent la provenance, le public et le parti pris inhérent à leurs sources.

L'intensité de cette impasse archivistique a suscité de nouvelles interprétations de documents officiels précédemment négligés dans lesquels, selon eux, les voix marginalisées et les témoignages dissidents pourraient encore s'intégrer dans le récit familier ou s'y opposer. De plus, l'étude des témoignages oraux reste indispensable, car ces récits valident les souvenirs de ceux qui ont subi les bouleversements. Les chercheurs doivent toutefois composer avec des articulations nationales concurrentes de l'exode, les historiens israéliens et palestiniens convergeant souvent sur le même événement mais aboutissant à des conclusions contradictoires, révélant ainsi comment le passé est souvent réfracté à travers divers prismes politiques. Cette controverse scientifique persistante invite à examiner de près les techniques disciplinaires utilisées par les historiens, ce qui conduit à une reconnaissance plus nuancée des incertitudes qui conditionnent l'exode palestinien. Par conséquent, une évaluation réfléchie des stratégies historiographiques élargit le débat critique et met en lumière les répercussions à long terme de l'exode sur la mémoire collective et l'identité politique.

Le statut de réfugié et ses conséquences : les dimensions humaines

Les répercussions de l'exode palestinien, ou al-Nakba, mettent en lumière les dimensions humaines durables du déplacement forcé. La fuite de plusieurs centaines de milliers de Palestiniens en 1948 a provoqué une catastrophe humanitaire immédiate et généralisée, dont les répercussions continuent de façonner la vie des réfugiés et de leurs descendants à l'heure actuelle. Au moment de leur fuite, les individus et les familles ont été confrontés non seulement à la perte soudaine de leur foyer, mais également au poids immédiat du deuil, de l'instabilité et de la lutte pour assurer leur subsistance. Cette analyse s'intéresse aux aspects émotionnels et psychologiques du statut de réfugié, allant au-delà du simple décompte quantitatif pour se concentrer sur la dimension humaine de la catastrophe. Elle examine l'effondrement des infrastructures sociales, le démantèlement des moyens de subsistance productifs et la fracture des réseaux familiaux et communautaires.

Contrairement à la gravité de la perte, l'article s'intéresse également aux modes d'endurance imaginatifs et ingénieux : les réfugiés vivant dans des tentes, d'anciennes places publiques et des nœuds de diaspora fragmentés ont, dans des conditions d'adversité persistante, su naviguer entre les impératifs économiques, éducatifs et culturels. Leur mémoire culturelle, exprimée à travers la langue, les rituels et l'éducation, émerge comme un contre-récit résilient à la crise de subsistance. L'article interroge en outre les dimensions du traumatisme générationnel et la recherche d'identité chez les descendants apatrides : la mémoire, le traumatisme et le souvenir culturel se transmettent à travers le fossé générationnel, façonnant les paysages psychologiques et les hiérarchies sociales.

Les blessures psychologiques persistantes et l'appauvrissement socio-économique prolongé soulignent ainsi les effets à long terme du statut de réfugié, étendant ses dimensions au-delà de la mémoire immédiate jusqu'à la structuration des vies futures. Cette section analyse plus en détail les fonctions remplies par l'aide humanitaire et les organismes transnationaux dans la réponse immédiate aux besoins de la cohorte de réfugiés palestiniens, tout en examinant les limites structurelles et les conséquences différées de ces actions. Elle examine également les efforts persistants des cadres réfugiés pour obtenir la reconnaissance institutionnelle de leurs droits et obtenir une justice réparatrice, soulignant ainsi la ténacité durable et l'action collective qui animent ces sociétés. En se concentrant sur les réalités vécues par les réfugiés, la discussion permet de mieux comprendre comment l'arc traumatique de la Nakba continue de façonner les conditions et les aspirations des réfugiés palestiniens.

Réactions internationales et politique britannique

L'exode palestinien de 1948 a suscité diverses réactions internationales qui ont remis en question la politique britannique dans toute la région. La fuite et l'expulsion de centaines de milliers de Palestiniens ont exercé des pressions humanitaires et politiques soudaines sur l'ordre mondial. Le rôle émergent des Nations unies, aux côtés des grandes capitales mondiales, a défini les réponses immédiates et a inscrit la tragédie qui se déroulait dans une histoire diplomatique controversée.

Après la Seconde Guerre mondiale, l'évolution de l'ordre mondial et l'intensification des tensions régionales ont posé des complications redoutables à Londres. Les responsables britanniques ont été confrontés aux revendications concurrentes des États arabes voisins, de l'entreprise de colonisation juive et de la population palestinienne elle-même, dans un contexte politique de plus en plus fragile. Au milieu de cette triangulation, l'administration britannique a fait l'objet d'un examen minutieux, provoquant un débat critique sur ses obligations morales et juridiques. Une évaluation du climat international contemporain et des réponses articulées à Londres permet de mieux comprendre les ramifications à long terme que cet événement unique de déplacement allait avoir sur la région et sur la politique mondiale ultérieure.

Revisiter les mythes établis : perspectives académiques

La réévaluation critique des récits bien ancrés dans la mémoire historique nécessite des analyses fondées sur des documents originaux et une confrontation rigoureuse des cadres explicatifs dominants. En ce qui concerne l'exode palestinien de 1948, les certitudes de longue date qui ont façonné à la fois les arguments académiques et les croyances sociétales plus larges ont désormais fait l'objet d'un réexamen approfondi, aboutissant à des conclusions qui compliquent et nuancent les interprétations simplistes. Les chercheurs ont catalogué une archive croissante de témoignages, d'ordres militaires et de registres statistiques qui documentent, dans les moindres détails, les processus de fuite et d'expulsion forcée, remettant ainsi en question le consensus qui homogénéisait auparavant le phénomène de dispersion.

Au cœur du débat se trouve le mythe selon lequel la fuite des Palestiniens pourrait être décrite, en termes moraux et causaux, comme un retrait volontaire ou le résultat d'une exhortation des dirigeants arabes. Des approches multidimensionnelles des preuves soulignent désormais que ces deux explications présumées occultent la simultanéité des impulsions et des pressions auxquelles ont été confrontées différentes localités. La violence imprévue, les bombardements aériens, l'évolution des ordres concernant l'évacuation des civils et le poids psychologique des rumeurs se sont combinés de manière inégale, l'effet cumulatif se manifestant par une migration forcée dans de nombreux villages et quartiers urbains.

L'analyse quantitative des populations de réfugiés, juxtaposée aux archives humanitaires contemporaines, confirme que l'ampleur des phénomènes de type expulsion a dépassé celle de la migration volontaire. Les historiens situent donc cet événement dans un continuum de pratiques coercitives plutôt que dans une dichotomie entre choix et influence, mettant ainsi en évidence les asymétries de pouvoir qui ont structuré les résultats individuels. Les travaux universitaires ont considérablement reconfiguré le paysage historiographique entourant l'exode palestinien, en interrogeant les données des recensements, les archives coloniales et les registres démographiques afin de produire des chiffres révisés qui dépassent les hypothèses antérieures concernant l'ampleur de la fuite.

En mettant en avant la perte de population à l'échelle de l'île et ses conséquences démographiques inégales, les chercheurs remettent en question la sous-estimation persistante de la rupture sociale qui a suivi et soulignent les biais méthodologiques qui ont obscurci les implications à long terme de l'exode. Cette réévaluation rigoureuse corrige les lacunes des archives et réaffirme la nécessité impérative de prendre en compte toute l'ampleur des souffrances humaines qu'a entraînées le déracinement. Parallèlement à la révision des repères quantitatifs, un nombre croissant de travaux ont désagrégé les dimensions temporelles et spatiales de l'expérience des réfugiés, retraçant la nature prolongée et fracturée de la fuite, de l'installation et de la réinstallation. L'accent mis sur les héritages cumulatifs met en évidence les crises récurrentes d'apatridie, la privation chronique des droits civiques et les négociations prolongées sur les demandes de restitution.

En cartographiant ces dimensions entremêlées, les chercheurs documentent la manière dont les trajectoires communautaires, familiales et individuelles de survie continuent de produire des urgences humanitaires qui s'étendent sur plusieurs générations, mettant ainsi en évidence la persistance de la condition de réfugié. Face à cette critique cumulative, l'historiographie rend obsolètes les simplifications antérieures qui présentaient l'Exode comme un épisode discret. Au contraire, elle préconise un pivot historiographique vers un cadre interprétatif qui synthétise la réforme quantitative et l'attention qualitative portée à l'expérience vécue. Un tel cadre rend justice à l'enracinement multiforme et à long terme des conséquences de l'Exode, offrant une perspective plus précise et plus éthique à travers laquelle interroger sa place dans les trajectoires plus larges de la dépossession coloniale et de la formation de l'État postcolonial.

Transition vers les batailles intellectuelles à venir

Alors que nous passons d'une remise en question des mythes bien ancrés à une anticipation des confrontations intellectuelles à venir, nous arrivons à un moment décisif dans l'historiographie de l'exode palestinien. La réévaluation en cours des événements marquants de l'exode lui-même a déjà donné lieu à un climat de contestation scientifique vigoureuse. Ces débats dépassent toutefois largement le cadre des salles de séminaire : leurs résultats sont susceptibles de reconfigurer les croyances populaires, d'influencer la politique gouvernementale et, à long terme, de contribuer aux efforts visant à une réconciliation authentique et juste. Ici, les superpositions complexes de points de vue divergents et de cultures probatoires divergentes doivent faire l'objet d'un examen soutenu, rigoureux et mutuel. Les débats à venir mettront en scène une confrontation entre des paradigmes historiographiques dont les adeptes revendiquent chacun le pouvoir d'interpréter le passé.

Dans ce contexte, les révisionnistes s'opposent aux paradigmes dominants en mobilisant des archives, des enregistrements audio et des témoignages oraux récemment accessibles, tout en récupérant des agents précédemment réduits au silence dans le cadre de l'exode. Ces chercheurs recherchent, en principe, une historiographie qui reconnaisse les multiples facettes sédimentées de la mémoire et un passé en constante évolution. La réussite de leur programme nécessite autant de remettre en cause les certitudes reçues que d'être prêt à tenir compte des résidus des traumatismes étatiques et communautaires qui constituent les archives. À l'inverse, les historiens conservateurs protègent farouchement les récits conventionnels, considérant que les remises en cause de ces récits déstabilisent l'identité nationale commune, l'unité sociale et la mémoire collective. L'opposition entre ces factions donne lieu à une succession de confrontations intellectuelles qui dépassent largement le cadre des séminaires universitaires. Ces mêmes confrontations migrent ensuite vers l'arène de la conscience publique. Les échanges savants, autrefois confinés aux pages des revues à comité de lecture, s'infiltrent dans les conversations quotidiennes et, plus important encore, dans la production d'histoires populaires.

C'est dans le contexte de l'évolution de l'opinion publique

et du conditionnement par les médias que les conséquences plus larges de la réinterprétation apparaissent. Les évaluations controversées des origines et des conséquences de l'exode palestinien migrent des notes de bas de page numériques vers les programmes scolaires, les débats parlementaires et le discours civique, démontrant la porosité de la frontière entre la vie universitaire et la vie sociale. Le passage à ces nouvelles escarmouches intellectuelles marque ainsi un tournant décisif dans la quête incessante de la vérité historique. Il oblige tous les participants à maintenir une critique disciplinée, à pratiquer un échange civilisé et à accueillir les positions antithétiques. Un tel changement est plus que rhétorique ; il s'agit d'une incursion audacieuse dans un espace archivistique et interprétatif jusqu'alors inexploré, où les certitudes vénérables sont soumises à un nouvel examen et où les orthodoxies établies doivent se justifier auprès d'une nouvelle génération d'analystes. Ce moment exige du courage intellectuel, de l'intégrité et de l'humilité, c'est-à-dire la reconnaissance que la recherche de la vérité est à la fois difficile et essentielle. Les luttes qui nous attendent pourraient encore révéler une histoire plus claire et plus partagée qui pourrait nous guider tous.

Références Pour en savoir plus

Core Monographs
   Morris, Benny - _1948: A History of the First Arab-Israeli War_ (Yale UP, 2008); _The Birth of the Palestinian Refugee Problem Revisited_ (Cambridge UP, 2003).

Still the most comprehensive archival reconstruction of military operations that produced mass displacement. Use the 2003 "Revisited" edition for revised casualty and expulsion figures.

Khalidi, Walid (ed.) – _All That Remains: The Palestinian Villages Occupied and Depopulated by Israel in 1948_ (Institute for Palestine Studies, 1992).
Encyclopedic gazetteer with maps, photographs, and oral snippets for every destroyed locality; indispensable for micro-level spatial analysis.

Pappé, Ilan – _The Ethnic Cleansing of Palestine_ (Oneworld, 2006).
Counter-narrative foregrounding Plan Dalet and early Zionist leadership minutes; engages in direct debate with Morris.

Masalha, Nur – _The Palestine Nakba: Decolonising History, Narrating the Subaltern, Reclaiming Memory_ (Zed, 2012); _Palestine: A Four Thousand Year History_ (Zed, 2018).
Theoretically frames the Nakba within settler-colonial studies and longue-durée Palestinian history.

Khalidi, Rashid – _The Hundred Years' War on Palestine: Settler-Colonialism and Resistance, 1917-2017_ (Metropolitan, 2020).
Situates 1948 inside a century of imperial policy and Palestinian political agency.

Regional & Local Studies

Nazzal, Nafez – _The Palestinian Exodus from Galilee, 1948_ (Institute for Palestine Studies, 1978).
Early oral-history collection documenting flight patterns from the northern front.

Manna, Adel – _Nakba and Survival: The Story of Palestinians Who Remained in Haifa and the Galilee, 1948-1956_ (UC Press, 2022).
Focuses on those who avoided expulsion yet faced martial law and property expropriation.

Kadman, Noga – _Erased from Space and Consciousness: Israel and the Depopulated Palestinian Villages of 1948_ (Indiana UP, 2015).
Examines how place-names, maps, and Israeli textbooks erased former Arab localities.

Memory, Testimony, and Narrative Politics
Abu-Lughod, Lila & Sa'di, Ahmad H. (eds.) – _Nakba: Palestine, 1948, and the Claims of Memory_ (Columbia UP, 2007).
Interdisciplinary essays on trauma, commemoration, and competing historiographies.

Lentin, Ronit – _Co-memory and Melancholia: Israelis Memorialising the Palestinian Nakba_ (Manchester UP, 2010).
Analyses how Israeli NGOs and artists contest official amnesia.

Sayigh, Rosemary – _Palestinians: From Peasants to Revolutionaries_ (Zed, 2023).

Life histories collected in refugee camps that foreground gendered and generational memory.

Davis, Rochelle – _Palestinian Village Histories: Geographies of the Displaced_ (Stanford UP, 2011).
Tracks how refugees narrate lost villages through family manuscripts, embroidery, and social media.

Document Collections & Primary Sources
Karmi, Ghada & Cotran, Eugene (eds.) – _The Palestinian Exodus, 1948-1998_ (Ithaca, 1999).
Conference volume pairing UN, British, and Haganah cables with refugee testimonies.

Flapan, Simha – "The Palestinian Exodus of 1948," _Journal of Palestine Studies_ 16:4 (1987), 3-26.
Early synthesis declassified Israeli and Western diplomatic archives.

Government of Palestine – _A Survey of Palestine, 1945-46_ (reprinted by Institute for Palestine Studies).
Mandate-era socioeconomic data essential for pre-1948 demographic baselines.

Historiographical & Methodological Debates
Partner, Nancy – "The Linguistic Turn along Post-Postmodern Borders," _New Literary History_ 39:4 (2008), 823-845.
Dissects how language, narrative framing, and genre affect Israeli vs Palestinian historiography.

Confino, Alon – "The Nakba and the Zionist Dream

of an Ethnonational State," _History Workshop Journal_ 95 (2023), 131-153.

Uses comparative genocide and memory studies to reassess "ethnic cleansing" debates.

Weintraub, Roy & Gibson, Lindsay – "The Nakba in Israeli History Education," _Theory & Research in Social Education_ 53 (2024), 90-121.

Classroom ethnography showing how curricular choices reproduce or contest dominant myths.

International & Legal Dimensions
Rogan, Eugene – _The Arabs: A History_ (Penguin, 2012).

Chapter on 1948 integrates British Foreign Office and Arab League minutes.

Auron, Yair – _The Holocaust, Rebirth, and the Nakba: Memory and Contemporary Israeli–Arab Relations_ (Lexington, 2017).

Comparative study of trauma politics and competing victimhood narratives.

Supplementary Digital & Archival Resources
Palestine Remembered (https://www.palestineremembered.com): Interactive atlas of pre-1948 localities, refugee testimonies, and scanned Mandate maps.

UNISPAL (https://unispal.un.org): Full searchable database of every UN document on Palestine, 1917-present.

Zochrot (https://www.zochrot.org): Israeli NGO archives of "Nakba tours," filmed survivor interviews, and bilingual maps for field visits.

9
Violente réaction
Batailles intellectuelles et débat public

Réaction immédiate : la réponse des milieux universitaires

À la suite des premières publications des nouveaux historiens, les milieux universitaires israéliens et internationaux sont entrés dans une phase de transition extraordinaire, marquée simultanément par une évaluation enthousiaste et une critique animée. Les réactions nationales étaient empreintes à la fois de prudence et de curiosité ; les historiens empiristes débattaient de la valeur probante des nouveaux documents archivés, tandis que les historiens politiques s'inquiétaient ouvertement des précédents qui pourraient obliger à reconsidérer la légitimité de la création de l'État. Les alliés et les détracteurs des nouveaux historiens ont utilisé les revues comme des tribunes pour disséquer la méthodologie : les discussions sur l'échantillonnage, les lacunes des archives et la politisation de la mémoire ont été abordées lors de symposiums organisés par des institutions telles que l'Université hébraïque et l'Institut de recherche Ben Gourion.

Les commentateurs internationaux, attentifs à l'intersection entre l'historiographie et les politiques publiques, ont reconnu dans les Nouveaux historiens un pivot méthodologique qui invitait à réinventer le canon scientifique. Les revues spécialisées en politique comparée et en études de la mémoire ont qualifié ces monographies d'études ponctuelles tant en sociologie du traumatisme qu'en politique de l'historiographie. Certains observateurs ont salué ces monographies comme des gestes préliminaires vers une empathie transhistorique ; d'autres ont fait valoir, avec inquiétude, que le réalignement des preuves risquait d'effacer les récits antérieurs, politiquement sensibles, de la résistance des minorités. À travers les continents, les membres de la discipline ont affirmé un paradoxe : l'audition historiographique inaugurée par les nouveaux historiens représentait autant une avancée intellectuelle qu'un pari continu sur l'ouverture du discours politico-mémoriel israélien et palestinien.

Au cours de cette controverse sur les interprétations, les médias sont apparus comme un acteur crucial dans la configuration des attitudes du public à l'égard des enquêtes des nouveaux historiens. La couverture médiatique oscillait entre une célébration passionnée et un rejet cinglant, témoignant du caractère controversé des récits révisés. Des titres accrocheurs rivalisaient pour dominer les critiques méthodologiques sérieuses, compliquant ainsi un débat public déjà tendu. La capacité du cadrage journalistique à déterminer les enjeux du débat est devenue évidente, les études multidimensionnelles des nouveaux historiens étant réduites à des citations percutantes et à des tropes digestibles, occultant les subtilités méthodologiques et, parfois, renforçant des interprétations erronées.

La réception scientifique qui a suivi a, à son tour, fourni un microcosme révélateur du paysage historiographique. Les réactions aux nouveaux historiens ont révélé un large éventail de positions intellectuelles : certaines sympathiques, d'autres méprisantes, d'autres encore calibrées pour inviter à un réexamen des bases factuelles et des constructions théoriques. Les répercussions de ces échanges ont donc été manifestement tant universitaires que publiques : les préoccupations des historiens ont rapidement été inscrites dans des débats civiques plus larges, recalibrant la manière dont le passé était mémorisé et raconté en dehors des salles de cours.

Perceptions publiques et représentations médiatiques

La diffusion des contributions scientifiques des nouveaux historiens a provoqué une réaction publique immédiate et hétérogène. Différents secteurs des médias ont adopté des stratégies de reportage divergentes concernant les révisions historiographiques, sculptant ainsi des interprétations publiques concurrentes du conflit. La diffusion de ces récits reconstitués a suscité d'importantes répercussions intellectuelles et émotionnelles dans les circonscriptions électorales tant à l'intérieur qu'à l'extérieur d'Israël. Alors que certains groupes ont accueilli favorablement la reconstruction de récits précédemment canonisés, d'autres ont catégoriquement rejeté les contre-récits.

Les médias ont joué un rôle crucial dans la diffusion de ces voix opposées, reflétant et amplifiant ainsi les tensions complexes inhérentes au conflit israélo-palestinien. Les représentations des nouveaux historiens et de leurs entreprises divergeaient fortement, renforçant ainsi les récits contradictoires et aggravant les polarités sociétales préexistantes. La presse mondiale a encore accentué l'urgence transnationale de la recherche historiographique dans des contextes politiquement chargés. Les possibilités offertes par les plateformes de médias sociaux ont accéléré la diffusion et l'examen de ces discussions, permettant aux évaluations publiques d'évoluer presque simultanément avec la production scientifique elle-même. Les forums numériques, les fils de discussion et les interventions éditoriales ont permis une participation active aux débats historiographiques, recalibrant la conscience publique concernant ce conflit persistant.

De plus, les représentations du conflit et de son historiographie dans la littérature, le cinéma et les arts visuels constituent un facteur décisif dans la formation des attitudes publiques. Ces domaines ont offert au public d'autres moyens d'aborder les révisions historiographiques, recalibrant ainsi non seulement la compréhension populaire, mais également les entreprises discursives et esthétiques dans les domaines culturels. Les représentations polyphoniques et souvent contradictoires qui en ont résulté ont souligné la nécessité d'un engagement réflexif avec les récits historiques et leur influence durable sur la constitution de la mémoire collective. En fin de compte, la diffusion des conclusions des nouveaux historiens dans divers médias a non seulement orienté l'opinion publique, mais a également rendu lisibles les fractures et les loyautés insolubles de la société israélienne et des spectateurs de la diaspora qui reçoivent ses images, les uns pour les autres et pour eux-mêmes.

Critiques gouvernementales et tensions politiques

Suite à l'émergence des nouveaux historiens et à leurs récits provocateurs du passé, l'État israélien a été confronté à un défi d'une intensité inhabituelle. Ces récits révisionnistes, qui s'opposaient au récit commémoratif officiel, ont perturbé l'ordre symbolique que le gouvernement considérait comme essentiel à la compréhension de soi d'Israël. L'inquiétude a envahi les arènes électorales et ministérielles, les débats coïncidant avec des votes nationaux imminents. Les critiques des représentants de l'État ne visaient pas seulement à invalider les affirmations empiriques, mais aussi à renforcer le cadre historique traditionnel qui constituait depuis longtemps la religion civique de l'État. Ces efforts ont intensifié les discordes au sein des partis et entre eux, les camps idéologiques et doctrinaux se ralliant pour défendre des reconstructions mutuellement exclusives. La stratégie du cabinet et de ses agences était à plusieurs niveaux, mélangeant dénonciations frontales et interventions licites et tacites destinées à éroder la position des nouveaux historiens.

Des communiqués de presse, des rapports et des directives pédagogiques ont déclaré que les thèses révisées étaient spéculatives et partisanes, tout en réaffirmant le canon d'une naissance héroïque et défensive de l'État comme seul récit véridique. L'appareil autoritaire, bénéficiant d'un accès aux ressources, aux équipements et aux forums publics, rivalisait avec les universitaires qui recherchaient l'autonomie sur le terrain de la discipline. Ainsi, une lutte asymétrique s'est engagée, les deux camps manœuvrant pour cultiver l'allégeance du public et le parrainage non gouvernemental externe. Le différend ne s'est jamais limité à la sphère publique nationale.

Alors que les diplomates israéliens étaient confrontés à une communauté internationale sceptique, les conclusions des nouveaux historiens étaient régulièrement présentées comme la preuve d'une politique modérée et autocritique et invoquées pour réfuter les accusations unilatérales d'expansionnisme impénitent. L'interaction entre l'historiographie et la diplomatie, encadrée par les impératifs de légitimité, a ainsi acquis une importance instructive tant dans l'étude de l'art de gouverner que dans la sociologie de la connaissance. Confrontée à la prolifération mondiale d'arguments historiographiques controversés, l'administration israélienne s'est efforcée de limiter les dommages diplomatiques potentiels sans s'aliéner les partisans nationaux de plus en plus virulents d'interprétations rivales. La nécessité de maintenir des partenariats stratégiques vitaux tout en naviguant dans la controverse houleuse sur le passé de la nation a exercé une pression extraordinaire sur les décideurs politiques.

Dans ce contexte précaire, le conflit persistant sur la représentation historique a été élevé au rang d'art de gouverner, façonnant le discours des élites et imprégnant les communautés locales. Chaque faction en lice a politisé sa lecture du passé, transformant le débat historiographique en un substitut à la rivalité partisane contemporaine. Paradoxalement, la polarisation même générée par la lutte pour la mémoire a révélé une confrontation collective plus profonde avec l'héritage inachevé de la formation d'Israël et ses conséquences durables pour l'avenir national et régional.

Le rôle des universitaires et des institutions internationales

L'influence des nouveaux historiens s'est étendue bien au-delà des frontières d'Israël et de la Palestine, provoquant des remous dans les universités et les think tanks du monde entier qui étudient la région. Leur relecture radicale de l'historiographie du conflit israélo-palestinien a déclenché une série de projets comparatifs et de séminaires dans les grands centres universitaires, de Berkeley à Berlin. Les preuves polémiques et la chronologie révisée avancées par ces chercheurs invitent continuellement à la réflexion, incitant les chercheurs étrangers de haut niveau à examiner les conséquences épistémologiques et éthiques des innovations méthodologiques des nouveaux historiens.

Les grandes universités, les instituts de recherche indépendants et les centres axés sur les politiques sont ainsi devenus le creuset d'un débat transcontinental soutenu. Coordonnées par des professeurs et des chercheurs invités, une série d'ateliers, de colloques et de symposiums internationaux a encouragé des spécialistes en archivistique, en études postcoloniales et en droit international à examiner ces nouveaux documents et à réfléchir à leurs ramifications pour les processus de paix et la politique mémorielle. En conséquence, la communauté scientifique internationale a joué un rôle proactif dans la cartographie du terrain historiographique, élevant ainsi l'étude de la mémoire du conflit au rang de préoccupation centrale de l'analyse sociale contemporaine.

Des chercheurs issus de régions et de traditions très diverses s'intéressent de plus en plus au tissu historiographique tissé par les nouveaux historiens, intégrant leur expertise empirique aux archives et aux techniques de terrain locales. Ces échanges universitaires transfrontaliers, encadrés à la fois par des sociétés professionnelles et des séminaires exploratoires sur le terrain, génèrent un corpus dynamique qui refuse de se limiter à des enclaves disciplinaires ou géographiques. Le dialogue entre la recherche locale et les cadres comparatifs globaux donne lieu à des affinements qui remettent en question et reconfigurent les schémas historiques dominants, entraînant une réorientation fondamentale de l'historiographie générale du Levant. La portée de cette synthèse scientifique ne se limite toutefois pas à la salle de séminaire ou aux archives.

Les résultats de la recherche ont commencé à être intégrés dans les programmes de formation diplomatique, les projets d'histoire publique et les discussions sur les politiques, remettant en question des présupposés historiographiques jusqu'alors non examinés qui sous-tendent tant les conflits que les négociations. Il en résulte un recadrage progressif, mais perceptible des repères symboliques, tant au sein des communautés en conflit qu'auprès des parties prenantes externes. Une telle dispersion de la recherche universitaire démontre l'efficacité continue d'une recherche historique rigoureuse en tant que catalyseur du dialogue soutenu et de la résolution des conflits, nourrissant ainsi la perspective d'une mémoire collective plus critique, plus consciente d'elle-même et plus participative.

Divisions intellectuelles au sein de la société israélienne

Des divisions intellectuelles sont apparues dans toute la société israélienne, les confrontations entre des récits historiques divergents accentuant les lignes de fracture communautaires. Le débat animé oppose les chroniques longtemps chéries de l'émergence nationale aux interrogations troublantes lancées par les soi-disant nouveaux historiens. Un examen introverti des archives, des témoignages oraux et des documents jusqu'alors inutilisés, a remis en question les explications reçues sur la guerre de 1948, les conséquences de l'occupation de 1967 et le silence occasionnel de la mémoire nationale. À mesure que la controverse s'est étendue au-delà des salles de séminaire et des archives, elle a fini par dicter la grammaire du débat populaire, des propositions législatives et des conversations quotidiennes, exposant les failles de la mémoire collective israélienne.

La formation de camps respectifs marque ce domaine public et universitaire enchevêtré. Un camp chérit la saga héroïque du sacrifice et du triomphe improbable, s'articulant autour de l'héritage rhétorique des fondateurs et du canon disciplinaire initial ; l'autre, animé par les canons disciplinaires forgés au cours des années 1980 et 1990, préconise un examen franc de la violence, de la dépossession et des voix réduites au silence. Les répliques chargées de preuves se transforment inévitablement en une guerre de tranchées rhétorique, chaque camp renforçant sa citadelle avec des fortifications sociales, savantes et populaires. Les universités, les musées, les associations d'anciens combattants et même les kibboutzim sont devenus des arènes de confrontation diagnostique. En conséquence, la confiance s'érode, les alliances se recalibrent et la confiance du public dans un passé commun se fracture en souvenirs multiples, contestés et émotionnellement enchevêtrés. Les fractures savantes reflètent ainsi des fissures sociétales plus larges, transférant les tensions accrues de la sphère publique vers le domaine intellectuel, où elles compactent les anciennes lignes de fracture culturelles en un nouveau débat académique.

Les répercussions dépassent les portes de l'université, façonnant à leur tour les loyautés partisanes, les identifications culturelles et les affiliations quotidiennes. Les historiographies concurrentes fonctionnent désormais comme des biomarqueurs idéologiques, cristallisant la fracture plus large sur l'identité nationale et attestant de la difficulté de construire l'unité à partir des sédiments du dissensus historique. L'engagement dans ces fractures oblige les sujets à revisiter le terrain de leur conscience historique et les allégeances partisanes qui la façonnent. Lorsque plusieurs historiographies cohabitent dans un même texte, il devient nécessaire de remettre en question des convictions autrefois incontestées, ce qui a pour conséquence de dissoudre les certitudes établies en un doute productif. Pour beaucoup, il en résulte un dialogue intérieur persistant et inquiétant, dans lequel la lassitude des connaissances acquises est remplacée par le travail de reconstruction de la mémoire.

Les fractures posent ainsi un défi pédagogique plus large : celui de concevoir un récit commun qui n'efface pas, mais gère plutôt la coexistence de vérités incommensurables. La réponse des universitaires doit désormais passer de la désagrégation au dialogue, et de la polémique à la délibération, si l'on veut qu'un espace discursif commun soit habité par des communautés qui ont longtemps répété le même passé dans des registres mutuellement exclusifs. Ce n'est que par un échange soutenu et réciproque que les fractures peuvent être recadrées comme des lieux de guérison collective plutôt que comme des frontières cimentées d'éloignement permanent.

Après les découvertes faites par les nouveaux historiens, les débats publics en Israël se sont cristallisés en lieux décisifs où des mémoires concurrentes réforment la substance de la conscience nationale. Des perspectives révisées, autrefois confinées à la marge du monde universitaire, confrontent désormais des mémoires jusque-là incontestées, révélant et intensifiant ainsi les fissures qui traversent l'identité collective. Ces débats dépassent largement les amphithéâtres universitaires pour s'ancrer dans les discussions quotidiennes, les préférences électorales et les variations du sentiment national.

Au milieu des changements topographiques de la communication de masse, le récit des moments critiques – notamment les événements de 1948 et l'exode des Palestiniens – est devenu presque scandaleux. Chaque récitation ébranle les convictions héritées et suscite des réactions fortes, souvent viscérales. Twitter, Facebook et les cabarets télévisés servent désormais de place publique, où les contre-récits s'affrontent non seulement pour remporter une victoire rhétorique, mais encore pour obtenir le pouvoir de constituer un récit accepté à l'échelle nationale.

Dans ce contexte critique, les débats ne se contentent pas de refléter les fractures idéologiques d'Israël ; ils sont formateurs et exercent une influence décisive sur les trajectoires de la mémoire et de la politique que la nation poursuivra. De plus, les ramifications de ces controverses publiques rayonnent au-delà des frontières de la nation, recalibrant les représentations internationales et les calculs diplomatiques. La lutte autour des récits historiques est indissociable de la position mondiale d'Israël, influençant la loyauté diplomatique et façonnant le discours multilatéral. Lorsque les interprétations du passé changent, l'influence du pays sur la scène mondiale change également.

Les débats dans l'arène publique deviennent ainsi le principal terrain sur lequel les revendications de légitimité nationale et internationale sont contestées et évaluées. Plus fondamentalement, les controverses publiques fonctionnent comme des creusets dans lesquels la mémoire collective de la communauté politique est refaite. Elles déterminent quels épisodes entrent dans le canon mémoriel et lesquels en sont écartés. À mesure que des récits concurrents sont affirmés, recalibrés ou rejetés, les contours de l'identité nationale sont redessinés et les impératifs moraux qui régissent la conduite sociale sont redéfinis.

Ces débats dépassent donc le domaine du discours savant et deviennent des actes décisifs de mémoire et d'intention. Ils résument les efforts constants visant à concilier des témoignages incompatibles, à réparer des fractures de longue date et à tracer une voie cohérente pour l'avenir. Les ramifications de ces échanges ont la capacité de modifier la conception axiomatique que la communauté politique a d'elle-même, faisant de ces débats le théâtre décisif de la formation de l'image éthique et politique qu'Israël a de lui-même.

Conséquences pour les politiques publiques et les établissements d'enseignement

L'influence des récits historiques émergents sur les politiques publiques et les structures éducatives est profonde et inévitable. Une fois que ces nouvelles interprétations des événements passés sont largement adoptées, elles remettent directement en question les politiques et les programmes scolaires qui reposaient depuis des décennies sur des versions acceptées de l'histoire. Les processus de révision et de réévaluation qui en résultent obligent les législateurs et les éducateurs à aborder des sujets difficiles et souvent controversés avec une prudence et une rigueur intellectuelle renouvelées. Au niveau politique, la multiplication des interprétations concurrentes a déclenché un débat public et institutionnel soutenu.

Les décideurs doivent désormais relever le défi d'harmoniser ces différents récits tout en élaborant des politiques fidèles aux documents plus complets, souvent plus ambigus, présentés par les nouvelles recherches universitaires. Ces délibérations ont encouragé les législateurs à reconsidérer le cadrage de questions autrefois considérées comme réglées et ont compliqué la négociation de traités, de réparations et de mesures commémoratives. La prise de conscience accrue des subtilités de l'histoire entraîne des réajustements mesurables tant dans la posture diplomatique que dans la pratique législative, avec des conséquences qui s'étendent à la formation d'alliances régionales, à la séquence des aides et à la gestion des griefs transnationaux.

Les bouleversements historiographiques contemporains ont également transformé les systèmes éducatifs de manière significative, bien que souvent sous-estimée. Pendant des décennies, les programmes scolaires, les guides pédagogiques et les manuels scolaires ont transmis une historiographie qui reproduisait souvent les interprétations dominantes approuvées par l'État.

Cependant, l'émergence et la circulation de courants historiographiques concurrents obligent désormais les autorités pédagogiques à remettre en question et à reformuler ces ressources établies. L'intégration délibérée de récits divergents incite non seulement les pédagogues à réévaluer la continuité pédagogique, mais invite également les apprenants à se confronter à des perspectives plurielles, affinant ainsi leur capacité à évaluer les éléments causaux et contingents qui sous-tendent des trajectoires historiques complexes. L'intégration pédagogique de ces contre-récits engendre en outre des dispositions réflexives et empathiques chez les élèves.

Confrontés à des interprétations contradictoires, les apprenants acquièrent les facultés analytiques nécessaires pour discerner le poids relatif des preuves et juger de la plausibilité des affirmations concurrentes. Une telle pratique éducative élargit à la fois les frontières intellectuelles et les attentes civiques, créant des salles de classe qui privilégient la recherche plutôt que le consensus et qui modèlent l'ouverture d'esprit requise dans les sociétés pluralistes. Ainsi, l'influence des cadres historiographiques révisés sur la législation et la pratique éducatives dépasse la simple transmission d'informations factuelles. Elle reconfigure le terrain argumentatif de la délibération publique et reconstitue progressivement les environnements institutionnels et discursifs même dans lesquels circule la connaissance historique. Ce faisant, elle forme une population de citoyens perspicaces et empathiques, capables de reconnaître et d'aborder de manière constructive les complexités insolubles que l'histoire présente de manière irrévocable.

Histoires vécues : récits personnels au cœur des controverses

Les récits personnels qui émergent au milieu de controverses historiques aiguës méritent d'être étudiés avec attention, car ils révèlent des dimensions de l'expérience humaine souvent occultées dans le discours public. Dans le conflit israélo-palestinien, l'une des chroniques les plus polarisantes de notre époque, les personnes qui vivent les événements traduisent les rumeurs, les traumatismes et les aspirations en témoignages. Ces voix transcendent l'acrimonie partisane, exposant les lacunes et les zones d'ombre que les analyses catégoriques obscurcissent souvent. L'action humaine, la fragilité et le désir sont ainsi mis en avant, permettant aux historiens et aux observateurs d'appréhender le conflit non seulement comme une série de politiques et de victimes, mais également comme une mosaïque de récits vivants et contestés. Depuis l'intérieur des territoires contestés et au-delà, les narrateurs racontent ce qu'ils ont vécu, vu ou hérité.

Les survivants des bombardements, les habitants des enclaves assiégées et les réfugiés en exil composent un témoignage polyphonique. Leurs récits, souvent complétés par des photographies usées ou des générations de pratique orale, portent le poids d'une mémoire émotionnelle aiguë et d'un engagement civique. Les syllabes tremblent lorsqu'ils décrivent les enfants perdus, les maisons démolies ou les protections refusées, mais ces mêmes voix manifestent avec résilience un désir obstiné de dialogue. Dans cette dualité – entre dévastation et persévérance – l'échelle humaine du conflit apparaît littéralement, rappelant aux analystes et aux décideurs politiques que les déclarations de droit ou de stratégie sont entendues et ressenties dans le cadre de l'intimité quotidienne.

Ces récits individuels contribuent ainsi de manière décisive à la mémoire collective qui façonne la manière dont les sociétés se souviennent collectivement de leur passé et transmettent ces souvenirs à travers le temps. Imprégnés de la cadence de la tradition orale, ils maintiennent vivants les souvenirs des injustices historiques, rappelant aux individus et aux communautés que les conséquences de ces injustices restent palpables. En même temps, les récits deviennent des vecteurs d'empathie, permettant la rencontre entre des perspectives historiques divergentes qui, autrement, resteraient inconciliables.

Dans les situations de réparation comme dans celles de contestation, ces témoignages contredisent directement les stéréotypes et les récits réducteurs. Ils bouleversent avec force l'habitude d'interpréter le passé à travers des œillères mono-causales en humanisant la figure communément considérée comme « autre » et en mettant à nu les rêves communs de dignité, de sécurité et d'appartenance qui transcendent les divisions ethniques, religieuses et nationales.

L'invitation à être témoins des espoirs humains fondamentaux les uns des autres incite ainsi à une remise en question critique et soutenue des préjugés jusque-là non examinés et favorise un climat plus propice au dialogue et, à terme, au projet fragile, mais nécessaire de réconciliation. Nous devons reconnaître et respecter ces témoignages issus de la base, conscients du courage et de l'exposition nécessaires pour révéler des expériences aussi intimes. Leur importance transcende la voix solitaire ; ils révèlent la lutte commune pour la vérité, la justice et la guérison qui suit toute rupture historique grave. Au cours de notre confrontation avec le paysage complexe de la compréhension historique, ces récits vécus deviennent des phares essentiels, redirigeant constamment notre attention vers l'esprit humain immuable qui survit au milieu des discours concurrents.

Le rôle des arts et de la littérature dans le reflet des conflits

L'art et la littérature ont toujours été des vecteurs essentiels pour articuler et refléter les fractures au sein des sociétés, y compris celles qui sont inextricablement tissées dans la trame de la mémoire historique. Dans le conflit israélo-palestinien, les domaines créatifs se sont révélés particulièrement évocateurs, offrant un espace où les individus sont confrontés au tumulte des loyautés et des traumatismes conflictuels, et où les collectifs sont poussés à accepter des certitudes inconfortables. Les secteurs artistiques et littéraires ont ainsi joué un rôle crucial dans la resubjectivation de ceux dont la vie est autrement consumée par le conflit, éclipsant la segmentation politique dans la quête d'empathie et de compréhension mutuelle. La poésie, les arts visuels, la musique et la prose ont chacun fonctionné comme une mission artistique à travers laquelle les effets déchirants du conflit sont enregistrés dans la matière corporelle et émotionnelle des vies vécues.

Les créateurs ont cartographié les souffrances personnelles et les blessures collectives dans le même souffle, produisant des témoignages texturés qui bouleversent les formations discursives dominantes et invitent à une pause réflexive. En s'intéressant aux dimensions corporelles et psychiques intimes, ces œuvres fournissent un contre-appareil permettant d'appréhender les subtilités du conflit, obligeant les observateurs à prendre en compte les contingences que le discours politique occulte régulièrement.

La fiction en prose, en particulier, a cultivé un domaine

littéraire où les auteurs assemblent des vies finement tissées qui sont conservées au cœur du conflit. Ce faisant, ils élucident la texture multivalente de l'existence assiégée, où les aspirations quotidiennes et les logiques politiques plus larges fusionnent et s'affrontent, invitant les lecteurs à contempler l'assemblage précaire d'espoir et de perte auquel toute résolution durable doit finalement faire face. Que ce soit dans les romans, les récits autobiographiques ou les vers, la littérature possède le pouvoir d'inscrire le coût humain de la guerre dans des phrases indélébiles qui survivent aux chiffres sans vie des listes de victimes ou au langage aride des traités. Des narrateurs habiles tissent des phrases qui mettent en avant des témoins autrefois marginalisés, offrant aux lecteurs le rare privilège d'assister aux tremblements privés que la calamité politique amplifie à l'échelle de l'histoire. Ce faisant, ils refusent la consolation de l'abstraction, exigeant que l'empathie se mesure au cœur qui bat. Parallèlement, les arts visuels insistent, souvent avec un silence plus fort que les arguments, pour que le corps politique soit représenté dans le corps de la personne. Pinceaux, ciseaux et objectifs traduisent les barricades, l'exil et la peau exposée en pigments, argile et lumière, sondant le territoire où le courage et la fragilité s'affrontent. Les toiles, installations et photographies qui en résultent refusent les interprétations schématiques, encadrant plutôt le paradoxe de la survie – son coût et son éclat obstiné – en demandant aux spectateurs de localiser leurs propres visages méconnus dans la faim, la fuite ou le deuil. Au-delà de la galerie et de la page imprimée, le son s'élève, perforant les frontières tracées par les diplomates.

Des lamentations traditionnelles, des symphonies nouvellement composées et des hymnes routiers épurés font circuler les souvenirs d'enfants disparus et d'avenirs inachevés, cousant des âmes disparates en une seule archive tremblante. Le refrain d'un musicien itinérant sur une place poussiéreuse ou l'ascension chorale d'un chœur d'enfants exilés ne se traduisent pas en propositions ; ils vibrent sous le langage, nommant une allégeance indéfectible à la fois à la terre que l'on fuit et aux futurs poreux dont on rêve encore. Les mélodies ont été les témoins de l'exil des déracinés et des espoirs tremblants des réconciliés, traversant les frontières et sensibilisant les auditeurs aux réalités fragiles qui palpitent sous le long silence politique. Les arts et la littérature restent donc des lieux essentiels de confrontation avec les conflits, invitant à la réflexion, cultivant l'empathie et, dans le meilleur des cas, incitant le sol impatient de la justice à céder au changement. En diffusant des points de vue en dehors de la forteresse de l'orthodoxie, en mettant en avant des discours marginalisés, en cultivant un calme partagé et somatique chez le public, ces pratiques peuvent dissoudre les barrières émotionnelles qui séparent obstinément les identités rivales. De la même manière, lorsque l'on retrace les engagements interdisciplinaires dans le conflit israélo-palestinien, il apparaît clairement que les producteurs culturels ne se contentent pas d'embellir la lutte ; ils façonnent activement les sédiments de la mémoire et du désir, recadrant la confrontation sans fin à travers des images, des sons et des récits qui refusent de laisser la douleur ou l'espoir rester muets.

Aller de l'avant : la réconciliation par la compréhension

De la récente vague de recherches conflictuelles et de débats publics passionnés émerge la possibilité fragile, mais prometteuse, d'une réconciliation fondée sur la compréhension. À ce moment décisif, la culture de l'empathie et de la compassion s'impose comme une pratique indispensable, capable de pénétrer les récits endurcis qui nourrissent l'hostilité et l'éloignement. Une réconciliation authentique oblige donc toutes les parties concernées à entreprendre une quête réciproque de compréhension, dans laquelle l'influence complexe et continue des expériences passées sur la mémoire collective est ouvertement reconnue.

La clé de cet effort réside dans la reconnaissance disciplinée de perspectives plurielles, qui permet un questionnement approfondi des récits conflictuels qui ont donné lieu à des griefs réciproques. Lorsque les participants engagent un dialogue qui honore intentionnellement les subtilités et les contradictions des interprétations rivales, ils créent un espace commun dans lequel la compréhension mutuelle peut s'enraciner. Un tel engagement nécessite des habitudes disciplinées : une écoute attentive, une volonté d'accepter des propositions précédemment rejetées et une détermination inébranlable à abandonner les préjugés hérités au profit d'un avenir reconstruit.

Une réconciliation fondée sur la compréhension nécessite un réexamen délibéré et systématique des systèmes éducatifs et des débats publics, en insistant sur l'intégration de récits historiques variés et le développement de capacités d'analyse critique. Lorsque les programmes scolaires sont repensés pour donner la priorité à la recherche historique et à la rigueur disciplinaire, les apprenants contemporains sont équipés pour saisir la causalité complexe des événements controversés ; cette réussite réduit à son tour l'attrait des récits unilatéraux et favorise une considération bienveillante pour les différents points de vue. Les arts et la littérature complètent cet impératif éducatif en jouant le rôle de médiateurs persuasifs dans le processus de réconciliation. Les œuvres dramatiques, la culture visuelle, la poésie et la fiction représentent les émotions intimes, souvent contradictoires, suscitées par les conflits, invitant le public à se mettre à la place de ceux qui ont souffert.

Grâce à cette transposition imaginative, les communautés peuvent comprendre la dimension commune, même si elle s'exprime de manière conflictuelle, de l'humanité, même en période de violence. Enfin, la réconciliation qui repose sur la compréhension exige un engagement soutenu à la fois pour se souvenir des injustices et pour imaginer ensemble un avenir marqué par le respect mutuel. En reconnaissant les faits des violations passées et en cartographiant l'héritage qu'elles laissent derrière elles, les sociétés engagent un processus de restauration ; un tel processus, lorsqu'il est mené avec transparence et compassion, encourage une paix durable et une solidarité indéfectible. Pour aller de l'avant, il faut s'engager sans relâche à cultiver des liens empathiques qui transcendent le poids des injustices passées tout en exploitant la force génératrice de la compréhension mutuelle. En abordant les archives historiques avec une modestie réfléchie et un discernement compatissant, les sociétés peuvent préparer le terrain pour une véritable réconciliation, ouvrant ainsi un horizon fondé sur les valeurs de connexion, de perspicacité et de dignité humaine commune.

Références Pour en savoir plus

1. Intellectual Battles and Public Debate (New Historians and Scholarly Reception)
   - Morris, Benny. (1987). *The Birth of the Palestinian Refugee Problem, 1947-1949*. Cambridge University Press. A seminal work challenging myths about the 1948 Palestinian exodus.
   - Pappé, Ilan. (2006). *The Ethnic Cleansing of Palestine*. Oneworld Publications. Argues that the 1948 events involved systematic displacement of Palestinians.
   - Shlaim, Avi. (2000). *The Iron Wall: Israel and the Arab World*. W.W. Norton & Company. Examines Israel's foreign policy and relations with Arab states.
   - Segev, Tom. (2000). *One Palestine, Complete: Jews and Arabs Under the British Mandate*. Metropolitan Books. Explores the Mandate period and early tensions.
   - Flapan, Simha. (1987). *The Birth of Israel: Myths and Realities*. Pantheon Books. Debunks myths about Israel's founding.

2. Critiques of New Historians
   - Karsh, Efraim. (1997). *Fabricating Israeli History: The 'New Historians'*. Frank Cass. Accuses New Historians of distorting history.
   - Teveth, Shabtai. (1990). "The Palestine Arab Refugee Problem and Its Origins." *Middle Eastern Studies*, 26(2), 214-249. Critiques Morris and Shlaim on refugee issues.

- Finkelstein, Norman G., and Masalha, Nur. (1991). "Debate on the 1948 Exodus." *Journal of Palestine Studies*, 21(1), 66-114. Challenges Morris's interpretations.

3. Public Perceptions and Media Representations
- Miladi, Noureddine (Ed.). (2023). *Global Media Coverage of the Palestinian-Israeli Conflict: Reporting the Sheikh Jarrah Evictions*. I.B. Tauris. Compares media narratives across regions.
- Tiripelli, Giuliana. (2016). *Media and Peace in the Middle East: The Role of Journalism in Israel-Palestine*. Palgrave Macmillan. Explores media's role in shaping perceptions and peace efforts.
- Dunsky, Marda. (2008). *Pens and Swords: How the American Mainstream Media Report the Israeli-Palestinian Conflict*. Columbia University Press. Analyzes U.S. media bias.
- Peterson, Luke. (2014). *Palestine-Israel in the Print News Media: Contending Discourses*. Routledge. Linguistic analysis of print media coverage.

4. Governmental Critiques and Political Tensions
- Sachar, Howard M. (2007). *A History of Israel: From the Rise of Zionism to Our Time*. Knopf. Covers political history and tensions.
- Oren, Michael B. (2002). *Six Days of War: June 1967 and the Making of the Modern Middle East*. Oxford University Press. Examines the 1967 war's political impacts.
- Black, Ian. (2017). *Enemies and Neighbors: Arabs and Jews in Palestine and Israel, 1917-2017*. Atlantic Monthly Press. Analyzes a century of tensions.

5. Intellectual Rifts within Israeli Society

- Kimmerling, Baruch. (2001). *The Invention and Decline of Israeliness: State, Society, and the Military*. University of California Press. Explores societal fractures.
- Shapira, Anita. (1999). *Israel: A History*. Brandeis University Press. Discusses internal debates, including New Historians.

6. Consequences for Public Policy and Educational Institutions
- Ben-Josef Hirsch, Michal. (2007). "From Taboo to the Negotiable: The Israeli New Historians and the Changing Representation of the Palestinian Refugee Problem." *Perspectives on Politics*, 5(2), 241-258. Examines policy shifts due to New Historians.
- Podeh, Elie. (2000). "History and Memory in the Israeli Educational System: The Portrayal of the Arab-Israeli Conflict in History Textbooks (1948-2000)." *History & Memory*, 12(1), 65-100. Analyzes education impacts.

7. Stories from the Ground: Personal Narratives Amidst Contention
- Tolan, Sandy. (2006). *The Lemon Tree: An Arab, a Jew, and the Heart of the Middle East*. Bloomsbury. Intertwined personal stories.
- Barghouti, Mourid. (2000). *I Saw Ramallah*. Bloomsbury. Exile and return narrative.
- Karmi, Ghada. (2002). *In Search of Fatima: A Palestinian Story*. Verso. Memoir of displacement.
- Said, Edward W. (1999). *Out of Place: A Memoir*. Knopf. Identity and exile.
- Shavit, Ari. (2013). *My Promised Land: The Triumph and Tragedy of Israel*. Spiegel & Grau. Personal and historical

reflections.

- Abulhawa, Susan. (2010). *Mornings in Jenin*. Bloomsbury. Family saga amid conflict.

8. The Role of Arts and Literature in Reflecting Conflicts

- Curthoys, Ned, & Hesse, Isabelle (Eds.). (2022). *Literary Representations of the Palestine/Israel Conflict After the Second Intifada*. Edinburgh University Press. Explores post-Intifada literature.

- Harlow, Barbara. (1987). *Resistance Literature*. Methuen. Literary resistance in conflicts.

- Kelly, Jennifer. (2023). *Invited to Witness: Solidarity Tourism Across Occupied Palestine*. Duke University Press. Art in activism.

10
La vérité historique, voie vers la paix
Défis et possibilités

La vérité historique, fondement de la réconciliation

Une réconciliation durable ne peut être obtenue que lorsque les sociétés affrontent les vérités historiques qui ont engendré leurs conflits actuels. La vérité historique devient ainsi le fondement sur lequel peut s'appuyer un examen lucide des blessures d'origine. Lorsque les sociétés affrontent les blessures du passé à travers une lecture globale qui respecte la diversité des souvenirs des victimes et des auteurs, elles mettent à nu les fragiles liens qui continuent de relier le présent au passé. Loin d'être des exercices de comptabilité morale, ces confrontations permettent aux communautés de démêler les couches traumatiques qui compliquent les conflits contemporains. Exposer les vérités historiques d'un conflit permet également de contester les mythes persistants nourris par une mémoire sélective.

Lorsque les élites au pouvoir ou les groupes militants réécrivent le passé pour absoudre leurs propres abus tout en diabolisant l'adversaire, ils sèment les graines d'une aliénation durable. Le questionnement critique, la publication de preuves d'archives et les projets d'histoire orale exposent ces distorsions, érodant le cynisme dans lequel les griefs sont cultivés. En sauvant le passé de la propagande, les sociétés désamorcent la reproduction intergénérationnelle de la haine et ouvrent la voie à une vérité qui évalue les blessures plutôt que de se complaire dans une nostalgie punitive. Au-delà de sa fonction probatoire, la vérité historique crée la possibilité d'un espace épistémique commun dans lequel des groupes autrefois opposés peuvent négocier le sens de leur passé contesté. Lorsque la réconciliation devient une enquête commune sur le passé, ses protagonistes perdent la tentation de se contredire et exposent plutôt les principes directeurs qui ont inspiré leurs actions.

Ces témoignages mutuels, rendus publics ou dans l'intimité des commissions vérité, transforment la mémoire collective d'une arme des puissants en un héritage commun qui oblige chacun à se souvenir différemment. La reconnaissance commune qui en résulte sert de base fragile, mais indispensable, à de nouvelles négociations, à des initiatives communes de mémoire et, en fin de compte, à la coexistence. S'engager avec les vérités historiques permet une remise en question rigoureuse des hiérarchies dominantes et des inégalités structurelles.

Aborder les injustices passées permet aux communautés en même temps de réparer les torts historiques et de cultiver un avenir caractérisé par une plus grande équité. Une telle confrontation n'est pas une preuve de fragilité, mais plutôt une affirmation de la détermination éthique et d'un engagement indéfectible en faveur de la justice et de la protection de la dignité humaine. En dernière analyse, une compréhension claire du passé sert d'instrument de navigation pour la réconciliation, non seulement pour le moment présent, mais également pour une paix durable. En affrontant les dimensions troublantes de l'histoire, les sociétés peuvent établir les bases d'un rétablissement commun et d'un changement véritablement transformateur. Si l'intégration des vérités historiques est semée d'embûches, les retours sur investissement, sous la forme d'une coexistence durable et d'une véritable compréhension mutuelle, sont inestimables.

Examiner le rôle des récits dans la formation des perceptions

Les récits jouent un rôle fondamental dans la transmission et la réception des événements historiques, façonnant ainsi les contours de l'identité des groupes et la perception entre les groupes. Lorsque la recherche de la vérité historique est présentée comme une condition pour une paix durable, une exploration précise et critique de la dynamique narrative devient indispensable. L'étude de la formation, de la circulation et de la réception des récits permet un engagement productif avec les rivalités persistantes et les revendications divergentes qui les animent. Les récits fonctionnent comme des vecteurs puissants, bien qu'idéologiquement influencés, de la connaissance historique.

Grâce à l'art discipliné de la narration, une communauté politique donnée transmet sa version du passé, garantissant ainsi la mémoire collective, affirmant la continuité culturelle et imprégnant les expériences antérieures d'une signification reconstruite. Cependant, ces versions sont rarement idéologiquement neutres ; elles peuvent se transformer en armes de division, reproduisant et amplifiant les blessures collectives. La simultanéité de la préservation et de la polarisation impose un examen rigoureux de la manière dont les représentations concurrentes peuvent soit entraver, soit faciliter la paix. Au-delà du niveau des opinions concurrentes, l'influence des récits est institutionnalisée dans les programmes scolaires, les artefacts culturels et les axiomes du discours nationaliste.

Ces cadres, collectivement appelés conscience historique,

guident la manière dont les sociétés se souviennent, oublient ou réécrivent sélectivement le passé. Les conséquences sont importantes et durables, car elles conditionnent à la fois l'humeur du public et les choix politiques adoptés par la suite au nom de la mémoire ou de la réconciliation. S'intéresser à la dynamique de la création et de la diffusion des récits révèle les mécanismes qui sous-tendent les croyances collectives et les actions concertées.

L'analyse des processus narratifs met en lumière l'interdépendance dynamique entre l'histoire, la mémoire et le pouvoir. Les récits dominants proviennent généralement de sources faisant autorité et s'efforcent d'authentifier des lectures sélectives du passé tout en renforçant les hiérarchies en vigueur.

Les contre-récits émanant de groupes subjugués ou marginalisés sont souvent relégués à la périphérie, ce qui permet l'oubli sélectif de leurs témoignages et de leurs réalisations. Ces asymétries imposent un engagement en faveur du pluralisme historiographique, selon lequel les archives s'efforcent d'englober des points de vue disparates et de présenter l'hétérogénéité récursive des événements passés. Les institutions médiatiques jouent en outre un rôle décisif dans l'ajustement et la diffusion des cadres narratifs. Leur portée technologique et leurs choix éditoriaux peuvent mettre en avant certaines interprétations tout en éclipsant leurs rivales, réfractant les événements passés d'une manière qui façonne de manière décisive l'opinion publique et influence la formation de la mémoire collective.

Par conséquent, la capacité à maîtriser les médias et à cultiver une attitude critique envers le récit historique sont des conditions préalables à la compréhension des nuances délicates qui composent les réalités historiques complexes.

Grâce à une étude approfondie des vecteurs narratifs, les chercheurs et les praticiens peuvent acquérir la clarté analytique nécessaire pour saisir les relations complexes entre la compréhension historique et les processus de réconciliation. Reconnaître le caractère complexe des récits et leur large impact nous permet de rechercher une conception plus sophistiquée et inclusive de la vérité historique, favorisant ainsi les conditions nécessaires à une paix durable et à une compréhension réciproque.

Combler les divisions historiques : études de cas tirées de conflits mondiaux

L'examen des conflits mondiaux révèle des voies convergentes par lesquelles la reconnaissance de la vérité historique peut réconcilier même les sociétés les plus polarisées. La Commission vérité et réconciliation (CVR) sud-africaine incarne ce processus, entremêlant la confession des abus passés, l'amnistie conditionnelle et les témoignages publics pour transformer le deuil privé en mémoire collective. Cette approche architecturale a produit un récit de l'apartheid qui, bien que contesté, a fourni un cadre commun pour la responsabilité historique et une mesure de réintégration politique et émotionnelle.

Parallèlement, les conséquences du génocide rwandais illustrent comment une justice hybride, composée de procès, de tribunaux communautaires Gacaca et de rituels de deuil, a contribué à une mémoire à plusieurs niveaux. Le deuil lui-même, imprégné de confession et de pardon, a permis autant de réhumaniser les auteurs des crimes que de réparer le déni catégorique de la victimisation. Ensemble, ces exemples soulignent que la confrontation publique et structurée avec les erreurs historiques peut stabiliser et, à terme, unifier des politiques divisées.

Une telle reconstruction ne dépend pas de l'effacement des fractures passées, mais de la reconnaissance transparente de leurs origines et de leurs conséquences. La comparaison de ces processus avec le conflit israélo-palestinien révèle des défis structurels communs : récits historiques concurrents, cultures mémorielles segmentées et luttes pour la souveraineté. La durabilité des divisions passées et présentes repose sur la manière dont les sociétés et leurs institutions gouvernementales choisissent de raconter leur histoire.

La contribution des nouveaux historiens à la compréhension israélo-palestinienne

Le conflit israélo-palestinien est entré dans une nouvelle phase d'étude scientifique, principalement grâce à un groupe d'historiens connus sous le nom de « nouveaux historiens ». Lancé par des chercheurs tels que Benny Morris, Ilan Pappé et Avi Shlaim, ce mouvement a fondamentalement bouleversé les récits nationaux longtemps chéris et mis en lumière une série de données historiques auparavant supprimées. Leurs travaux ont remis en question la mémoire sélective qui a souvent guidé le discours populaire et académique sur les origines et l'évolution du conflit. La principale contribution de cette école de pensée repose sur un réexamen rigoureux des archives documentaires et sur le refus d'accepter les paramètres de l'historiographie antérieure.

En passant au crible les archives récemment rendues publiques, les archives militaires auparavant inaccessibles et les témoignages oraux des combattants et des civils, les nouveaux historiens ont reconstitué un puzzle historiographique qui n'est ni exempt de tout bagage idéologique ni entièrement neutre. Cependant, leur rigueur analytique a permis de dresser un portrait nuancé du passé qui oblige les universitaires et les décideurs politiques à affronter des réalités inconfortables. Cette incursion dans la mémoire officielle a, à son tour, suscité une réévaluation scientifique plus large des dichotomies idéologiques et ouvert la voie à un récit dialogique des expériences israéliennes et palestiniennes. Au cœur de leurs contributions se trouve une détermination inébranlable à affronter des réalités troublantes sans en atténuer l'amertume, offrant ainsi une historiographie qui refuse d'abréger les nœuds du passé. Leurs travaux ont mis en lumière les trajectoires des populations déracinées, les dommages collatéraux causés par les campagnes militaires et la dense constellation de facteurs sociopolitiques qui ont alimenté des conflits intermittents pendant des décennies.

En concentrant leur analyse sur ces facettes résiduelles, souvent occultées, les nouveaux historiens ont élargi le périmètre d'interprétation et encouragé la reconnaissance du fait que toute appréhension rigoureuse du passé doit tenir compte de réalités multiples et coexistantes. Après avoir rendu visible ce qui était négligé, les nouveaux historiens s'attaquent avec la même détermination aux mythes qui se sont cristallisés dans la mémoire populaire pour former des boucliers imperméables d'opinion. Employant une herméneutique délibérément calibrée de la passion, ils passent au crible les preuves et brisent ainsi les tropes sédimentés qui ont animé les hostilités et renforcé les perspectives exclusives. Cela a pour effet d'approfondir le domaine scientifique tout en insistant sur le poids éthique des choix historiographiques. En mettant en avant les hiérarchies coercitives inhérentes aux récits, ils soulignent à quel point la circulation de la mémoire historique a des conséquences décisives, bien que souvent méconnues, sur les fragiles entreprises de réconciliation et de transformation des conflits.

De plus, la fidélité des nouveaux historiens aux preuves documentaires et leur insistance à reconstruire le passé à la lumière des meilleures recherches disponibles ont créé les conditions préalables à des dialogues capables de transcender les imaginaires à somme nulle. Leurs enquêtes, qui révèlent souvent la coexistence d'interprétations mutuellement antipathiques, invitent à reconnaître que toute perspective durable de coexistence israélo-palestinienne doit passer par la reconnaissance de ces récits irréconciliables. En cartographiant les trajectoires multidirectionnelles des projets coloniaux, nationalistes et impériaux, ils incitent les observateurs à percevoir le passé de la région non pas à travers des lentilles exclusives, mais comme une texture entrelacée dans laquelle l'empathie pour l'étranger apprend à coexister, même si ce n'est que provisoirement, avec l'allégeance à une revendication particulière.

Dans l'ensemble, les nouveaux historiens ont réorienté le débat sur les relations israélo-palestiniennes, passant d'une approche polémique et simpliste à une pratique discursive rigoureuse et fondée sur des preuves. Leur garantie de précision – qu'il s'agisse de réexaminer les données démographiques, de retrouver les voix déplacées ou d'examiner minutieusement le silence des archives gouvernementales

– encourage une historiographie dans laquelle les colons et les personnes déplacées ne sont plus tacitement remplacés par un mythe monolithique. L'effet cumulatif est un climat interprétatif qui privilégie la reconnaissance des griefs qui se recoupent et la construction d'horizons temporels communs, posant ainsi les axiomes fragiles, mais discernables, d'une politique de reconnaissance capable de remplacer le jeu à somme nulle susmentionné.

Les défis auxquels sont confrontés les historiens dans des environnements politiquement chargés

Les historiens qui travaillent dans des climats politiquement chargés sont confrontés à une série d'obstacles redoutables qui compromettent à la fois l'intégrité de leur travail et la diffusion publique de connaissances historiques vérifiées. Le plus important d'entre eux est l'intégration systématique d'impératifs politiques dans la construction même des récits historiques, en particulier lorsque des passés contestés sont exploités pour légitimer des identités nationales concurrentes ou des luttes politiques en cours. Dans de tels contextes, tout écart par rapport à la version officielle du passé entraîne un examen minutieux, des critiques acerbes et des répercussions institutionnelles à l'encontre du chercheur, imposant ainsi une définition coercitive du champ d'investigation autorisé.

De même, le métier d'historien est fondamentalement menacé par le double danger que représentent l'insécurité et l'intégrité des sources. Les efforts tactiques déployés par des groupes politiquement alignés pour obscurcir, effacer ou falsifier des documents compromettent les traces documentaires sur lesquelles repose la reconstruction objective. Dans le paysage qui en résulte, composé au mieux de dossiers incomplets et au pire de faux, l'historien doit naviguer entre des récits divergents et mutuellement exclusifs, chacun s'appuyant sur ses propres éléments de preuve. La tâche consistant à mettre au jour le cœur vitreux des faits devient ainsi géomorphologiquement obstruée. À ces obstacles archivistiques s'ajoute l'intensification des représailles lorsque les historiens se penchent sur des sujets très polarisants.

La censure, les degrés d'intimidation sociale ou institutionnelle et les menaces explicites à la sécurité physique ou à la subsistance professionnelle convergent, obligeant les chercheurs à mettre en balance le coût personnel de l'exposition et l'impératif scientifique d'un silence incomplet. La nature complexe de la recherche historique menée dans un climat politiquement chargé oblige les chercheurs à comprendre de manière critique comment la mémoire collective, les traumatismes et la propagande omniprésente façonnent la compréhension sociale des événements passés. Les chercheurs doivent démêler les couches de pressions communautaires et de préjugés hérités, tout en restant conscients des attachements émotionnels que suscitent certains récits.

Cette situation oblige les historiens à maintenir un équilibre délicat entre le respect des positions conflictuelles et la préservation de l'objectivité disciplinaire, alors qu'ils recherchent un récit qui se veut à la fois complet et équilibré. Parallèlement, des forces externes – agendas partisans, prédispositions idéologiques et forces du marché – peuvent influencer autant l'authentification que la diffusion des documents historiques.

Lorsque les connaissances historiques deviennent une arme politique, elles sont souvent utilisées pour légitimer des politiques ou des objectifs idéologiques actuels, renforçant ainsi les erreurs et entravant la recherche ouverte à laquelle la discipline est attachée. Face à ces multiples niveaux de complexité, les historiens doivent simultanément cultiver la rigueur intellectuelle, la résilience personnelle et une éthique fondée sur des principes. Leur dévouement à une documentation scrupuleuse, à une analyse cohérente et à une transparence méthodologique explicite devient crucial pour préserver la crédibilité de leur recherche et favoriser une compréhension plus riche du passé. Ce faisant, les chercheurs peuvent clarifier les contradictions du passé et contribuer aux perspectives incertaines, mais vitales de réconciliation et de paix dans les sociétés marquées par l'héritage des conflits historiques.

Réceptivité et résistance du public face aux révisions historiques

La réception par le public de récits historiques nouvellement contestés se déroule comme une négociation complexe entre les prédispositions sociales, les convictions personnelles et la sédimentation de la mémoire cumulative. Lorsque les historiens professionnels remettent en question les fondements d'interprétations acceptées depuis longtemps, les réactions de la société dans son ensemble se stratifient généralement selon un spectre de degrés variables d'acceptation et de rejet. Une compréhension claire de ces modalités réactives reste indispensable pour évaluer l'efficacité ultime des nouvelles connaissances scientifiques, en particulier lorsque celles-ci aspirent à étayer les mécanismes de réconciliation.

La réceptivité aux chronologies nouvellement articulées découle, *entre autres*, des intersections saillantes entre l'auto-définition culturelle, l'allégeance partisane et la mémoire autobiographique. Les électeurs peuvent percevoir les récits familiers de longue date comme des composantes irréductibles de l'identité collective ; toute reformulation proposée déclenche donc une réaction défensive, formulée dans une rhétorique de danger existentiel. L'allégeance affective qui en résulte aux constructions conventionnelles se solidifie invariablement dans des contextes politiquement chargés, où le corpus historiographique a été approprié comme vecteur de médiation pour des identités nationales conflictuelles.

Au-delà du substrat acquisitif de l'individu, les forces médiatrices des domaines pédagogique et journalistique requièrent une attention analytique. Les structures curriculaires et les optiques éditoriales collaborent pour façonner les attitudes du public à l'égard des récits reconstitués. Lorsque des intérêts préétablis ou des impératifs factionnels guident subrepticement la circulation des connaissances historiographiques, les interprétations discordantes se heurtent à des valves de résistance institutionnalisées, inhibant l'échange dialectique nécessaire à la réconciliation. Dans le même temps, certains segments du public se montrent disposés à reconsidérer les récits historiques établis, reconnaissant que de telles modifications peuvent faciliter une compréhension plus approfondie et une empathie accrue.

Cette volonté découle généralement d'une disposition à

affronter des réalités troublantes et à honorer la nature complexe, souvent contradictoire, des événements passés. Pour progresser vers la réconciliation et une inclusion sociale plus large grâce à la pratique du révisionnisme historique, les chercheurs doivent tracer une voie prudente à travers le terrain varié de l'ouverture et de la réticence du public. En favorisant un dialogue ouvert et respectueux, les historiens peuvent toucher divers publics, apaiser les inquiétudes et les soupçons tout en soulignant l'importance d'une histoire vérifiable en tant que patrimoine commun qui sous-tend la construction d'un avenir plus cohésif. C'est à la croisée de la mémoire collective, de l'identité individuelle et communautaire et de la conscience morale publique que la capacité des récits modifiés à susciter une transformation sociale significative s'affirme le plus clairement.

Les programmes éducatifs comme outil de promotion de la réconciliation

Les programmes éducatifs jouent un rôle central dans la manière dont les sociétés éduquent leurs futurs citoyens et sont donc particulièrement bien placés pour promouvoir la réconciliation après des périodes de conflit ou d'injustice systémique. Lorsque les cadres éducatifs intègrent de manière responsable des événements historiques contestés, ils vont au-delà de la mémorisation par cœur et invitent les élèves à se confronter à des vérités contradictoires. Ce processus nécessite de former les enseignants à présenter des supports qui transcendent les mythes nationaux dominants afin d'inclure des voix et des perspectives auparavant marginalisées, invitant les apprenants à évaluer les preuves, à reconnaître les préjugés et à apprécier les contingences qui façonnent tous les récits historiques.

Une telle pluralité pédagogique sert à inculquer les habitudes d'esprit et de cœur nécessaires à la réconciliation. Dans le même temps, un engagement explicite à réviser et à élargir les présentations historiques à l'école peut perturber la transmission des préjugés hérités. Lorsque les programmes scolaires invitent les apprenants à s'interroger sur les raisons pour lesquelles certaines versions du passé ont été auparavant sanctionnées et d'autres passées sous silence, ils créent les conditions d'une réflexion critique susceptible d'affaiblir l'emprise des animosités héritées fondées sur l'identité. Les salles de classe deviennent ainsi des laboratoires de dialogue civique, où les élèves simulent les négociations difficiles que les passés non résolus imposent aux sociétés futures. Cette importance accordée au dialogue, plutôt qu'au simple consensus, nourrit une éthique de recherche permanente et de respect mutuel qui, avec le temps, peut consolider les fondements pratiques d'une politique réconciliée et pluraliste.

L'intégration de récits historiques actualisés dans les programmes scolaires pose des obstacles importants, mais surmontables. Certaines circonscriptions politiques ou culturelles se mobilisent souvent pour défendre les récits traditionnels, ce qui entrave les tentatives visant à offrir une image historique complète et équitable. Lorsque les gardiens de l'orthodoxie se mobilisent pour protéger les récits établis, l'espace nécessaire pour introduire et interroger des perspectives non dominantes est restreint, ce qui entrave le mouvement lent, mais nécessaire vers la réconciliation collective. La sélection et la présentation de vérités historiques contestées exigent à la fois précision et sensibilité morale. La formulation, l'accentuation et les omissions dans les manuels scolaires, les programmes et les discussions en classe façonnent de manière décisive les réponses cognitives, émotionnelles et éthiques des élèves.

Par conséquent, les enseignants sont tenus de créer des contextes pédagogiques dans lesquels la rigueur scientifique, le questionnement critique et l'écoute empathique s'harmonisent, tout en honorant les diverses expériences vécues que le passé continue de susciter. En fin de compte, des programmes d'études bien conçus servent d'instruments de réconciliation en formant des apprenants qui remettent en question les vérités héritées et apprécient la pluralité des perspectives. En s'engageant à adopter une approche pédagogique globale et inclusive, les éducateurs peuvent transmettre l'empathie, la perspicacité analytique et la vocation pédagogique à rechercher la vérité. Ce faisant, ils permettent aux établissements d'enseignement d'exercer une influence significative, même si elle est itérative, sur les processus de réconciliation et la paix durable dans les sociétés encore animées par l'héritage des conflits passés.

Représentation médiatique des vérités historiques : impacts et limites

Dans les écosystèmes informationnels contemporains, le discours médiatique exerce une influence décisive sur les perceptions collectives des injustices passées, sur les cadres interprétatifs à travers lesquels les sociétés abordent leur propre histoire et sur les conditions fondamentales d'une éventuelle réconciliation ou rupture. Si certaines interventions médiatiques peuvent faire progresser l'historiographie critique, ces mêmes technologies peuvent également diffuser des récits réducteurs ou instrumentaux, soulignant l'ambivalence de leurs effets politiques et éthiques. Cette ambivalence apparaît de manière particulièrement aiguë lorsque les médias sont confrontés à des controverses historiographiques sur la responsabilité, la mémoire ou les conséquences de la violence. Les conséquences de la représentation historique médiatisée vont bien au-delà de la réaction immédiate du public.

Les plateformes linéaires, les séries documentaires, les forums en ligne et les images virales construisent collectivement un paysage mémoriel polyphonique mais souvent asymétrique qui favorise certains récits au détriment d'autres. Les images emblématiques ou les titres percutants ont la capacité de sédimenter la mémoire collective, immunisant certaines interprétations contre les corrections scientifiques ultérieures. À l'inverse, lorsque les médias assemblent stratégiquement des documents, des témoignages oraux et des contre-témoignages, ils peuvent déstabiliser les récits hégémoniques, mettre en lumière des actions passées sous silence et ouvrir des espaces publics de dialogue.

Dans de tels cas, les médias peuvent enregistrer les controverses historiques et servir de médiateurs dans leur résolution interprétative, influençant ainsi la politique mémorielle, les programmes pédagogiques et, par extension, les identités conflictuelles des groupes. Cependant, ces avancées restent contingentes et réversibles. Les impératifs commerciaux structurels, la recherche du sensationnel et le renforcement algorithmique des contenus polarisants peuvent déformer ou simplifier des passés complexes. Les programmes commémoratifs peuvent accorder un temps d'antenne disproportionné à des souvenirs antagonistes, renforçant ainsi les identités antagonistes. Le caractère éphémère du discours en ligne aggrave ces risques, car les pratiques d'archivage sont à la traîne par rapport à la rapidité avec laquelle l'attention se déplace. Dans de tels environnements, les vérités qui exigent une exposition scientifique mesurée peuvent être subsumées sous des capsules mnémoniques qui obscurcissent la causalité, l'action et la spécificité temporelle.

Les représentations qui en résultent, bien que largement diffusées, peuvent manquer de la rigueur probatoire et contextuelle nécessaire à un jugement historique, laissant la mémoire publique vulnérable à la fabrication, à l'exagération ou au déni. En résumé, si les médias ont la capacité d'éclairer et de contester les vérités historiques, leurs interventions se produisent dans des conditions qui peuvent soit renforcer, soit saper les impératifs scientifiques et éthiques. Seules une éducation critique aux médias, un engagement scientifique soutenu et des garanties institutionnelles peuvent permettre de réaliser la fonction potentiellement constructive des médias dans la médiation de l'histoire. La couverture médiatique des événements historiques est souvent influencée par des préjugés, des agendas politiques dominants et des motivations lucratives. L'accent mis sur la présentation dramatique et la réduction de processus historiques complexes à des slogans peut obscurcir l'exactitude des faits et renforcer des stéréotypes réducteurs.

Les contraintes des formats imprimés et audiovisuels, où le temps d'antenne et l'espace disponible sont limités, ont tendance à comprimer les réalités historiques, favorisant les généralisations qui confirment plutôt que remettent en question les interprétations erronées dominantes. La portée croissante des « fausses nouvelles » et la circulation constante de données non vérifiées constituent une menace supplémentaire et aiguë pour la diffusion crédible des faits historiques. Ce type de désinformation entrave les efforts de réconciliation et de reconstruction de la confiance communautaire, car la propagande, plutôt que l'éclaircissement, peut intensifier la polarisation et rendre plus difficiles les actes de compréhension mutuelle et de pardon.

Le contexte actuel exige donc que les professionnels des médias respectent des normes éthiques rigoureuses et que le public développe une culture médiatique éclairée, capable d'appréhender les récits historiques de manière critique et contextuelle. Il est donc indispensable de prêter attention aux capacités constructives et limitatives des représentations médiatiques dans la recherche d'une paix et d'une réconciliation durables. Affirmer la capacité des médias à favoriser la guérison collective exige une vigilance égale et continue afin de garantir que leur communication ne répète ni n'amplifie les divisions ou les mensonges. En exploitant les médias pour amplifier les récits historiques authentiques, mettre en avant les voix marginalisées et encourager la réflexion critique, la société peut progresser vers l'objectif urgent de favoriser l'empathie, la compréhension et, en fin de compte, la réconciliation.

Recommandations politiques : intégrer les perspectives historiques dans les processus de paix

Pour une paix et une réconciliation durables, l'intégration intentionnelle de la conscience historique dans les accords de paix et les récits de rétablissement post-conflit est non négociable. Reconnaissant que la mémoire et l'identité collectives peuvent enfermer les sociétés dans des cycles de violence, les médiateurs contemporains doivent reconnaître la persistance des griefs historiques et des souvenirs déformés.

Les artisans de la paix doivent donc orienter leurs recommandations politiques autour de la prise de conscience que les malentendus du passé, s'ils ne sont pas examinés, deviennent le fondement de l'hostilité future. En conséquence, les mesures visant à cultiver une coexistence empathique doivent commencer par une évaluation factuelle des événements passés. La création de commissions historiques bi-communautaires réunissant des historiens professionnels, des concepteurs de programmes scolaires et des délégués des groupes autrefois antagonistes, est au cœur de cette entreprise. Fonctionnant selon le principe que la compréhension n'élimine pas les désaccords, ces organismes sont chargés de documenter, de comparer et, dans la mesure du possible, de réconcilier systématiquement les histoires nationales, ethniques ou idéologiques concurrentes.

Le travail de la commission doit mettre en avant les épisodes contestés, mettre en lumière les points de vue sous-représentés et, grâce à un dialogue itératif, produire un récit historique composite qui puisse commémorer le passé de manière inclusive. Un tel récit de réconciliation renforce la crédibilité des accords de paix en ancrant une culture de respect mutuel et prépare les sociétés à un partenariat durable au-delà des différences. La réforme de l'éducation reste un élément central pour ancrer la conscience historique dans les initiatives de consolidation de la paix. La conception des programmes scolaires doit mettre l'accent sur des récits équilibrés et riches en contexte qui dépassent les cadres nationalistes ou ethnocentriques polarisants. Les enseignants, en tant que médiateurs de confiance, doivent guider les apprenants à travers les controverses historiques sensibles, en encourageant la réflexion critique et en cultivant l'empathie.

En reconstituant les événements et en situant leurs conséquences durables dans un contexte sociopolitique plus large, les écoles peuvent contribuer à briser les cycles de traumatismes intergénérationnels et à nourrir une culture de paix durable. Parallèlement, les politiques publiques doivent mettre en avant la libre circulation d'informations historiquement vérifiables dans divers médias. Compte tenu de la capacité des médias à façonner la mémoire collective, des investissements stratégiques sont nécessaires pour promouvoir des représentations responsables et cohérentes sur le plan éthique. Cela peut impliquer de renforcer le journalisme indépendant, d'amplifier les perspectives marginales et de réfuter systématiquement la désinformation qui renforce les divisions sectaires. En créant un environnement informationnel saturé de données historiques crédibles, les acteurs des médias peuvent donner aux sociétés les moyens d'affronter le passé avec résilience et de s'engager dans une réconciliation authentique. En outre, les organisations internationales et régionales qui jouent un rôle de médiation dans les conflits doivent systématiquement intégrer la recherche historique dans leurs cadres de consolidation de la paix.

En recrutant activement des historiens et des spécialistes des conflits qui connaissent bien la longue durée, ces organisations peuvent mettre au jour les structures sous-jacentes qui ont perpétué la violence, affinant ainsi la spécificité et l'efficacité de leurs logiques d'intervention. Des projets conjoints d'archives et d'histoire orale, soutenus par des acteurs régionaux, peuvent produire un corpus commun de preuves qui atténue la mémoire sélective et favorise le dialogue transnational. De telles initiatives peuvent ensuite servir de base empirique à des programmes politiques visant à désagréger et à reconceptualiser les griefs historiques.

En résumé, la mise en œuvre des connaissances historiques dans les processus de paix exige un effort coordonné qui transcende l'éducation, la diplomatie, les médias et la coopération multinationale. En mettant en avant la véracité des injustices passées tout en encourageant les récits pluralistes, les décideurs politiques peuvent stabiliser l'imaginaire social et réduire l'importance des animosités historiques. Les recommandations ainsi formulées affirment qu'une confrontation délibérée avec l'histoire n'est pas seulement une question d'archives, mais une pratique sociale transformatrice capable d'animer un avenir animé par l'empathie, la reconnaissance réciproque et la coexistence durable.

Conclusion : vers un avenir de coexistence

La quête de la vérité historique comme tremplin vers une paix durable est semée d'embûches, de résistances et de subtilités. En traversant le maquis inextricable des récits contradictoires et des points de vue opposés, il apparaît de plus en plus clairement que la promotion de la coexistence dépasse le cadre d'une entreprise savante ; elle s'impose comme une nécessité morale pour quiconque se soucie du monde à venir. Intégrer la conscience historique dans les négociations de paix ouvre la voie à l'empathie, à la compréhension authentique et à la réconciliation décisive, fournissant ainsi le terreau moral dans lequel le respect et la solidarité durables peuvent prendre racine. Nous devons accepter que la vérité historique n'est jamais monolithique ; elle contient souvent des faits douloureux et troublants qui exigent à la fois un examen et, parfois, une réparation.

L'intégration de ces vérités dans la construction de la paix est nécessaire pour ajuster la mémoire collective et briser les spirales récurrentes de l'animosité. La viabilité d'un avenir commun dépend de notre volonté collective d'affronter le passé sans le minimiser, d'accepter le malaise qu'il suscite tout en tirant parti de l'énergie qu'il offre pour un changement constructif. En outre, la mise en place de coutumes commémoratives qui rendent hommage à la fois aux souffrances endurées par les victimes et au poids moral supporté par les auteurs des crimes est, en soi, une dimension nécessaire du processus de guérison.

Ces commémorations nous rappellent avec une douloureuse clarté le coût humain de la guerre, forgeant une détermination commune à empêcher la répétition des atrocités passées. En traçant la voie vers la coexistence, nous devons favoriser les espaces de dialogue authentique et de narration plurielle, en donnant la parole à ceux qui ont longtemps été occultés par les récits dominants. Cette ouverture exige une refonte radicale de la pédagogie, afin de doter les apprenants du discernement analytique nécessaire pour distinguer les faits des inventions, tout en cultivant une culture imprégnée de modestie intellectuelle et d'ouverture d'esprit. L'influence des médias sur la conscience publique reste déterminante ; l'attention portée aux événements passés doit être mesurée, équitable et fondée sur des principes, car elle peut recalibrer les attitudes sociétales et briser le cycle des griefs semés par les fausses représentations. En fin de compte, la recherche de la coexistence appelle un profond examen moral et éthique : une volonté inébranlable de reconnaître et d'interroger les passages les plus sombres de l'histoire et de composer un avenir commun et réconcilié. Face à la vérité complexe du passé et à son incidence sur la paix, nous devons poursuivre sans relâche notre quête d'un avenir caractérisé non pas par les résidus de l'amertume, mais par la coexistence, la compassion et une paix collective durable.

Références pour approfondir le sujet

1. Historical Truth as Foundation for Reconciliation
   - Rotberg, Robert I. (Ed.). (2006). *Israeli and Palestinian Narratives of Conflict: History's Double Helix*. Indiana University Press. Explores how conflicting historical truths can be confronted for reconciliation.
   - Longman, Timothy. (2017). *Memory and Justice in Post-Genocide Rwanda*. Cambridge University Press. Discusses truth-telling and memory in reconciliation processes.
   - Graybill, Lyn S. (2002). *Truth and Reconciliation in South Africa: Miracle or Model?*. Lynne Rienner Publishers. Analyses truth commissions as foundations for societal healing.

   2. Examining the Role of Narratives in Shaping Perceptions
   - Dajani Daoudi, Mohammed S. (2009). "Israelis and Palestinians: Contested Narratives." *Israel Studies*, 18(2), 53-69. Examines how narratives mediate identity and perceptions in the conflict.

- Rotberg, Robert I. (Ed.). (2006). *Israeli and Palestinian Narratives of Conflict: History's Double Helix*. Indiana University Press. Focuses on narrative dynamics in the Israeli-Palestinian context.

- Dornbach, Márton. (2016). *Receptive Spirit: German Idealism and the Dynamics of Cultural Transmission*. Fordham University Press. Discusses narrative transmission and historical consciousness.

- Collini, Stefan, Mandler, Peter, & Stapleton, Julia. (Various years). Works on national histories and narratives, as referenced in nostalgic reflections on historiography.

3. Bridging Historical Divides: Case Studies from Global Conflicts

- Fox, Nicole. (2021). *After Genocide: Memory and Reconciliation in Rwanda*. University of Wisconsin Press. Investigates memorials and survivor experiences in post-genocide reconciliation.

- Clark, Phil. (2010). *The Gacaca Courts, Post-Genocide Justice and Reconciliation in Rwanda: Justice without Lawyers*. Cambridge University Press. Analyses community courts and hybrid justice in Rwanda.

- Mack, Edward C. (Ed.). (2018). *Reinventing Theology in Post-Genocide Rwanda*. Georgetown University Press. Examines the Catholic Church's role in genocide and reconciliation.

- Wilson, Richard Ashby. (2001). *The Politics of Truth and Reconciliation in South Africa: Legitimizing the Post-Apartheid State*. Cambridge University Press. Explores the TRC's impact on political reintegration.

- Mack, Edward C. (Ed.). (2018). *From Apartheid to Democracy: Deliberating Truth and Reconciliation in South Africa*.

Penn State University Press. Studies the TRC through rhetorical and deliberative lenses.

- Boraine, Alex. (2000). *A Country Unmasked: Inside South Africa's Truth and Reconciliation Commission*. Oxford University Press. Insider account of the TRC process.

4. The New Historians' Contributions to Israeli-Palestinian Understanding

- Morris, Benny. (1987). *The Birth of the Palestinian Refugee Problem, 1947-1949*. Cambridge University Press. Key revisionist work on the 1948 events.
- Pappé, Ilan. (1992). *The Making of the Arab-Israeli Conflict, 1947-1951*. I.B. Tauris. Challenges traditional narratives on early conflict origins.
- Shlaim, Avi. (1988). *Collusion Across the Jordan: King Abdullah, the Zionist Movement, and the Partition of Palestine*. Columbia University Press. Examines diplomatic collaborations.
- Segev, Tom. (1986). *1949: The First Israelis*. Free Press. Critiques early Israeli society and myths.
- Morris, Benny. (1990). *1948 and After: Israel and the Palestinians*. Clarendon Press. Further explorations of post-1948 dynamics.
- Pappé, Ilan. (2010). *Out of the Frame: The Struggle for Academic Freedom in Israel*. Pluto Press. Discusses New Historians' challenges and contributions.

5. Challenges Facing Historians in Politically Charged Environments

- Johnson, Walter. (2003). "On Agency." *Journal of Social History*, 37(1), 113-124. Warns against concepts that avoid addressing political environments.

- Collini, Stefan. (2012). *What Are Universities For?*. Penguin. Reflects on historians' roles in politically charged settings.
- Charette, James. (2020). "State of the Field: The History of Political Thought." *History*, 105(367), 644-668. Surveys challenges in politically influenced historiography.
- Gibson, James L. (2004). *Overcoming Apartheid: Can Truth Reconcile a Divided Nation?*. Russell Sage Foundation. Addresses biases and source integrity in post-conflict history.
- Karsh, Efraim. (1997). *Fabricating Israeli History: The 'New Historians'*. Frank Cass. Critiques New Historians in a charged context.

6. Public Receptivity and Resistance to Revised Histories
- Gibson, James L. (2004). *Overcoming Apartheid: Can Truth Reconcile a Divided Nation?*. Russell Sage Foundation. Assesses public responses to truth processes.
- Cole, Catherine M. (2010). *Performing South Africa's Truth Commission: Stages of Transition*. Indiana University Press. Explores public theater and receptivity to historical revisions.
- Leonard, Devin. (2016). *Neither Snow Nor Rain: A History of the United States Postal Service*. Grove Press. Discusses how narratives shape public memory (tangential but relevant to media and history).
- Gallagher, Winifred. (2016). *How the Post Office Created America: A History*. Penguin Press. Examines institutional shaping of public historical perceptions.

7. Educational Curricula as a Tool for Fostering Reconciliation

- Paulson, Julia (Ed.). (2011). *Education and Reconciliation: Exploring Conflict and Post-Conflict Situations*. Continuum. Analyses education's role in reconciliation.
- Korostelina, Karina V., & Lässig, Simone (Eds.). (2013). *History Education and Post-Conflict Reconciliation: Reconsidering Joint Textbook Projects*. Routledge. Focuses on curricula in Europe and the Balkans.
- Russell, S. Garnett. (2019). *Becoming Rwandan: Education, Reconciliation, and the Making of a Post-Genocide Citizen*. Rutgers University Press. Examines post-genocide education in Rwanda.
- Korostelina, Karina V. (Ed.). (2017). *History Education and Conflict Transformation: Social Psychological Theories, History Teaching and Reconciliation*. Palgrave Macmillan. Discusses models for curricula in reconciliation.

8. Media Representation of Historical Truths: Impacts and Limitations
- Starr, Paul. (2004). *The Creation of the Media: Political Origins of Modern Communications*. Basic Books. Explores media's historical role in shaping truths.
- Berger, Stefan, et al. (Eds.). (2008). *Narrating the Nation: Representations in History, Media and the Arts*. Berghahn Books. Analyses media's impact on national narratives.
- Knapp, James A. (2003). *Illustrating the Past in Early Modern England: The Representation of History in Printed Books*. Ashgate. Discusses visual media and historical representation.
- Grey House Publishing. (2020). *Opinions Throughout History: Truth & Lies in the Media*. Grey House Publishing. Surveys media's role in historical truth from colonial times.

9. Policy Recommendations: Integrating Historical Insights into Peace Processes

- Haass, Felix, Hartzell, Caroline A., & Hoddie, Matthew. (2022). "Citizens in Peace Processes." *Journal of Conflict Resolution*, 66(4-5), 597-607. Advocates for citizen inclusion in peace policies.

- Dayal, Anjali. (2021). *Incredible Commitments: How UN Peacekeeping Failures Shape Peace Processes*. Cambridge University Press. Provides insights into UN peacemaking and historical integration.

- Lederach, John Paul. (1997). *Building Peace: Sustainable Reconciliation in Divided Societies*. United States Institute of Peace Press. Recommends historical awareness in peace building.

- Bratt, Duane. (2023). "Knowledge Production on Peace: Actors, Hierarchies and Policy Relevance." *International Affairs*, 99(5), 1839-1859. Examines how historical research informs policy.

- Nilsson, Desiree. (2023). "How Research Travels to Policy: The Case of Nordic Peace Research." *International Affairs*, 99(5), 1953-1972. Discusses bridging academia and peace policy.

11
La société israélienne
Aux prises avec un passé difficile

Un État à la croisée des chemins

La société israélienne se trouve aujourd'hui à un tournant décisif de son parcours historiographique, confrontée à la stratigraphie dense de son passé. La redécouverte et la réinterprétation d'épisodes charnières ont provoqué une introspection soutenue et parfois troublante, fracturant des chronologies et des cadres idéologiques autrefois établis. Alors que la nation est confrontée à l'ombre de son passé, elle navigue simultanément entre des dilemmes contemporains urgents, générant une atmosphère marquée par une réflexion solennelle et une remise en question. Ce moment de dislocation offre un terrain particulièrement fertile pour examiner le croisement poreux entre la mémoire culturelle, l'identité collective et le travail génératif et persistant de la conscience historique.

La trame dense de la chronique d'Israël, tissée de fils polychromes de victoires et de catastrophes, de bravoure martiale et d'ambivalence morale, a produit une mémoire collective qui stabilise, mais aussi remet en question, l'image que la nation a d'elle-même. De la déclaration inaugurale de souveraineté en 1948 à la stratification contemporaine et non résolue de la rencontre israélo-palestinienne, chaque archive de la mémoire a été intégrée dans une préfiguration continue de l'histoire collective. À ce stade d'articulation, les citoyens et les décideurs politiques sont tenus de revisiter les épisodes antérieurs à travers une optique tempérée et multicouche qui reconnaît les complexités inhérentes et les contradictions entrelacées des archives. Un tel discours recomposé déloge les heuristiques héritées, incitant à une réévaluation soutenue des figures, des moments et des stratégies qui, pendant des décennies, ont été canonisés comme le cœur de l'identité nationale.

La reconnaissance des injustices passées, ainsi que le réexamen de convictions auparavant incontestées, signalent une volonté de poursuivre une conversation honnête, même si elle est parfois douloureuse. Ce processus de réflexion ne se limite pas aux universités et aux groupes de réflexion ; il se répercute dans la culture civique, la production artistique et les délibérations privées. Un examen aussi approfondi oblige à s'interroger de manière soutenue sur la manière dont les choix d'hier structurent les dilemmes d'aujourd'hui et soulève la nécessité impérative de remettre en question les valeurs, les obligations éthiques et les visions léguées aux générations futures.

À la confluence de l'histoire, de la mémoire et de l'identité, la société israélienne est confrontée à un moment de vérité, mettant en avant des récits divers et souvent contradictoires qui convergent pour constituer un sentiment commun d'identité. L'effet cumulatif est une société à un moment décisif, où la gestion des contradictions historiques est inextricablement liée à la refonte de l'identité communautaire et à une définition continue et négociée de l'appartenance israélienne dans un horizon historique en constante évolution.

Mémoire culturelle et identité collective

La mémoire culturelle est un tissu complexe qui entremêle

les étapes historiques d'une nation, ses coutumes héritées et ses émotions partagées. En Israël, ce tissu s'étend de l'Antiquité biblique à la vie contemporaine, racontant un continuum qui façonne l'identité collective. La mémoire ne se contente pas de préserver ; elle façonne les orientations éthiques, les pratiques habituelles et le sentiment d'identité de la nation par rapport au reste du monde. Agissant comme un pont à travers le temps, elle confère à chaque génération l'assurance de la continuité et la promesse d'appartenance.

Dans la vie quotidienne israélienne, la mémoire est ritualisée dans des cérémonies commémoratives, des symboles emblématiques et des manifestations publiques qui traduisent l'histoire commune des épreuves et des triomphes en une expérience tangible. Les célébrations jubilatoires du jour de l'indépendance et le recueillement solennel du jour du souvenir de l'Holocauste sont des marqueurs emblématiques qui s'efforcent de consolider les groupes hétérogènes de la nation autour d'une conscience historique unique. Pourtant, cette histoire n'est ni homogène ni achevée. Constamment réécrite en fonction de l'évolution des circonstances, la mémoire collective reste un terrain de contestation animé.

Des récits multiples, parfois contradictoires, coexistent, chacun représentant les points de vue distincts de diverses communautés, factions politiques et origines régionales. Ces récits concurrents s'affrontent fréquemment dans le discours public, reformulant les significations attribuées à des moments décisifs tels que la création de l'État et la série de conflits israélo-arabes. Lorsque la mémoire culturelle s'entremêle avec l'identité collective, elle façonne non seulement la perception que les Israéliens ont d'eux-mêmes, mais elle influence également la manière dont ils évaluent leur position sur la scène internationale et leurs relations avec les autres nations et cultures.

Un examen minutieux de la manière dont la mémoire culturelle est construite en Israël permet de mieux comprendre le pluralisme interne de sa société et les difficultés qu'elle rencontre pour négocier des trajectoires historiques concurrentes. Une telle analyse met également en lumière les méthodes par lesquelles les différents groupes sociaux israéliens modifient continuellement leur perception d'eux-mêmes par rapport à l'héritage persistant du passé.

Éducation et récit historique : une relation complexe

L'éducation reste un domaine central dans lequel les individus intériorisent les conceptions de l'histoire et de l'identité collective. En Israël, où la conscience nationale est indissociable de la mémoire historique, le lien entre l'enseignement scolaire et le récit historique présente des complications particulières. La manière dont les événements passés sont présentés dans le programme scolaire national influence considérablement l'interprétation que les élèves font de l'histoire de leur pays. Les débats de longue date en Israël ont porté sur la manière dont les manuels scolaires représentent la période fondatrice et les affrontements militaires ultérieurs avec les États voisins. Les enseignants et les décideurs politiques sont confrontés à la double obligation de fournir un récit scientifique et rigoureux tout en cultivant un sentiment cohésif de fierté nationale et de solidarité sociale chez les adolescents.

Les détracteurs soutiennent que le programme scolaire reproduit une interprétation héroïque et sélective de l'histoire, célébrant les triomphes nationaux tout en marginalisant les conflits sous-jacents et les réalités controversées. Selon eux, l'accent unilatéral mis sur la gloire nationale renforce une vision patriotique réductrice, nuisant à la capacité des élèves à examiner de manière critique et à analyser le passé sous tous ses aspects. En revanche, les défenseurs du cadre existant affirment que la promotion d'une identité patriotique forte, accompagnée d'une capacité d'endurance, reste un impératif moral façonné par la naissance et la maturation instables de la nation. Ils soutiennent que les récits célébrant le courage et les sacrifices des personnalités nationales et des citoyens ordinaires doivent occuper une place centrale, présentés comme l'impératif moral d'une lutte ininterrompue pour la souveraineté et la prospérité. Néanmoins, au milieu de ces perspectives polarisées, un nombre croissant de voix reconnaissent la nécessité d'une historiographie élargie et pluraliste dans les salles de classe. Des initiatives ont commencé à intégrer les témoignages et les interprétations des groupes subordonnés et des critiques internes, parallèlement aux récits conventionnels.

En exposant les élèves aux différents aspects de l'expérience passée, les programmes révisés s'efforcent de cultiver non seulement la compassion et la perspicacité analytique, mais aussi un respect fondé sur des principes pour les interprétations concurrentes de la mémoire collective. L'évolution rapide des médias numériques et des technologies de communication a accru la disponibilité de récits historiques alternatifs, permettant aux élèves de découvrir un éventail plus large de perspectives qui dépassent les cadres pédagogiques conventionnels.

Cette situation a suscité un regain d'intérêt de la part des chercheurs pour l'importance de la culture numérique et médiatique en tant que compétences fondamentales permettant aux apprenants de naviguer, de contextualiser et d'évaluer de manière critique la multiplicité des sources historiques dont ils disposent désormais. Alors que le secteur de l'éducation continue de se réformer pour répondre à l'évolution des attentes de la société et aux nouveaux impératifs pédagogiques, l'interaction entre la profession enseignante et la formation de la conscience historique reste un domaine d'analyse et de pratique privilégié. Les éducateurs sont donc mis au défi de trouver un équilibre entre la promotion de la loyauté nationale et celle d'une appréhension impartiale et factuelle du passé, afin que les diplômés puissent devenir des citoyens réfléchis et engagés démocratiquement, capables d'affronter les ambiguïtés et les traumatismes inscrits dans leur héritage collectif.

Perspectives générationnelles sur les conflits passés

Dans la longue trajectoire de la société israélienne, les perspectives générationnelles sur les confrontations militaires passées exercent une influence décisive sur les modes de compréhension de soi dans une perspective nationale. Une manifestation réflexive de cette influence est la transmission sélective d'actes mnémoniques dirigés, ancrés en particulier dans le conflit israélo-palestinien. Différentes cohortes d'âge, façonnées par l'entrelacement séquentiel des pressions mondiales et locales, amortissent et recadrent l'héritage des hostilités antérieures, entraînant des modes différenciés en interne d'appréciation de la mémoire conflictuelle.

Parmi ceux qui sont aujourd'hui identifiés comme la génération historique plus âgée – des individus forgés dans les années qui ont immédiatement précédé et suivi la création de l'État juif et les affrontements successifs –, la mémoire est généralement ratifiée par une triangulation triadique entre la biographie individuelle, la pédagogie institutionnelle et le rituel public. Les groupes d'idées saillants sont forgés dans des expériences tangibles de siège, d'urgence et de consolidation qui, en l'absence de discours formels d'adaptation, sont assimilées comme des données normatives pour l'identité.

Le récit concomitant mêle des arcs émotionnels de traumatisme et de résilience à un sentiment polysémique de mise en péril de la patrie, réaffirmant la trajectoire de la survie comme coïncidant avec le succès de l'État. En conséquence, les membres survivants de la cohorte font rarement la distinction entre traumatisme personnel et mémoire collective, car la survie elle-même est interprétée comme la justification normative des choix militaires passés. En revanche, la cohorte plus jeune, ayant mûri dans un contexte de progrès technologiques rapides et de réseaux mondiaux en expansion, adopte une position plus nuancée et plus nuancée à l'égard de la présentation des événements historiques. Leur accès à une multitude d'informations et leur sens prononcé de la responsabilité sociale les encouragent à remettre en question les historiographies canoniques et à participer à des dialogues transnationaux.

En général, ils expriment leur engagement en faveur de la réconciliation et cherchent à démanteler les récits apparemment immuables, dans l'espoir d'articuler un ordre civique prospectif fondé sur la coexistence et la compréhension réciproque. La divergence qui en résulte entre les gardiens de la mémoire plus âgés et les plus jeunes cultive les frictions intergénérationnelles et anime les débats publics en Israël. Cette interaction entre des souvenirs variés anime une contestation vivante du passé et de son influence sur les configurations politiques et sociales actuelles. Elle met en évidence le caractère mutable de la mémoire collective et la mesure dans laquelle les transitions générationnelles façonnent la réarticulation continue de l'identité nationale.

L'influence persistante des guerres antérieures sur l'environnement sociopolitique d'Israël rend nécessaire de s'intéresser systématiquement à la manière dont chaque génération se souvient de ces conflits. Ce n'est que par un dialogue intergénérationnel délibéré que les sociétés peuvent surmonter les fractures liées à la mémoire et favoriser la reconnaissance empathique des différentes réalités vécues. Un tel dialogue peut donner naissance à une mémoire collaborative dont les contours dépassent ceux d'une seule génération. Accorder une attention analytique particulière à ces perspectives générationnelles changeantes constitue une première étape pratique vers une réconciliation pluraliste des passés contestés d'Israël.

Le rôle des médias dans la formation de la perception publique

L'impact des médias dans ce processus ne peut être ni surestimé ni simplifié. Au fil du temps, les canaux journalistiques, audiovisuels et documentaires adoptent, renforcent et parfois contestent les récits dominants du conflit, négociant ainsi les limites d'un souvenir acceptable. Leurs choix d'images, de voix et de techniques de cadrage reflètent non seulement les divisions idéologiques existantes, mais servent également d'instruments qui cristallisent et diffusent la mémoire collective. Dans un système politique où les politiques actuelles restent profondément imprégnées des guerres passées, ces pratiques médiatiques acquièrent un poids stratégique ; le cadrage du passé, une fois ancré dans la sphère publique, devient un contexte nécessaire pour interpréter le présent et éclairer les prescriptions d'un avenir imaginé. Il est essentiel de comprendre comment le conflit israélo-palestinien est médiatisé, autant pour l'analyse académique, que pour saisir pourquoi la mémoire historique est devenue un champ de bataille à part entière. Les médias israéliens – qu'il s'agisse des journaux télévisés, des documentaires, des commentaires ou de la presse écrite – peuvent façonner la mémoire collective et, indirectement, la politique.

L'essor des réseaux sociaux n'a fait qu'intensifier cette influence, permettant aux revendications historiques de circuler rapidement et souvent sans contrôle éditorial, ce qui complique la manière dont les segments démographiques de la population israélienne acceptent le passé de leur nation. Le cadrage d'épisodes charnières tels que la Nakba de 1948 et la guerre des Six Jours est donc plus qu'une question pédagogique ; il s'agit d'un acte politique aux conséquences durables. Les choix terminologiques, la mise en avant de certaines images et l'enchaînement des événements déterminent les récits qui dominent l'imaginaire collectif. Cette alchimie éditoriale peut soit confirmer les convictions existantes, soit créer les conditions d'une réévaluation critique des fondements de ces convictions. En outre, la reproduction persistante par les médias de mythes historiques sélectifs, associée à des stéréotypes réducteurs, renforce la vision binaire du conflit et, par conséquent, les divisions intra-israéliennes, rendant plus difficile le discours civique commun et le consensus politique. L'interaction entre les intérêts politiques et la représentation médiatique des événements passés mérite une analyse rigoureuse.

Lorsque les médias s'alignent ouvertement ou secrètement sur des agendas partisans, le risque augmente que leurs récits du passé soient sélectivement cadrés ou rhétoriquement embellis, produisant ainsi un consensus fallacieux sur la réalité historique. Cette convergence entre volonté politique et pratique communicative oblige les universitaires et les citoyens à aborder les documents historiques médiatisés avec un scepticisme vigilant, en gardant à l'esprit les intérêts qui peuvent être en jeu.

Compte tenu de l'imbrication de ces facteurs, la promotion de l'éducation aux médias et de la pensée analytique indépendante est une nécessité civique. Lorsque les citoyens sont systématiquement formés à interroger les bases factuelles et les stratégies narratives qui sous-tendent la représentation des événements historiques, ils développent des capacités de jugement délibératif qui renforcent le débat public. Simultanément, l'insertion de perspectives plurielles et marginalisées dans la sphère médiatique contribue à pluraliser les récits historiques, réduisant ainsi l'emprise monopolistique d'un seul récit politique et favorisant, en retour, une empathie intercommunautaire plus profonde. Dans la négociation en cours de son passé contesté, la société israélienne considère les médias non seulement comme un acteur périphérique, mais aussi comme un agent décisif dans le processus collectif de mémoire, de reconnaissance et de réconciliation prospective.

Discours politique et controverse historique

Le discours politique concernant les controverses historiques en Israël est profondément lié à la compétition plus large pour le contrôle de la mémoire collective qui sous-tend l'identité de l'État. Les interprétations des événements marquants sont calibrées pour servir les fins politiques actuelles, transformant la mémoire elle-même en un instrument de contestation. Cette section examine la relation récursive entre le déploiement rhétorique, la contestation historiographique et la reproduction durable de la discorde.

La partisanerie israélienne contemporaine place systématiquement la mémoire au premier rang des champs de bataille sur lesquels se joue la crédibilité politique. Les factions parlementaires et les mouvements extraparlementaires désagrègent le passé, récupérant des épisodes discrets qui renforcent leurs objectifs stratégiques, tout en excluant les interprétations rivales. Cette sélectivité scientifique est ensuite élevée au rang de discours officiel, où elle influence les programmes scolaires, les émissions médiatiques et les documentaires officiels, conditionnant ainsi les paramètres dans lesquels la politique est débattue.

La disparité entre les licences d'interprétation accordées à sa propre mémoire et l'accusation délégitimante du passé de l'adversaire sert, à son tour, à polariser la cognition publique et à encadrer les interlocuteurs diplomatiques. La contestation collective exacerbée sur les détails historiographiques renforce les clivages sociaux et stagne les initiatives de réconciliation. Les versions contradictoires du passé occupent le même espace argumentatif que les propositions politiques actuelles, laissant peu de marge intellectuelle pour un récit convergent et partagé. Il en résulte une fracture permanente de la sphère publique, dans laquelle chaque jugement historique engendre des clivages schématiques entre les électeurs, tandis que l'élite politique s'abstient de publier une vision d'avenir qui pourrait remplacer l'archétype du grief fourni par le souvenir inégal des mêmes événements. En outre, la convergence entre les épisodes historiques contestés et les agendas politiques actuels constitue une menace persistante pour l'autonomie du monde universitaire et les obligations éthiques de l'historien.

Les chercheurs qui tentent de revisiter et de recalibrer les récits fondateurs se heurtent fréquemment à un régime d'intimidation qui comprend la censure institutionnelle, la diffamation publique et la mobilisation de la machine politique contre eux. Lorsque l'interrogation du passé est intégrée à des impératifs partisans, il en résulte une atmosphère corrosive qui déforme les preuves et étouffe les échanges collégiaux qui sont le moteur du progrès historiographique. Au-delà des frontières nationales, l'imbrication des querelles historiques et de la rhétorique politique a des effets puissants sur la diplomatie internationale.

Les États et les institutions interprètent les controverses historiques israéliennes principalement à travers le prisme de la realpolitik, modulant leurs approches en matière d'aide, d'embargo et de cadres de médiation. La résonance de certaines affirmations historiographiques sur l'opinion mondiale et la formulation des politiques souligne la nécessité de dissocier la recherche scientifique des objectifs politiques instrumentaux ; l'écho des conflits historiographiques nationaux est ainsi amplifié sur la scène internationale, où ses conséquences sur la reconnaissance mutuelle et l'atténuation des conflits s'accumulent dans une relation inextricable avec la formulation du passé.

Naviguer à l'intersection du discours politique et de l'histoire contestée nécessite une compréhension sophistiquée des forces diverses et souvent contradictoires à l'œuvre. Pour y parvenir, il faut concilier soigneusement deux impératifs : premièrement, reconnaître comment l'histoire façonne les circonstances contemporaines et, deuxièmement, s'engager dans un dialogue véritablement ouvert et inclusif, refusant d'être confiné par des frontières partisanes. En affrontant la nature complexe et stratifiée des controverses historiques qui se confondent avec les récits politiques, Israël peut œuvrer à la création d'un espace où l'engagement constructif, l'écoute empathique et l'articulation progressive d'une mémoire historique commune peuvent s'épanouir.

Les monuments publics et leur symbolisme

Les monuments publics manifestent les valeurs, les croyances collectives et les choix historiographiques des sociétés qui les créent. Dans le contexte israélien, ces monuments agissent comme des agents de la mémoire collective, négociant en permanence les significations attribuées au passé. Le symbolisme codé dans chaque structure reflète souvent les attitudes sociales dominantes à l'égard des événements et des personnages qu'elle commémore.

Qu'il s'agisse de représenter la grandeur d'un exploit militaire ou d'honorer une figure politique controversée, un monument annonce discrètement des axiomes sur l'identité nationale et l'orientation collective. Un exemple frappant de cette dynamique est l'itinéraire des mémoriaux consacrés à la fois aux victimes et aux acteurs vivants des conflits récurrents en Israël. Ces lieux de commémoration, tout en reconnaissant le sacrifice, propagent simultanément des récits paradigmatiques de survie et de force morale. À l'inverse, le simple fait de les créer et le rituel de leur entretien peuvent générer des controverses, en particulier lorsque les actions passées, désormais examinées sous un angle plus sélectif ou critique, apparaissent comme ritualisées et sacro-saintes.

La friction qui en résulte entre l'hommage à la mémoire et la remise en question de l'héritage suscite un débat public sur la validité des projets commémoratifs canoniques et invite à un pluralisme historiographique, c'est-à-dire à insister pour que le paysage commémoratif englobe un éventail plus large d'expériences, de traumatismes et d'interprétations. En outre, les monuments publics sont de plus en plus considérés comme des instruments de réconciliation. Les propositions contemporaines préconisent souvent des mémoriaux qui reconnaissent la souffrance endurée par chaque groupe impliqué dans les hostilités passées.

Ces mémoriaux visent à perturber la domination des récits historiques unilatéraux, invitant plutôt à la compassion et à la compréhension de populations hétérogènes. Lorsque les espaces publics sont reconstitués comme des lieux de deuil communautaire plutôt que de vénération individuelle, il en résulte une chorégraphie délibérée de réconciliation collective et de cohésion sociale. Au-delà de leur existence physique, les monuments en Israël exercent un capital symbolique qui pénètre les sphères politiques et diplomatiques.

Ils peuvent réorienter les récits nationaux en mettant en avant des événements ou des personnages spécifiques, influençant ainsi l'opinion publique et invitant à une réévaluation législative. À l'inverse, le démantèlement ou la reconfiguration délibérée d'un monument donné est en soi un geste rhétorique, signalant la volonté d'une communauté politique de relire sa propre chronique et d'entretenir une appréhension plus nuancée et réflexive du passé. De tels gestes peuvent publiquement indiquer le recalibrage des valeurs communautaires et l'acceptation de la complexité historique. Les monuments publics tirent leur importance à la fois de leur présence matérielle, et des récits qu'ils incarnent et des dialogues qu'ils suscitent.

Dans le contexte israélien contemporain, où les permutations de la mémoire et de l'identité restent très controversées, ces monuments assument une responsabilité permanente dans la configuration de la mémoire collective et la facilitation des processus visant à la réconciliation. Ainsi, l'examen critique de leur emplacement, de leur conception et de leur réception devient une dimension indispensable de la réflexion plus large sur la manière dont une société négocie son passé multiforme.

Mouvements populaires en quête de réconciliation

Les mouvements populaires en Israël et dans les territoires palestiniens continuent d'éclairer la voie vers la réconciliation, créant un espace de guérison malgré le poids d'une confrontation prolongée. Issus d'un engagement inébranlable en faveur de la reconnaissance mutuelle, ces collectifs réaffirment la force durable de la société civile, même lorsque la diplomatie au niveau de l'État vacille. Le Forum des familles endeuillées illustre de manière frappante cet engagement : des parents, des frères et sœurs et des conjoints israéliens et palestiniens, marqués à jamais par la mort d'un être cher, choisissent de transformer leur chagrin en fondement de la solidarité. La présence de rituels de deuil en hébreu et en arabe lors de leurs rassemblements symbolise non seulement une perte commune, mais également le rejet de la perte comme arme.

Ensemble, ces familles réclament un paysage politique capable de protéger la vie plutôt que de la sacrifier. Au cœur de l'efficacité de ces mouvements se trouve le principe selon lequel le dialogue – un échange intime et courageux – peut modifier la nature de l'hostilité. Des organisations telles que Combatants for Peace et Parents Circle-Families Forum offrent un espace aux hommes et aux femmes qui ont un jour porté les armes ou qui sont devenus des pleureurs professionnels, afin qu'ils puissent raconter les moments qui ont remodelé leur identité. Dans ces cercles, les souvenirs d'embuscades, d'enterrements, de regrets deviennent le lexique d'une nouvelle grammaire commune. L'affirmation de la souffrance de l'autre, malgré la conviction antérieure que celui-ci incarnait la menace, brise à la fois les caricatures et les conflits. Pour beaucoup, ces sessions ne débouchent pas sur un consensus, mais sur une monnaie de réconciliation indéniable : la reconnaissance.

Au fil des réunions successives, les participants entament le lent et timide processus de reconstruction d'un tissu social longtemps soutenu par la rhétorique de la division. En outre, des organisations locales ont cherché à atténuer les inégalités socio-économiques renforcées par la violence prolongée. Des initiatives axées sur le partenariat éducatif, la collaboration économique et le développement communautaire ont pris racine, déterminées à démanteler les murs de la méfiance et à tisser des relations réciproques entre des populations fragmentées.

Le Centre Hand in Hand pour l'éducation juive-arabe en Israël, par exemple, poursuit un modèle d'enseignement bilingue dans lequel les élèves maîtrisent à la fois l'hébreu et l'arabe tout en fondant leur apprentissage sur des valeurs civiques communes et des récits culturels partagés. Cependant, le chemin vers une réconciliation durable est semé d'embûches redoutables, notamment l'apathie populaire, la marginalisation institutionnelle et la violence des groupes extrémistes marginaux et militants. Les organisateurs locaux sont souvent confrontés à l'animosité des partisans de la ligne dure qui considèrent tout dialogue en faveur de la coexistence comme une trahison. Sans se laisser décourager, les militants redoublent d'efforts, soutenus par une détermination éthique en faveur de la justice. Leur détermination sans faille éclaire la voie à suivre et encourage des groupes plus larges à affronter les héritages complexes de leurs histoires respectives.

En résumé, les efforts communautaires en faveur de la réconciliation éclairent les voies possibles au-delà du conflit israélo-palestinien profondément enraciné. Grâce à des initiatives de dialogue incessantes, à la correction des inégalités sociales et à la promotion de la compréhension mutuelle, ces mouvements éclairent les contours d'un horizon dans lequel la coexistence pourrait finalement remplacer l'inimitié héritée. Les complications auxquelles l'avenir est confronté restent redoutables ; néanmoins, le dévouement et la force de caractère des militants locaux témoignent de la capacité inébranlable de l'esprit humain à persévérer face à des obstacles redoutables.

Liberté académique contre loyauté nationale

La liberté académique et la loyauté nationale se croisent fréquemment, souvent de manière controversée, dans le domaine de la recherche historique. Les chercheurs qui mettent en lumière des perspectives marginalisées ou remettent en question les hypothèses historiographiques dominantes sont souvent confrontés à un triage complexe d'obligations. Ils sont d'abord motivés par la fidélité aux principes de vérification empirique et de rigueur interprétative, mais sont simultanément soumis aux forces sociopolitiques qui exigent la fidélité au discours national dominant. Une telle impasse invite à s'interroger sur la souveraineté procédurale de la recherche, ainsi que sur les contraintes extra-scientifiques engendrées par les loyautés que les politiciens et les citoyens jugent indispensables.

La liberté académique est soumise à une pression supplémentaire due à des loyautés nationales profondément ancrées, en particulier dans les sociétés qui sont encore en train de négocier l'héritage d'un passé controversé. Les efforts visant à mettre en lumière des preuves enfouies et à réévaluer les injustices systémiques se heurtent inévitablement aux scénarios officiels de l'histoire approuvés par l'État. Dans ce contexte, la recherche de preuves et la critique du silence deviennent elles-mêmes politiquement délicates. Les universitaires se retrouvent donc sur une corde raide épistémique, s'efforçant de respecter l'axiome de la neutralité scientifique tout en étant simultanément poussés à adopter – et donc à légitimer – le discours national auquel l'État se réfère par défaut en temps de crise.

La relation de renforcement mutuel entre la liberté académique et la loyauté nationale a des ramifications qui dépassent les cloîtres de l'université et les archives. Elle contamine la conception des programmes d'études, le débat public et la gouvernance interne des universités. Les manuels scolaires du secondaire sont souvent conçus pour légitimer le récit national ; les enseignants qui osent remettre en question ces versions du passé découvrent que les sanctions pour divergence sont à la fois administratives et sociales, provenant à la fois des directives de l'État et des segments organisés de la société civile qui contestent la moindre insinuation d'historiographie déloyale. Les obstacles qui découlent de l'allégeance nationale sont indéniablement importants ; cependant, l'expérience historique confirme qu'ils peuvent être efficacement surmontés.

Au fil du temps, les universitaires et les mouvements sociaux ont défendu la liberté académique, souvent au prix de sacrifices personnels considérables, et leur engagement sans faille souligne l'importance cruciale de préserver l'intégrité de l'interprétation historique hors de portée de la coercition politique. Face à l'interaction entre la liberté académique et la loyauté patriotique, il est essentiel de créer les conditions dans lesquelles les points de vue historiques divergents ne sont pas seulement tolérés, mais activement honorés. Une politique qui garantit aux universitaires la latitude nécessaire pour contester les jugements établis et enquêter sur des faits troublants élargit efficacement sa propre compréhension d'elle-même. Une telle position historiographique, éclairée et inclusive, a en fin de compte la capacité de dépasser les limites de l'identification nationale et de servir de médiateur entre des mémoires concurrentes.

Vers un dialogue historique inclusif

La promotion d'un dialogue historique inclusif se heurte à des obstacles persistants posés par des attachements nationaux profondément enracinés et des mémoires concurrentes. La réalisation d'un tel dialogue exige un engagement collectif de tous les segments de la société à reconnaître et à valoriser les récits divergents, y compris ceux qui perturbent la mémoire collective dominante. Au cœur de cette entreprise se trouve la création d'un climat civique dans lequel des voix variées peuvent s'exprimer publiquement et recevoir une attention équitable, sans intimidation ni répression. La réforme de la politique éducative occupe une place décisive dans ce processus.

Les programmes scolaires nationaux contribuent de manière décisive à façonner la compréhension du passé chez les jeunes citoyens, et une présentation rigoureusement équilibrée des thèmes et des épisodes importants cultive l'acuité critique nécessaire pour aborder des mémoires à plusieurs niveaux. Parallèlement, l'inclusion délibérée de perspectives marginalisées et subalternes dans les programmes scolaires contribue à démanteler les stéréotypes bien ancrés, remplace les distorsions par des faits documentés et favorise une culture d'empathie entre les élèves qui ont des généalogies mémorielles différentes. Les médias jouent un rôle décisif dans la formation du débat public sur la mémoire historique.

Les journalistes et les diffuseurs ont la capacité d'orienter les débats de manière à favoriser l'inclusivité et l'ouverture intellectuelle. Lorsqu'ils amplifient un éventail de perspectives historiques et donnent l'exemple d'échanges civils, ils contribuent à cultiver une compréhension plus profonde et plus nuancée du passé, réduisant ainsi les divisions sociales. Les monuments et mémoriaux publics, quant à eux, possèdent une forte charge symbolique dans la mémoire collective des sociétés. Un réexamen réfléchi de ces sites peut constituer un acte décisif de reconnaissance de la pluralité des histoires vécues. Qu'il s'agisse d'ériger des mémoriaux supplémentaires ou de recontextualiser les originaux, ces pratiques annoncent une volonté d'intégrer des récits autrefois marginalisés, élargissant ainsi le champ du discours historique. Dans le même temps, les mouvements communautaires engagés dans la réconciliation et le dialogue peuvent générer une transformation durable.

En offrant des environnements dans lesquels les citoyens peuvent affronter les héritages du passé dans le cadre d'un dialogue ouvert et constructif, ces initiatives cultivent des lieux de guérison et de compréhension mutuelle. Elles donnent aux quartiers les moyens d'affronter des vérités troublantes et de forger ensemble un récit historique qui honore la complexité et la pluralité de l'expérience humaine vécue. La volonté d'établir un discours historique véritablement inclusif nécessite une remise en question fondamentale de l'identité nationale elle-même. S'engager en faveur d'un récit qui aborde franchement les complexités du passé tout en validant les expériences distinctes de chaque communauté ne représente pas une rupture de loyauté, mais une avancée audacieuse vers un avenir ancré dans la véracité et la compréhension mutuelle. Grâce à une participation soutenue à cette entreprise de reconstitution, les politiques peuvent dépasser les clivages profondément enracinés et créer une mémoire commune qui englobe toute la constellation des rencontres humaines.

Références

A. Overviews: Israeli Historiography & the "New History" Turn

Segev, Tom - _1949: The First Israelis_ (Free Press, 1998).
Journalistic narrative that first popularised internal Israeli critique of 1948 myths; still a gateway text for undergraduates.

Silberstein, Laurence J. - _The Postzionism Debates: Knowledge and Power in Israeli Culture_ (Routledge, 1999).
Maps the academic culture wars of the 1990s that cracked open the official story.

Shapira, Anita - _Israeli Historical Revisionism: From Left to Right_ (Frank Cass, 2002).
Insider's anatomy of why the "New Historians" provoked establishment backlash.

Zerubavel, Yael - _Recovered Roots: Collective Memory and the Making of Israeli National Tradition_ (Chicago, 1995).
Classic ethnography of how Independence Day, Lag Ba-Omer, and Holocaust Memorial Day rituals were con-

structed and contested.

B. Generational & Biographical Perspectives

Feldman, Yael – _Glory and Agony: Isaac's Sacrifice and National Narrative_ (Stanford, 2010).

Literary study of how the Akedah trope has been mobilised across Israeli fiction, theater, and film to negotiate guilt and heroism.

Almog, Oz – _The Sabra: The Creation of the New Jew_ (California, 2000).

Tracks the cultural archetype of the native-born Israeli and its gradual erosion under post-1967 critique.

Shenhav, Yehouda & Hever, Hannan (eds.) – _The Oxford Handbook of Israeli Literature and Society_ (Oxford, 2022).

Multigenerational essays on how Hebrew, Arabic, Russian, and Amharic writers re-narrate 1948 and its aftermath.

C. Education, Curriculum, and Textbooks

Podeh, Elie – _The Arab-Israeli Conflict in Israeli History Textbooks, 1948-2000_ (Bergin & Garvey, 2002).

Systematic content analysis of how 1948, the Nakba, and refugees were (not) represented.

Naveh, Esther & Yogev, Esther (eds.) – _Histories and Identities: Israeli Educators Grapple with Contested Narratives_ (Syracuse UP, 2022).

Ethnographic cases of teachers who smuggle alternative sources into classrooms despite Ministry of Education guidelines.

Goldberg, Tsafrir & Ron, Yiftach – "Teaching the Nakba in Jewish-Israeli Schools," _Journal of Curriculum Studies_ 54:6 (2022), 1-20.
Empirical study of pilot programmes and parental backlash.

D. Media, Commemoration, and Digital Memory
Liebes, Tamar & Kampf, Zohar – _Transforming Media Coverage of Violent Conflicts: The New Face of War_ (Palgrave, 2010).
Chapters on how 1948 footage and terminology re-circulate in 21st-century news cycles.

Neiger, Motti & Zandberg, Eyal – _Media Memory and the Israeli-Palestinian Conflict_ (Palgrave, 2022).
Covers Yom HaZikaron ceremonies, Facebook commemorations, and viral TikTok reenactments of Deir Yassin.

Handel, Ariel – "Digital Nakba: Virtual Returns and the Politics of Memory," _Jerusalem Quarterly_ 87 (2021), 6-27.
Explores 3-D reconstructions of destroyed villages and their reception inside Israel.

E. Public Monuments, Museums, and Spatial Politics
Azaryahu, Maoz – _Tel Aviv, the First Century: Visions, Designs, Actualities_ (Indiana, 2012).
Urban biography that unpacks how Independence Hall, Rabin Square, and Nakba graffiti coexist in the cityscape.

Young, James E. – _The Texture of Memory: Holocaust Memorials and Meaning_ (Yale, 1993) – esp. chapter on Yad

Vashem and its ripple effects on 1948 memory.

Comparative framework for analysing how state memorials police or pluralise narratives.

Dumper, Michael & Larkin, Craig – _Martyrdom and Memory in the Israeli-Palestinian Conflict_ (Routledge, 2022).

Studies roadside shrines, military cemeteries, and "alternative tours" that challenge official geographies of loss.

F. Grassroots Reconciliation & Civil Society Initiatives

Bekerman, Zvi & Zembylas, Michalinos – _Teaching Contested Narratives: Identity, Memory and Reconciliation in Peace Education and Beyond_ (Cambridge, 2012).

Comparative cases including Hand-in-Hand schools, Wahat al-Salam/Neve Shalom, and Combatants for Peace dialogue groups.

Savir, Uri – _The Process: 1,100 Days that Changed the Middle East_ (Vintage, 1999).

Insider memoir of Oslo backchannels; still relevant for understanding why grassroots work fills the vacuum left by failed diplomacy.

Hall-Cathala, David – _The Peace Movement in Israel, 1967-1987_ (Macmillan, 1990).

Genealogy of the first Israeli NGOs that dared to memorialise Palestinian loss.

G. Academic Freedom, Censorship, and the Law

Beinin, Joel & Stein, Rebecca L. – _The Struggle for Sovereignty: Palestine and Israel, 1993-2005_ (Stanford,

2006).
Chapters on university purges, "Nakba Bill" (2011), and the chilling effect on scholars.

Rabinowitz, Dan & Abu Baker, Khawla – _Coffins on Our Shoulders: The Experience of the Palestinian Citizens of Israel_ (California, 2005).
Discusses how Palestinian-Israeli historians navigate loyalty tests inside Israeli academia.

Gross, Aeyal – "Academic Freedom in a Militant Society: Israel and the Occupation," _Law & Ethics of Human Rights_ 14:2 (2020), 235-273.
Legal analysis of anti-BDS legislation and its impact on research about 1948.

12
La chute des discours extrémistes face aux nouveaux historiens
Netanyahu contre le mur

Discours extrémistes : contexte historique

Les discours extrémistes ont longtemps conditionné la perception du public et la politique dans toute la région. Apparus en période de crise, ces discours ont fusionné l'idéologie militante avec une historiographie hautement sélective, construisant des interprétations du passé qui ont orienté de manière décisive les sentiments et les politiques. Codés avec des certitudes axiomatiques, mais purgés de toute preuve contradictoire, ces discours ont non seulement fabriqué un désaccord sur les faits historiques, mais aussi une mémoire quasi sacrée qui a rationalisé les entreprises politiques et militaires.

Au fil des conflits et des interruptions successifs, ces discours ont conféré aux politiques antagonistes une licence historique ostensible, instillant des animosités durables et ritualisées. Leur circulation répétée dans l'éducation, les médias et les débats parlementaires a fourni aux générations successives des récits moraux tout prêts sur le présent. Fondés moins sur un débat empirique que sur une conviction mythifiée, ces récits ont consolidé une mémoire collective qui impose la fidélité au détriment d'une révision autocritique.

Leur influence a donc débordé de l'historiographie savante, saturant le discours civique et se traduisant en slogans martiaux. Ce qui apparaît comme un débat historiographique se divise souvent, *sotto voce*, en une contestation de la légitimité elle-même : les récits sont indissociables des modalités par lesquelles la région se souvient d'elle-même.

Pour démêler le présent politique du passé militant, il faut donc reconnaître le rôle constitutionnel du récit dans la constitution de la mémoire et de la politique. L'analyse nécessite un examen minutieux des énergies perturbatrices autrefois exercées par les voix extrémistes et des marques persistantes qu'elles ont imprimées dans la mémoire collective. Mettre en lumière la portée de ces récits ouvre simultanément la voie à l'étude des contre-récits qui ont refusé leur hégémonie et proposé des interprétations alternatives capables de redéfinir le paysage des preuves. Cette interaction jette les bases d'une réévaluation mesurée et d'une réinterprétation énergique d'un passé en constante évolution.

Il est essentiel de situer les revendications extrémistes dans le contexte historique plus large qui a nourri leur ascension pour comprendre pourquoi les efforts successifs visant à modifier le paradigme hérité se sont heurtés à des obstacles redoutables, une dynamique qui invite aujourd'hui à un bouleversement scientifique éclairé par une réflexivité critique. Pour apprécier l'essor des nouveaux historiens et leur reconfiguration décisive de la pratique historiographique, le chercheur doit d'abord cartographier le dense réseau de récits hégémoniques qui ont longtemps dicté le rythme et la forme du débat, car ce n'est qu'à partir de cette immersion approfondie que l'on peut pleinement discerner les contours de leur effondrement final, catalysé par la nouvelle vague historiographique.

La naissance du mouvement des nouveaux historiens

L'émergence du mouvement des nouveaux historiens a constitué un moment décisif dans l'historiographie d'Israël et de la Palestine. Dirigé par une génération de chercheurs formés dans les disciplines de l'histoire, de la sociologie et de la théorie critique, le mouvement a cherché à interroger, démanteler et réévaluer le récit dominant de la fondation de l'État d'Israël et de ses conséquences immédiates. Motivés par un engagement de principe en faveur de la corroboration de l'exactitude historique, ses partisans ont passé au crible les archives gouvernementales et militaires, les documents de presse et les témoignages de réfugiés, mettant ainsi au jour des preuves jusque-là reléguées et remettant en cause un consensus de longue date. Leur entreprise était animée par la conviction que cette période avait été présentée de manière trompeusement monochrome et qu'il était possible d'obtenir un portrait plus nuancé des acteurs en présence et des expériences humaines incomparables.

L'impulsion décisive de ce changement historiographique est venue du milieu sociopolitique multiforme dans lequel les universités israéliennes étaient immergées dans les années 1970 et 1980. La guerre de 1967, le règlement territorial qui a suivi et la militarisation progressive du discours national ont encouragé une réévaluation critique du passé de la nation. La confrontation avec les témoignages sur le déplacement des Palestiniens, les historiographies nationalistes, arabes et juives et les débats universitaires internationaux ont incité une nouvelle génération d'historiens à soumettre les mythes fondateurs à un examen rigoureux.

L'environnement intellectuel a ainsi donné naissance à un groupe émergent de chercheurs qui possédaient la formation analytique et l'engagement institutionnel nécessaires pour renverser le consensus scientifique conventionnel. De plus, les turbulences internes et les crises externes découlant du conflit israélo-arabe ont contraint les historiens et les commentateurs à réévaluer les récits dominants, ce qui a abouti à une insistance accrue sur un examen désintéressé et autocritique du passé.

Dans ce contexte, le collectif connu sous le nom de « nouveaux historiens » a saisi l'occasion pour desserrer les chaînes dogmatiques qui entravaient depuis longtemps la recherche universitaire. Leurs recherches, tout en suscitant de vives controverses parmi les spécialistes, ont également attiré l'attention du grand public, recevant à la fois des éloges et des critiques. L'impact de leurs travaux a toutefois dépassé le cadre des controverses ; ils ont irrévocablement redéfini le terrain universitaire, facilitant une historiographie autant plus large que plus égalitaire dans sa portée. En s'aventurant dans des domaines auparavant sensibles et en remettant en question les interdits acceptés, l'entreprise des Nouveaux Historiens s'est positionnée comme le prélude à une compréhension plus complexe et plus variée des passés entremêlés de la région. Ce bouleversement historiographique a inauguré une réflexion sur soi au sein du discours civique israélien et s'est propagé dans les arènes universitaires mondiales, stimulant un discours soutenu et expansif sur l'imbrication de l'historiographie, de la mémoire publique et de la formation de l'identité nationale.

Remettre en question les perspectives orthodoxes : débats clés

Le mouvement des nouveaux historiens a profondément remodelé la recherche universitaire sur l'histoire d'Israël, en particulier sur la création de l'État. Des historiens tels que Benny Morris, Ilan Pappé et Avi Shlaim ont remis en question le consensus qui prévalait depuis longtemps dans les milieux universitaires et publics.

Au cœur de cette rupture intellectuelle se trouvait une réévaluation critique des mythes fondateurs qui n'avaient longtemps pas été remis en question, provoquant un débat féroce et étendu tant dans les revues universitaires que dans la sphère politique au sens large. Au centre de cette controverse se trouvait la caractérisation de l'entreprise sioniste et la trajectoire qui a abouti à la création de l'État d'Israël. Les récits établis célébraient généralement le rassemblement déterminé des colons juifs comme une noble reconquête de la patrie ancestrale, présentée sous l'angle d'un héroïsme exalté à la David et Goliath.

Les nouveaux historiens ont toutefois appliqué une critique systématique et souvent fondée sur des archives à ce schéma, explorant l'achat négocié de terres, le déplacement progressif, mais lourd de conséquences des populations arabes et les calculs militaires à plusieurs niveaux qui ont guidé l'État embryonnaire. Ce faisant, ils ont mis en lumière des aspects de la création de l'État qui avaient longtemps été occultés, déstabilisant ainsi l'horizon glorifié dans lequel s'inscrivait auparavant la fondation.

Les nouveaux historiens ont relancé le débat controversé

sur l'exode palestinien de 1948, en introduisant des interprétations qui contredisaient directement la vision longtemps dominante d'une fuite volontaire des Arabes. En examinant minutieusement les archives récemment rendues publiques, en interviewant les principaux acteurs et en réévaluant la documentation de l'État israélien, ils ont mis en évidence des schémas de déplacement intentionnel et d'intimidation systématique qui ont accompagné le déracinement des sociétés palestiniennes. Ces conclusions ont bouleversé les interprétations établies de l'exode, imposant une reconfiguration de la responsabilité historique et de la responsabilité juridique et morale dans les domaines de l'histoire diplomatique et des études sur les droits de l'homme.

Un deuxième point central des controverses était la manière dont l'historiographie nationaliste a façonné la mémoire collective et l'identité nationale israéliennes. Les anciens paradigmes, animés par des récits de conquête rédemptrice et de courage défensif, ont entretenu une mythologie nationale héroïque qui a servi à renforcer l'unité politique et le moral du public. Les nouveaux historiens, en revanche, ont remis en question ce récit héroïque, provoquant une confrontation tardive avec les troubles historiques. En démystifiant de manière critique les fables chères au cœur des Israéliens et en confrontant le public aux aspects moins commémorés de la formation de l'État, ils ont incité à un réexamen public de la mémoire, encourageant un rééquilibrage idéologique qui a bouleversé même les registres les plus ancrés de la culture politique.

Les analyses rigoureuses des nouveaux historiens ont largement dépassé les cercles universitaires, déclenchant une réévaluation majeure des récits longtemps acceptés sur la fondation d'Israël. En exposant sans relâche des faits cachés et en remettant en question le silence autour de questions sensibles, ils ont imposé une profonde remise en question de la dynamique entrelacée de l'autorité, de la dépossession des terres et de la mémoire collective. Le dialogue critique qui en a résulté avec les récits traditionnels a poussé l'historiographie israélienne elle-même dans un nouvel espace épistémologique, marquant le début d'un effort soutenu pour concilier un compte rendu précis du passé et la responsabilité éthique.

Benny Morris : la recherche archivistique et ses conséquences publiques

Dans l'historiographie contemporaine, Benny Morris retient l'attention tant pour la précision de son travail d'archivage que pour les controverses qui ont entouré ses découvertes. Les premières études de Morris sur la guerre de 1948, dont certaines parties ont été tirées des archives nationales israéliennes récemment rendues accessibles, ont réorienté la compréhension scientifique et populaire du conflit, mettant en évidence la friction entre les preuves documentaires et la mémoire collective. Le commerce de l'éditeur et les salles de conférence témoignent du bilinguisme de son influence : pour les politiciens et les journalistes, son nom est devenu synonyme de la vérité traîtresse qui peut émerger d'une analyse méticuleuse ; pour les historiens, il souligne le mérite et le danger de révéler des preuves gênantes. Le travail de Morris est avant tout animé par la conviction que la discipline exige la fidélité à ce que les archives peuvent à la fois confirmer et contester, aussi explosives que soient les conclusions.

En insistant pour que les archives sur les comportements paramilitaires juifs et les dilemmes palestiniens soient lues parallèlement, il a compliqué les explications binaires du traumatisme national et a contraint le public à rendre compte des décisions contingentes, souvent brutales, qui ont structuré la saison de la fuite. Cependant, l'importance de son corpus d'archives ne réside pas uniquement dans le catalogue des événements ; il remet en question les termes selon lesquels la mémoire, le récit et la responsabilité sont habituellement négociés, incitant les historiens à reconsidérer les dispositifs historiographiques qui servent de médiateurs entre le passé et le public.

En ce sens, la combinaison de l'érudition et du courage dont fait preuve Morris dans la recherche d'archives n'a pas tant enrichi la bibliothèque du conflit israélo-palestinien qu'elle n'a redéfini les limites des preuves acceptables dans toute tentative de narration de cette période tumultueuse. De plus, l'influence de Morris dépasse largement le cadre universitaire et touche le discours civique et politique au sens large, où ses travaux ont suscité à la fois une réflexion publique et des remises en question personnelles. La persistance de ses arguments oblige à réexaminer sévèrement les décisions antérieures et leurs conséquences à long terme. Son attention scrupuleuse aux preuves archivistiques, associée à une confrontation sans faille avec des épisodes controversés, assure à Morris une place centrale dans la réévaluation continue du passé israélien.

Ilan Pappé et la provocation de l'orthodoxie académique

Ilan Pappé, un historien israélien largement identifié aux Nouveaux Historiens, s'est positionné comme un critique incisif de l'orthodoxie historiographique qui régit les interprétations de la genèse de l'État israélien. Ses travaux ont suscité un débat vigoureux, voire des critiques, en particulier sa description de l'exode palestinien de 1948 comme un acte de nettoyage ethnique. En examinant de près la fondation d'Israël parallèlement au déracinement systématique des Palestiniens, Pappé a perturbé l'équilibre intellectuel de l'historiographie sioniste dominante. Son insistance résolue à ancrer son interprétation dans un corpus expansif de documents d'archives et de témoignages oraux récemment accessibles, provenant, en même temps, de témoins juifs et palestiniens, a élargi l'ouverture méthodologique du domaine et le récit syndétique, tout en contestant le chronotope sioniste fondamental.

Dans *The Ethnic Cleansing of Palestine*, Pappé combine l'exploration des archives avec un récit intentionnel, remplaçant ainsi les tropes apologétiques typiques des histoires israéliennes antérieures. Grâce à un examen détaillé des directives militaires israéliennes, de la correspondance gouvernementale et des dossiers administratifs locaux, il a mis en évidence la congruence des impératifs militaires, politiques et coloniaux, situant la dynamique de 1948 dans un calcul prémédité d'ingénierie démographique.

L'engagement de Pappé en faveur d'un cadre multidisciplinaire poreux – incluant la théorie politique, les études sur la mémoire et la philosophie morale – souligne son affirmation selon laquelle la discipline doit affronter les dimensions controversées et moralement chargées du passé, même à la périphérie des conventions savantes et des convictions personnelles. La résonance de ses travaux dépasse largement le cadre universitaire, alimentant le débat actuel sur les devoirs éthiques des historiens et mettant en garde contre les conséquences que les choix historiographiques peuvent avoir sur les discussions actuelles concernant la justice et la réconciliation au Moyen-Orient.

Ignorant les frontières disciplinaires, Pappé insiste sur le fait que la production de connaissances ne peut rester indifférente à ses conséquences sociales, insufflant ainsi une nouvelle vie à la recherche universitaire tout en invitant à une réflexion approfondie sur la manière dont des récits concurrents se forgent sous la pression de la domination militaire et politique. En incitant les chercheurs à affronter la temporalité tendue de leurs sujets, il bouleverse l'image traditionnelle de l'historien en tant qu'observateur neutre et révèle comment les fondements supposés de l'exactitude factuelle sont toujours déjà stratifiés par des idéologies contradictoires. L'insistance continue de Pappé sur une recherche auto-réflexive et politiquement engagée oblige à un nouvel interrogatoire des archives et à une critique implacable des idéologies qui colorent leur lecture, garantissant que le passé reste un lieu d'importance politique pour le présent et l'avenir.

Les perspectives diplomatiques et les analyses de stratégie militaire d'Avi Shlaim

Avi Shlaim, figure de proue du mouvement des Nouveaux Historiens, occupe une position critique, mais nuancée, qui lui permet de remettre en question les interprétations orthodoxes de la diplomatie et de la pratique militaire israéliennes. Son travail, dont la documentation scrupuleuse et l'ampleur analytique lui ont valu un large public mérité, expose les contingences et les contradictions au cœur des décisions israéliennes des années 60 et 70.

Grâce à un examen approfondi de correspondances d'archives récemment rendues publiques et à une série d'entretiens avec les principaux acteurs, Shlaim a mis au jour des preuves qui modifient, voire bouleversent dans certains cas, les simplifications antérieures. Son enquête refuse toutefois l'étiquette de révisionniste, car elle ne cherche pas simplement à corriger les faits, mais à reconstituer le cadre explicatif lui-même. La texture de son argumentation déplace ainsi l'attention des seuls acteurs vers les domaines entremêlés du pouvoir, de la diplomatie et de la guerre. Ce faisant, Shlaim élucide la manière dont le patronage international, les divisions internes et la logique militaire ont convergé pour façonner des confrontations décisives. Ses analyses détaillées des initiatives diplomatiques spécifiques, des décisions prises sur le champ de bataille et de leurs répercussions internationales révèlent un domaine dans lequel contingence et calcul sont indissociables, et le portrait qui en résulte est en même temps éclairant et déstabilisant pour les perceptions établies de l'action et de la rationalité israéliennes.

En outre, le travail d'Avi Shlaim illustre comment une recherche historique rigoureuse continue d'éclairer et d'affiner les discussions contemporaines. En examinant à la fois les tactiques diplomatiques et les opérations militaires, il propose un cadre analytique clair qui met en lumière la manière dont les événements passés continuent d'influencer les relations de pouvoir actuelles. La reconstruction minutieuse des crises successives par Shlaim souligne l'interaction complexe entre les intentions, les décisions et les répercussions imprévues qui constituent la formation historique de la région. Son mérite ne consiste donc pas seulement à raconter le passé, mais à démontrer qu'une recherche critique soutenue est essentielle pour toute évaluation responsable du présent et pour prévoir les trajectoires futures que ces actions contemporaines peuvent engendrer.

Les chercheurs invités des Nouveaux Historiens ont également bouleversé la mémoire nationale en confrontant et en réinterprétant la version consensuelle supposée des événements récents. Leurs travaux exposent les processus sélectifs par lesquels les sociétés se souviennent de certains épisodes tout en omettant ou en reformulant discrètement d'autres. En mettant en avant des archives précédemment ignorées ou occultées, ces historiens invitent un public plus large à remettre en question la fiabilité des interprétations établies de longue date. Ce faisant, ils ont élargi le champ du débat acceptable et encouragé une réévaluation des symboles, du vocabulaire et des rites qui soutenaient auparavant une identité nationale uniforme. La diffusion de leurs arguments dans les milieux universitaires et les médias grand public illustre donc la manière dont l'historiographie peut intervenir et, à terme, modifier le caractère de la mémoire commune.

Points de vue iconoclastes : l'impact sur la mémoire populaire

Une conséquence notable de la recherche iconoclaste est la modification de la mémoire collective concernant les guerres passées et leur héritage. Les lectures révisionnistes proposées par les nouveaux historiens ont contraint les étudiants, les enseignants et le public à remettre en question des convictions profondément ancrées et à recalibrer leur compréhension d'épisodes spécifiques. En conséquence, la mémoire collective, autrefois largement guidée par des récits faisant autorité, mais partiaux, a été contrainte de s'adapter aux nouvelles preuves mises en avant, ce qui a engendré une compréhension plus dense et plus stratifiée des événements. En outre, les arguments iconoclastes des nouveaux historiens ont suscité un débat public vaste et parfois acrimonieux.

En remettant en question l'historiographie hégémonique et en rassemblant de nouveaux documents pour donner du crédit à des reconstructions alternatives, ces chercheurs ont précipité le débat dans les forums universitaires, médiatiques et civiques. Ces échanges vigoureux ont non seulement approfondi la qualité du débat public, mais ont également contribué à recalibrer les orientations actuelles vers le corpus de matrices que l'historiographie tente d'interpréter. L'historiographie iconoclaste a également laissé une empreinte décisive sur le programme scolaire officiel et les structures du débat scientifique. Les modèles explicatifs alternatifs articulés par les nouveaux historiens ont obligé les concepteurs de programmes, les auteurs de manuels scolaires et les chercheurs à repenser la représentation pédagogique et analytique du passé.

L'effet cumulatif a été la formation d'une interprétation plus texturée, hétérogène et, surtout, remise en question des conflits passés, cultivant ainsi un engagement plus conscient et plus perspicace avec leurs complexités inhérentes. Les perspectives associées à l'historicité ont remarquablement redessiné la représentation des événements passés dans les médias culturels – littérature, arts visuels et productions audiovisuelles – à l'époque contemporaine. La déconstruction des cadres canoniques a offert aux créateurs de nouveaux angles d'approche et une latitude imaginative, leur permettant d'interroger, de reformuler et de représenter ces événements de manière à pluraliser de manière productive la mémoire culturelle et à élargir son vocabulaire représentatif. En fin de compte, les travaux révolutionnaires des nouveaux historiens ont profondément recalibré la mémoire collective de la nation, provoquant une critique soutenue et une réévaluation des chroniques traditionnelles. Leur résonance ne se limite pas au débat académique, mais s'est diffusée dans le discours public, façonnant les dispositions durables du public et les attitudes collectives envers le passé.

Réévaluer l'exactitude historique : preuves contre idéologie

Alors que les nouveaux historiens remettent méthodiquement en question l'historiographie dominante, la question de l'exactitude historique revêt une urgence sans précédent. Leur réexamen approfondi des épisodes clés remet en cause le consensus traditionnel, insistant sur le fait que la vérification du passé doit reposer uniquement sur des confirmations documentaires plutôt que sur des engagements idéologiques préexistants. Bien avant que ces interprétations antérieures ne soient considérées comme canoniques, elles avaient déjà été imprégnées d'impératifs nationalistes qui ont cristallisé la mémoire collective. Les nouveaux historiens, en revanche, font appel à une sensibilité méthodique et scientifique, fouillant dans des archives non consultées et faisant appel à des témoins taciturnes pour redéfinir l'objet de leur étude. Il en résulte une rupture visible qui juxtapose des formules idéologiques durables aux preuves obstinées que ces récits avaient tendance à ignorer. La tâche ainsi réimposée est toutefois tout sauf facile.

L'engagement à rétablir l'exactitude historique oblige le chercheur à traverser un marécage d'intérêts bien établis et de résistances institutionnelles. Une telle navigation n'est possible qu'en soumettant les documents d'archives à une critique magnanime, mais implacable. Les fragments d'archives, les souvenirs et les artefacts sont isolés, catalogués et interrogés ; les lentilles de l'État, de l'idéologie et de la mémoire collective sont simultanément démantelées. Grâce à ce processus itératif, l'historien s'efforce de rendre transparente la surface saturée de la mémoire collective, afin que le matériau brut et sans fioritures du passé devienne diplomatiquement discernable. De plus, en reconstruisant systématiquement les phénomènes historiques à partir de preuves documentées, les nouveaux historiens exposent les distorsions cachées des données qui ont été utilisées pour renforcer les constructions idéologiques dominantes. Une telle exposition déloge l'échafaudage de crédulité sur lequel reposaient des convictions longtemps chéries, obligeant une communauté politique à faire face aux vérités troublantes qu'elle a habituellement niées et à reconsidérer les axiomes sur lesquels son identité collective a été érigée. La rencontre entre les données vérifiables et la doctrine partisane génère un champ dans lequel l'alliage de la vérité historique est sans cesse tempéré, invalidant les dogmes reçus et conduisant à une compréhension plus complexe et, en fin de compte, plus véridique du continuum temporel.

Dans ce contexte, l'élévation des faits documentés au-dessus des croyances sédimentées modifie les termes du débat historique, confrontant les constructions autoritaires à l'exigence inflexible de la rigueur probatoire. Les nouveaux historiens déterrent, recontextualisent et confrontent publiquement les traces du passé, exigeant ainsi que l'historiographie soit réancrée sur des données qu'aucune préconception idéologique ne peut déloger. Cette réorientation reporte la désignation de l'exactitude historique à un domaine variable qui est irrépressiblement reconstitué par la force rigoureuse et non négociable de la preuve, approfondissant ainsi notre connaissance du passé et annonçant l'ouverture d'une phase décisive dans la recherche historiographique.

Réception publique et résistance intellectuelle

L'introduction des nouveaux historiens, ainsi que leurs reconfigurations révisionnistes du passé d'Israël, ont déclenché une polémique qui croise le débat scientifique et le discours quotidien de manière manifestement divergente.

Ce chapitre examine les phénomènes contrapuntiques de la réception publique et de la réaction scientifique qui ont encadré l'entrée des nouveaux historiens dans la mémoire collective. Au cœur de la controverse se trouve la remise en cause par les nouveaux historiens des grands récits nationaux sédimentés. Leur réexamen de la conflagration de 1948 et des processus de déplacement qui l'ont accompagnée a sapé les tropes fondamentaux que les historiens, les éducateurs et les pratiques commémoratives ont longtemps soutenus, provoquant ainsi une résistance à la fois viscérale et disciplinée.

Au sein du monde universitaire, la réception s'est fracturée selon des lignes de fracture partisanes : certains universitaires saluent les archives reconstituées comme un correctif nécessaire à l'amnésie commémorative, tandis que d'autres les dénoncent comme tendancieuses, sélectives et corrosives pour la continuité historique dont la politique a besoin. Au-delà des salles de séminaire, le public a reflété cette polarisation, soumettant les historiens à la condamnation, à un lectorat avide, ou aux deux, dans des registres grossiers de mémoire et d'oubli. Les affirmations empiriques annoncées dans des monographies fondatrices et des compilations ultérieures ont, par conséquent, fait l'objet d'une contre-enquête soutenue.

Les historiens et commentateurs conservateurs, dont beaucoup sont favorables à l'historiographie fondamentale, ont soulevé des questions épistémologiques sur la provenance, la synthèse et les filtres interprétatifs utilisés par les nouveaux historiens. Ils soutiennent que les assemblages d'archives, bien qu'acquis légalement, transmettent un mode d'argumentation jurisprudentiel qui privilégie la culpabilité plutôt que la nuance et que les antécédents politiques des auteurs compromettent le détachement nécessaire à la vocation scientifique. Les débats illustratifs sur l'expérience des réfugiés palestiniens, le caractère systématique des opérations de la Haganah et la structure compositionnelle des archives israéliennes ont ainsi pris une importance tant pédagogique que disciplinaire, réinjectant à plusieurs reprises la controverse dans le courant scientifique dominant.

Face aux critiques d'historiens éminents et de représentants politiques de premier plan, les nouveaux historiens ont été contraints de défendre leurs méthodologies archivistiques et leur intégrité scientifique dans un climat de suspicion aiguë et de débat vigoureux. La nécessité d'une réfutation incessante et détaillée a renforcé la reconnaissance du fait que les historiographies émergeant de la région ne peuvent être dissociées de la dynamique partisane qui anime actuellement la vie publique israélienne. Les choix interprétatifs, qu'ils concernent la guerre de 1948 ou les politiques étatiques qui ont suivi, sont donc soumis à la même lecture partisane qui façonne aujourd'hui la politique ou le comportement électoral. Les médias et les spectacles publics sont ainsi devenus à la fois le forum et l'arène de la reproduction et de la réfutation des écrits des nouveaux historiens. Des symposiums passionnés, des controverses littéraires baroques et l'immédiateté des débats télévisés ont permis de réexaminer en permanence les preuves archivistiques contestées.

Plus important encore, ils ont également mis en lumière les fractures au sein de la société israélienne contemporaine, révélant comment les désaccords sur le passé sont directement liés à des imaginaires divergents sur le présent et l'avenir de la nation. En conséquence, les récits des nouveaux historiens sont devenus le symbole de négociations plus larges sur l'identité, la mémoire et l'autorité. En retraçant l'évolution de la réception publique et des réfutations savantes, on constate à quel point l'influence des nouveaux historiens se fait désormais sentir en dehors des salles de séminaire. Leurs écrits ont fait leur entrée dans le discours de l'activisme politique, de la politique éducative et de la production culturelle, obligeant les citoyens et les responsables politiques à affronter le passé avec une pression explicative rarement égalée par les générations précédentes d'historiens. Leur impact durable et leur influence persistante sur la manière dont l'histoire est conceptualisée et dont l'identité nationale est vécue constitueront le point de vue essentiel à partir duquel les phases ultérieures de l'enquête historiographique et de la réflexion collective devront être discernées.

Conclusion : l'impact durable et la voie à suivre

La phase culminante de cette enquête révèle un domaine en pleine évolution, façonné à parts égales par l'innovation scientifique, le débat civique et les pratiques de l'État. Les nouveaux historiens ont irrévocablement réécrit les chroniques de la création d'Israël et, ce faisant, ont suscité une reconceptualisation fondamentale de la mémoire collective et des projets identitaires qui en découlent. Les généalogies extrémistes sont désormais soumises à un interrogatoire cinglant qui, à son tour, oriente l'historiographie en pleine évolution vers une confrontation calibrée et polyphonique avec le passé.

La volonté des nouveaux historiens de remettre en

cause les interprétations institutionnalisées est elle-même devenue un signal historiographique, obligeant leurs successeurs à interroger, plutôt qu'à hériter, le canon des preuves et à exposer, plutôt qu'à supprimer, les vérités dérangeantes. Cependant, leurs travaux critiques ont également suscité une confrontation sociale plus large, obligeant les individus, les organismes éducatifs et les institutions civiques à renégocier les termes de leur attachement au passé et à l'édifice historiographique qui soutient les cadres narratifs nationaux et transnationaux.

L'influence continue des nouveaux historiens est observable dans le recalibrage du discours public et l'élaboration des politiques. Leur orientation révisionniste a catalysé des débats au sein de la discipline et du grand public, produisant une sensibilité aiguë aux opacités inhérentes aux récits dominants. Cette sensibilité impose un devoir scientifique et civique émergent d'examiner minutieusement les doctrines établies et les prémisses non vérifiées, nourrissant ainsi une éthique de la recherche en même temps progressivement expansive et acoustiquement plurielle. Dans ce contexte en mutation, les nouveaux historiens lèguent une orientation expansive qui favorise une historiographie plus à l'écoute des voix marginalisées et de la nécessité éthique de se confronter à des vérités discordantes et rivales.

Anticipant les voies scientifiques à venir, les nouveaux historiens ont établi une éthique intellectuelle durable qui valorise le courage académique et la remise en question incessante des certitudes héritées. Cette philosophie invite à son tour les historiens en début de carrière, les éducateurs et les décideurs politiques à rechercher des récits qui, plutôt que de renforcer les frontières dogmatiques, mettent en avant une fidélité inébranlable aux preuves empiriques et aux expériences vécues par les gouvernés. Les répercussions de leurs recherches audacieuses continuent de résonner dans le monde actuel, incitant à un examen renouvelé des mythes fondateurs qui façonnent autant les identités nationales que les imaginaires collectifs à partir desquels les sociétés orientent leur avenir. Dans le même temps, l'influence durable des nouveaux historiens exige de leurs successeurs qu'ils considèrent la récupération des récits passés sous silence ou marginalisés comme un impératif professionnel et éthique, car ces récits ont la capacité de révéler le caractère polyvalent des phénomènes historiques et de favoriser la reconnaissance mutuelle et la réconciliation négociée. En fin de compte, l'éclipse des historiographies extrémistes par les nouveaux historiens signifie plus qu'une simple correction des archives officielles ; elle dénote un remaniement radical des modalités selon lesquelles les politiques négocient leurs horizons temporels, passés, présents et futurs.

Références pour en savoir plus

A. Foundational & Critical Studies on "Extremist" or Hegemonic Memory

Kimmerling, Baruch - _Politicide: Ariel Sharon's War against the Palestinians_ (Verso, 2006).

Dissects how militarised nationalist discourse became state common-sense, marginalising dissenting historiography.

Ram, Uri - _The Globalization of Israel: McWorld in

Tel Aviv, Jihad in Jerusalem_ (Routledge, 2008).
Explores the interplay of neoliberal consumerism and ethno-religious extremism in shaping Israeli memory politics.

Peri, Yoram – _Generals in the Cabinet Room: How the Military Shapes Israeli Policy_ (USIP, 2006).
Traces how ex-generals translate battlefield narratives into civilian policy scripts, constraining historical debate.

Shenhav, Yehouda – _Beyond the Two-State Solution: A Jewish Political Essay_ (Polity, 2012).
Deconstructs the "demographic anxiety" trope and its extremist deployment since 1948.

B. The New Historians – Core Monographs & Collective Portraits

Shlaim, Avi – _The Iron Wall: Israel and the Arab World_ (Norton, 2001).
Classic diplomatic history that foregrounds Israeli expansionism and refugee creation, framed in archival detail.

Morris, Benny – _Righteous Victims: A History of the Zionist-Arab Conflict, 1881-2001_ (Vintage, 2001).
Sweeping synthesis that still anchors the New Historians' corpus; pair with his later autobiographical reflections.

Pappé, Ilan – _Ten Myths About Israel_ (Verso, 2017).
Short, polemical primer that translates New Historians' findings for a popular audience.

Shafir, Gershon & Peled, Yoav – _Being Israeli: The

Dynamics of Multiple Citizenship_ (Cambridge, 2002).

Sociological lens on how competing nationalist narratives are institutionalised in law, land policy, and memory.

C. Archival Method & Evidentiary Debates

Gelber, Yoav - _Palestine 1948: War, Escape and the Emergence of the Palestinian Refugee Problem_ (Sussex, 2006).

Conservative rebuttal to Morris/Pappé; indispensable for understanding evidentiary fault lines.

Sela, Avraham & Kadish, Alon - "The New Historians: A Critical Appraisal," _Israel Studies_ 15:2 (2010), 1-52.

Special issue featuring archival audits, declassified minutes, and methodological critiques from both camps.

Khalidi, Rashid - "The Palestinians and 1948: The Underlying Causes of Failure," in _The War for Palestine_, 2nd ed. (Cambridge, 2007).

Palestinian historian's assessment of how New Historians corroborate or diverge from Arab archives.

D. Memory Wars in Education, Media & Law

Firer, Ruth - "The Presentation of the 1948 War in Israeli School Textbooks," _Holy Land Studies_ 3:1 (2004), 55-74.

Content analysis showing how extremist tropes ("empty land," "voluntary flight") were institutionalised.

Gross, Zehavit & Maoz, Ifat - _The Israeli-Palestinian Conflict in the Israeli Psychology Curriculum_ (Springer, 2021).

Examines how psychological discourses of fear and trauma reinforce extremist historical scripts.

Lentin, Ronit – "Israel's Holocaust/Nakba Law: Memory, Lawfare, and the Criminalisation of Counter-Memory," _Ethnic & Racial Studies_ 41:11 (2018), 2016-2034.
Legal-ethnographic study of the 2011 "Nakba Bill" and its chilling effects on public commemoration.

E. Digital & Visual Cultures of Extremist Memory
Kuntsman, Adi & Stein, Rebecca – _Digital Militarism: Israel's Occupation in the Social Media Age_ (Stanford, 2015).
Tracks how memes, viral videos, and emoji militarise historical grievance in real time.

Handel, Ariel – "Military Memes and the Digital Reenactment of 1948," _Journal of Visual Culture_ 20:2 (2021), 165-184.
Case-study of TikTok and Instagram reels that remix archival footage into extremist narratives.

F. Grassroots & Artistic Counter-Memory
Bishara, Amahl – _Back Stories: U.S. News Production and Palestinian Politics_ (Stanford, 2013).
Anthropology of Palestinian citizen-journalists who contest Israeli extremist memory from within the state.

Yosef, Raz – _The Politics of Loss and Trauma in Contemporary Israeli Cinema_ (Rutgers, 2011).
Film analysis showing how Israeli filmmakers (Waltz with Bashir, Lebanon) subvert martial heroism.

Slyomovics, Susan – _The Object of Memory: Arab and Jew Narrate the Palestinian Village_ (Penn, 1998).

Ethnography of coexistence initiatives that curate 1948 memory against extremist erasure.

G. Academic Freedom & Reprisals

Beinin, Joel & Hajjar, Lisa – "Palestine, Israel and the Arab-Israeli Conflict: A Primer," Middle East Research & Information Project (2023).

Continuously updated dossier on academic boycotts, visa denials, and tenure cases.

Rabinowitz, Dan & Abu-Zahra, Nadia – "Weaponising Antisemitism: The IHRA Definition and the Silencing of Nakba Scholarship," _Race & Class_ 64:1 (2022), 3-24.

Critical account of how allegations of extremism are mobilised to police academic speech.

13
Israël : un mensonge démenti
Une société au bord de l'implosion

Les divisions historiques de la société israélienne

L'empreinte historique de la société israélienne ressort d'un ensemble continu de mouvements, de migrations et de stratifications qui remontent à des millénaires. Depuis l'Antiquité, des conflits ethniques, sectaires et politiques plus ou moins importants ont constitué le terrain fragile sur lequel se sont cristallisées par la suite les lignes de fracture communautaires. Les groupes juifs, arabes, druzes et bédouins ont coexisté sans s'assimiler les uns aux autres, créant ainsi une mosaïque remarquablement variée qui a tour à tour enrichi et empoisonné la vie civique. Les événements marquants du XXe siècle, notamment le mandat britannique, la déclaration d'indépendance de 1948 et les affrontements successifs des guerres de 1967 et 1973, ont redessiné les frontières territoriales et accentué les clivages préexistants.

Chaque rupture a infligé de nouvelles vagues de traumatismes à certains secteurs de la société, tandis que les transferts de population, les programmes de construction de l'État et les stratifications militaires qui les ont accompagnés ont renforcé les discontinuités spatiales et économiques. Une hiérarchie de classes formalisée s'est alors cristallisée, dans laquelle les centres d'accumulation de capital et d'investissement dans les infrastructures coïncidaient avec des groupes démographiques particuliers, laissant les communautés périphériques naviguer dans un environnement économique moins clément.

Le mouvement de l'Aliyah, avec des migrations successives en provenance d'Europe, d'Afrique du Nord, du Moyen-Orient et, plus tard, de l'ancienne Union soviétique et d'Éthiopie, constitue une autre strate de différenciation. Chaque vague a apporté avec elle des coutumes, des langues et un sentiment d'appartenance qui lui sont propres, que l'appareil colonial de colonisation et de consolidation de l'État a intégrés dans une politique aspirant à la fois à l'unité et à la hiérarchisation. Les vagues d'immigration en provenance d'Europe, d'Afrique du Nord, du Moyen-Orient et d'Éthiopie ont insufflé à Israël des cultures distinctes, chaque colonie ajoutant son dialecte, sa cuisine, son calendrier religieux et sa mémoire de la perte et du renouveau à la table communautaire.

Cette agrégation de différences, tout en renforçant le caractère pluraliste de la nation, a également généré des frictions, les groupes insistant sur la visibilité et la continuité de leurs coutumes héritées, même lorsque celles-ci contrastent avec la culture israélienne dominante qui les entoure. La tentative d'harmoniser plusieurs calendriers, codes vestimentaires et sources jurisprudentielles au sein d'un cadre juridique et civique unique a parfois transformé la différence en un sujet de grief plutôt qu'en un enrichissement discret. Ces frictions culturelles sont aggravées par le conflit prolongé autour de la terre et de la souveraineté. Le sort de Jérusalem, autant capitale religieuse du judaïsme, du christianisme que de l'islam, cristallise des revendications plus profondes, tandis que les interactions avec les territoires palestiniens et leurs habitants ont institutionnalisé des récits rivaux tant dans la législation que dans la rhétorique quotidienne. Les points de vue sur la sécurité, les colonies, les négociations et les initiatives de conciliation sont rarement des opinions isolées ; ils se cristallisent plutôt en une méfiance mutuelle, des lignes de fracture au sein des familles, des rivalités professionnelles et des cloisonnements éducatifs.

Ces fossés idéologiques, codifiés dans les documents nationaux et dans la rue, transforment le débat sur l'avenir commun en une cacophonie d'avenirs concurrents, chacun ancré dans une histoire sélectivement répétée. Historiquement, la fragmentation de la société israélienne doit donc être appréhendée comme une matrice entrelacée plutôt que comme une succession de fractures distinctes. Les traditions culturelles, les loyautés religieuses, les loyautés politiques stratifiées et les modèles inégaux de distribution du capital ont fusionné en une seule expérience pluraliste continue, dans laquelle la fragmentation n'est pas une interruption de l'harmonie, mais son stade dynamique et continu. Ce n'est qu'en explorant minutieusement ces origines entremêlées que l'analyste peut rendre lisible la fragmentation actuelle et, peut-être, tracer des voies productives vers la réconciliation qui respectent la résilience de la différence sans nier la revendication de la souveraineté collective.

Inégalité économique et stratification sociale

L'inégalité économique et la stratification sociale continuent de s'entremêler dans le tissu global de la société israélienne. La cartographie économique du pays ressemble à une courtepointe hétérogène dont les pièces inégales représentant les avantages et les inconvénients ont été assemblées au fil des décennies. Au sommet de cette cartographie, une élite limitée accumule richesse et prestige, tandis qu'une grande partie de la population doit composer avec des moyens de subsistance précaires et une mobilité restreinte. La persistance de ce fossé économique – entre une minorité aisée et une majorité vulnérable – a marqué les décennies successives et a eu des répercussions dans les domaines politique, éducatif et sanitaire du pays.

La trajectoire généalogique de l'inégalité actuelle peut être située dans les décennies formatrices de l'État, lorsque des vagues successives d'immigration et de construction nationale ont façonné les pôles économiques ruraux et urbains. L'arrivée de migrants porteurs d'héritages culturels et professionnels hétérogènes a facilité la segmentation de l'économie : certains groupes ont rapidement obtenu des licences très demandées, des emplois urbains et des contrats publics, tandis que d'autres ont été orientés vers des secteurs à bas salaires offrant peu de perspectives d'avancement. Il est essentiel de comprendre comment ces premières répartitions de capitaux et d'obligations ont été calibrées pour saisir la persistance contemporaine des avantages et des désavantages liés à l'appartenance à un groupe. La stratification sociale actuelle révèle la consolidation de cette répartition initiale. Le spectre économique est marqué par un cercle de plus en plus restreint de familles concentrées dans les déciles de revenus les plus élevés, dont le capital éducatif, culturel et financier engendre un avantage récursif. À l'opposé, le quintile le plus bas, souvent composé de familles nombreuses et de migrants issus de villes périphériques, est confronté à un endettement cumulé et à des relations limitées avec les institutions politiques ou celles qui favorisent la mobilité. Cette division va bien au-delà des différences de revenus. Elle affecte les possibilités d'éducation, l'accès aux services médicaux et, plus largement, la mesure même de la qualité de vie. Dans toutes les grandes villes d'Israël, il suffit d'observer la cartographie urbaine pour comprendre la situation : des quartiers fermés s'élèvent juste à côté de blocs d'immeubles mal entretenus, dessinant une carte visible et incontestable de deux réalités divergentes sur un même plan de ville. Dans le même temps, les forces combinées de la mondialisation, des changements technologiques rapides et de la concurrence non réglementée sur les marchés n'ont fait qu'intensifier cette fracture, creusant encore davantage les clivages en Israël. Lorsque ces forces se conjuguent, elles exacerbent la tendance à la polarisation économique, creusant encore davantage le fossé entre les couches aisées et les groupes pris dans une spirale descendante persistante. Cet élargissement du fossé confirme non seulement à quel point les inégalités sont profondément ancrées dans le tissu national, mais souligne également la difficulté extraordinaire de renverser ou même de réduire cette fracture. Les courants de stratification sociale sont désormais indissociables des phénomènes sociaux plus larges, façonnant autant l'allégeance aux partis politiques, que la texture des liens communautaires locaux et la faisabilité d'une véritable ascension économique. Les disparités économiques s'inscrivent dans toutes les sphères publiques, suscitant un questionnement critique sur la moralité de la répartition des richesses, l'impératif moral de corriger les inégalités de départ et la faisabilité de politiques qui englobent véritablement l'ensemble de la population.

Ces débats ne sont pas seulement des discours politiques ; ils illustrent les voies systémiques par lesquelles les différences matérielles se traduisent en distinctions institutionnelles, suscitant à la fois des arguments virulents et des plaidoyers stratégiques. Compte tenu de ce portrait, un examen rigoureux des inégalités économiques et de leurs conséquences sur la stratification n'est pas facultatif ; c'est une condition préalable à tout engagement intellectuel et pratique avec la société israélienne dans son ensemble. Une analyse critique et progressive de l'évaluation, de la mobilité et des pratiques culturelles qui animent la stratification révèle non seulement quels groupes obtiennent des gains visibles et mesurables, mais également quels mécanismes sociaux reproduisent la privation relative. Ce n'est qu'à travers ce travail d'analyse que les observateurs peuvent espérer clarifier les limites et les potentiels inhérents à la recherche d'une société manifestement juste et cohésive.

Fragmentation religieuse : laïcité contre orthodoxie

Le paysage religieux de la société israélienne illustre les tensions plus larges qui façonnent l'État. Le clivage entre laïcs et orthodoxes continue d'influencer les relations sociales, car la désignation d'Israël comme État juif situe l'identité religieuse dans le cadre même du nationalisme. Cette proximité, tout en conférant un sens collectif à la judéité, produit simultanément une fracture, les secteurs laïcs et orthodoxes négociant des revendications divergentes sur la place publique.

La laïcité moderne, associée à des valeurs contemporaines et libérales larges, appelle à la séparation de la loi religieuse et de la fonction étatique. Ses partisans envisagent une politique multiculturelle dans laquelle la conscience de l'individu – qu'il soit théiste, athée ou agnostique – conserve son statut souverain. L'orthodoxie, en revanche, appelle à la fidélité à la Halakhah et aux rituels traditionnels, insistant sur le fait que les impératifs religieux doivent régir la politique publique ainsi que la conduite morale privée. La controverse entre les deux est évidente dans de nombreux domaines.

En politique, la législation concernant le divorce, la conscription des étudiants religieux et le statut du sabbat comme jour de repos précipite un conflit public aigu, exposant les priorités inconciliables que chaque camp défend. Des fractures parallèles apparaissent dans le secteur de l'éducation, où des programmes scolaires et des régimes institutionnels parallèles répondent aux impératifs épistémologiques et identitaires distincts articulés par les dirigeants laïques et orthodoxes. Par conséquent, les lignes de fracture de la pluralité religieuse restent visibles dans les échanges quotidiens, influençant les coutumes familiales, les relations de voisinage et la vie rituelle. La tentative d'établir une identité nationale unifiée doit composer avec ces forces centrifuges, accentuant la négociation prolongée sur la manière d'intégrer des convictions religieuses divergentes dans un sentiment commun de citoyenneté et d'appartenance. Dans le même temps, entre ces tensions, les partenariats émergents et le dialogue organisé suggèrent une possible réparation.

Les projets locaux et les réseaux interreligieux plus larges invitent à la collaboration entre les groupes laïques et traditionnels, encourageant l'engagement empathique et les entreprises coopératives. De telles initiatives témoignent d'une impulsion anthropologique durable qui survit aux divisions sectaires, suggérant que le tissu religieux varié d'Israël pourrait, grâce à des efforts concertés, évoluer vers un avenir à la fois plus unifié et plus respectueux de ses multiples sources de sens.

Diversité ethnique et culturelle : un melting-pot ou un chaudron bouillonnant ?

Le tissage complexe de la diversité ethnique et culturelle au sein de la société israélienne constitue une lutte permanente entre coexistence et contestation. Des communautés définies par des héritages divergents – Juifs ashkénazes et mizrahim, Arabes palestiniens, Druzes et Bédouins – se superposent sur le territoire, chacune apportant des langues, des rituels et des mémoires collectives distincts. Le « melting pot » israélien envisagé postule une harmonisation finale, dans laquelle diverses traditions fusionnent en une identité civique unique. Cependant, cette formulation ambitieuse est souvent contestée ; ses détracteurs affirment que sa rhétorique encourage une pression tacite vers l'homogénéité culturelle qui risque d'effacer les coutumes et les récits historiques des minorités. À côté du « melting pot » se trouve le « chaudron bouillonnant », une formulation qui traduit la férocité des antagonismes persistants. Ici, l'accent est mis sur les relations de pouvoir asymétriques, l'héritage colonial et l'héritage des guerres, qui exacerbent les différences plutôt que de les réconcilier. Les épisodes de violence interpersonnelle, de discrimination institutionnelle et d'accès différentiel aux ressources de l'État galvanisent cette imagerie, qui sert à exposer plutôt qu'à éluder les fractures.

Dans ce cadre, les frontières ethniques et culturelles restent poreuses, mais antagonistes ; la coexistence est présente, mais elle est sous-tendue par une lutte persistante et non résolue pour la voix, la reconnaissance et les conditions de l'existence collective. S'engager dans la constellation complexe de la diversité ethnique et culturelle nous oblige à respecter les histoires multiples qui façonnent chaque communauté, tout en affrontant les inégalités profondément enracinées qui alimentent les conflits. Le véritable progrès dépasse l'acceptation passive des différences ; il repose sur la promotion active des coutumes et des langues distinctives de chaque groupe.

Cet objectif exige des politiques soigneusement élaborées qui garantissent un accès équitable à la voix politique, aux institutions sociales et à la préservation culturelle, validant ainsi la valeur de toutes les personnes et communautés embrassées par la politique. De même, le travail visant à combler les divisions de longue date repose sur des pratiques rigoureuses de dialogue transparent et de reconnaissance réciproque. Lorsque les sociétés reconnaissent les expériences historiques composites mais souvent inégales de leurs groupes constitutifs, des voies s'ouvrent pour l'empathie, la restitution et la convergence des récits qui renforcent l'identité collective. L'éducation formelle reste la pierre angulaire de cet effort, en proposant des programmes scolaires qui mettent en lumière l'humanité commune dans des pratiques culturelles variées et cultivent ainsi les dispositions de respect et d'inclusion dont les futurs citoyens auront besoin pour maintenir une démocratie pluraliste et dynamique.

Le caractère en constante évolution de la société israélienne nécessite une stratégie discernable, mais flexible pour concilier la recherche d'une identité nationale cohésive et la sauvegarde du pluralisme culturel. L'idéal d'un « melting pot » qui respecte les identités constitutives sans les dissoudre, tout en étant soigneusement isolé du potentiel conflictuel d'un « chaudron bouillonnant », oblige les décideurs politiques à cultiver un équilibre sophistiqué. Cet équilibre doit reconnaître les multiples couches d'appartenance, parfois conflictuelles, tout en restant orienté vers un avenir commun autant intégrateur qu'enrichissant sur le plan pluraliste.

Le fossé politique : la gauche, la droite et tout ce qui se trouve entre les deux

L'environnement politique israélien se caractérise par un fossé idéologique large et persistant qui s'étend de l'extrême gauche au centre et à l'extrême droite, avec toutefois une multiplicité de positions intermédiaires qui reconfigurent constamment le spectre global. Ce fossé est animé par la force changeante de quatre domaines interdépendants : les récits historiques rivaux, les revendications religieuses concurrentes, les impératifs de sécurité existentielle et les controverses territoriales, qui peuvent tous faire pencher un acteur individuel ou collectif vers un pôle politique ou un autre. Les partis de centre gauche appellent généralement à une résolution diplomatique de la question palestinienne, privilégiant les gestes diplomatiques, le renforcement des droits civils des minorités et les normes civiques laïques.

À l'inverse, la coalition de droite insiste sur la nécessité de la dissuasion, prône une interprétation expansionniste des frontières nationales et cherche à ancrer l'identité israélienne dans le nationalisme religieux et les hiérarchies traditionnelles. Les formations centristes, souvent sous pression, occupent l'espace plus restreint entre ces alternatives, s'efforçant de satisfaire les attentes divergentes d'électorats hétérogènes. Les conflits idéologiques qui en résultent se sont gravés de manière indélébile dans la structure officielle de gouvernance. Cependant, leur portée est bien plus profonde : l'opinion publique, les pratiques civiques, la production culturelle et la vie privée ont toutes été reconfigurées par une rivalité politique persistante, souvent âpre. Le fossé est donc à la fois une formation politique et existentielle, dont les répercussions se font sentir aussi bien dans les débats des cafés que dans les sessions plénières de la Knesset.

Le discours public, la couverture médiatique et les cadres éducatifs sont tous subtilement orientés par l'environnement politique dominant, qui à son tour façonne à la fois les visions du monde personnelles et les orientations collectives de la communauté. Le système électoral proportionnel du parlement israélien, qui produit fréquemment des coalitions multifactorielles, sert de miroir structurel aux divisions stratifiées de la société. Ces divisions se répercutent sur les lignes de fracture ethniques et idéologiques qui colorent la vie quotidienne, transformant la loyauté politique en une question d'identification intime. Au sein de cette discorde, cependant, le pluralisme articulé alimente une contestation persistante des hypothèses normatives, contribuant à l'évolution progressive du discours sur l'orientation de la nation. Cette même pluralité politique empêche toutefois la conclusion d'accords durables, entravant toute action collective décisive sur des questions urgentes de gouvernance et de sécurité. Les héritages historiques, religieux et identitaires s'entremêlent pour institutionnaliser ces divisions, révélant l'intensité du consensus et de la contestation. Par conséquent, la tâche éthique et pragmatique immédiate consiste à identifier des cadres qui encouragent un dialogue respectueux entre les partis et favorisent la reconnaissance réciproque, renforçant ainsi la possibilité d'un ordre civique plus intégré et plus équitable.

Le rôle de l'éducation dans la formation des perspectives sociales

L'éducation constitue le fondement sur lequel reposent les sociétés, influençant de manière fondamentale la formation des croyances, des valeurs et des cadres d'interprétation des individus. Dans la réalité sociale complexe d'Israël, la capacité du domaine éducatif à maintenir ou à contester les divisions sociales profondément enracinées reste un facteur décisif. Les écoles dépassent le rôle de transmission des connaissances et deviennent des lieux influents où se cultivent les dispositions cognitives et affectives des jeunes et où se développent des prédications idéologiques spécifiques. En Israël, le paysage éducatif reflète le pluralisme inhérent à la société, englobant des systèmes hétérogènes – modèles laïques, sionistes religieux, ultra-orthodoxes et arabophones – chacun présentant des programmes et des fondements idéologiques distincts.

Si chaque courant est cohérent en interne, les divergences entre eux reproduisent et renforcent souvent les divisions sociales ; les programmes scolaires sont formulés dans un vocabulaire historique, culturel et politique particulier. Par conséquent, les élèves de tous horizons sont confrontés à des récits incohérents, dépourvus d'un horizon interprétatif commun ; ils sont confrontés à des interprétations variées du passé national, à des définitions antithétiques de soi et assimilent des images dissemblables de « l'autre ». Cette formation segmentée des connaissances et de l'identité, que ce soit par le biais des manuels scolaires, des pratiques pédagogiques ou des activités extrascolaires, approfondit involontairement la stratification de la politique nationale. De plus, les orientations pédagogiques employées au sein de ces institutions méritent d'être examinées de près.

La manière dont sont abordés des sujets controversés tels que le conflit israélo-palestinien, les relations entre Juifs et Arabes et la construction de l'identité nationale façonnera profondément les attitudes et la vision du monde des élèves. Les éducateurs ont une influence considérable sur les récits que les élèves intériorisent, et les stratégies adoptées pour aborder ces questions multifacettes peuvent, d'une part, cultiver l'empathie, le discernement analytique et la réceptivité au pluralisme ou, d'autre part, renforcer les stéréotypes, les préjugés et les dispositions ethnocentriques. À la lumière de ces considérations, la nécessité d'un programme scolaire inclusif, impartial et fondé sur l'empathie est évidente. Un tel cadre, qui encourage la réflexion, le respect des points de vue divergents et un examen rigoureux des réalités passées et présentes, peut servir de moteur à la réconciliation et à la cohésion sociale. Lorsque les élèves sont formés à participer à un dialogue constructif, à faire preuve d'empathie envers les expériences des autres et à interroger les sources d'un œil critique, l'éducation peut réaliser son potentiel en tant qu'instrument de transformation permettant de réparer les fractures sociales.

En outre, la portée de l'éducation doit être considérée comme s'étendant bien au-delà des murs des écoles et des universités formelles. Les environnements d'apprentissage informels, tels que les programmes communautaires, les mouvements de jeunesse et les activités extrascolaires, jouent un rôle important dans la formation des attitudes des jeunes. Lorsqu'elles conçoivent des espaces de dialogue, favorisent les contacts entre les groupes et cultivent la culture interculturelle, ces initiatives peuvent compléter de manière efficace le programme scolaire officiel, en créant des contextes dans lesquels le respect mutuel et la coexistence pacifique peuvent s'enraciner solidement. En fin de compte, l'influence de l'éducation sur les visions collectives du monde dans la société israélienne est à la fois profonde et complexe. Discerner comment les différents modèles éducatifs configurent les réalités sociales est une étape essentielle pour affronter les polarités profondément enracinées et construire un avenir plus serein et plus inclusif.

Influence des médias : perceptions et perceptions erronées

Les médias conservent une influence considérable sur la perception du public en Israël. Que ce soit dans les journaux traditionnels, les forums télévisés ou les plateformes numériques, le flux de récits et d'informations pèse lourdement sur l'opinion collective. Cependant, cette capacité de compréhension s'accompagne également d'un risque de perceptions erronées et de distorsions. Les plateformes d'information reflètent les divisions politiques et sociales endémiques de la société israélienne, fracturant le public et renforçant les convictions préétablies. Les interprétations des moments historiques, des personnalités politiques et des questions sociales peuvent diverger considérablement d'un média à l'autre, révélant les profondes divisions qui prévalent.

De plus, la place disproportionnée accordée à certaines voix en éclipse d'autres, produisant une image déséquilibrée du monde empirique. Cette écoute sélective peut soit valider, soit contester des convictions préétablies, renforçant ainsi la perception d'une société divisée. Le caractère sensationnel de certains reportages peut encore attiser ces divisions, créant un climat propice aux malentendus et à l'exacerbation des tensions. L'essor des réseaux sociaux ajoute une dimension supplémentaire : l'amplification algorithmique et les chambres d'écho perpétuent et renforcent ces préjugés, limitant les rencontres avec des points de vue contraires. Compte tenu de ces réalités, un examen analytique et critique rigoureux de l'influence des médias sur les perceptions de l'unité et de la division devient non seulement prudent, mais impératif.

Comprendre le fonctionnement des systèmes médiatiques nous permet de démêler les réseaux denses de récits partiaux et d'informations erronées qui entourent le discours public. Une telle compréhension met en évidence le rôle des médias dans l'amplification des fractures sociales, réaffirmant ainsi la nécessité de normes éthiques rigoureuses et d'un journalisme responsable dans toute la profession. Lorsque les médias cultivent activement des espaces pour une pluralité de voix et interrogent rigoureusement les points de vue concurrents, ils contribuent de manière significative à la réparation des fissures sociales et à la culture de la compréhension mutuelle. Une analyse approfondie de l'influence des médias sur les perceptions exactes et déformées révèle un processus cumulatif grâce auquel une société plus intégrée et plus compatissante devient à la fois imaginable et réalisable.

Les voix des jeunes : les luttes et les aspirations de la prochaine génération

Les voix des jeunes Israéliens se répercutent à travers la société stratifiée du pays, mêlant ambition, anxiété et espoir. Positionnée entre des récits historiques concurrents, des contestations sociopolitiques incessantes et un milieu culturel kaléidoscopique, cette génération se trouve à un tournant symbolique. Son aspiration collective est kaléidoscopique, témoignant des registres variés de la vie contemporaine en Israël.

Dans un écosystème médiatique fluide, les jeunes sont bombardés d'informations sélectionnées en fonction d'intérêts partisans. Il en résulte un paysage cognitif fracturé qui façonne leur appréhension des divisions croissantes du pays. Certains sont séduits par les certitudes d'idéologies bien ancrées ; d'autres cultivent consciemment une attitude critique qui valorise la dissidence, s'efforçant de combler le fossé qui se creuse entre les camps rivaux. L'éducation fonctionne à la fois comme un refuge et un espace contesté. Les salles de classe invitent les élèves à remettre en question les récits historiques et à imaginer d'autres perceptions nationales, mais ces mêmes salles deviennent des arènes où s'affrontent les idéologies. Les débats sur les récits qui sont intégrés dans les manuels scolaires et les voix qui sont reconnues reflètent la négociation plus large entre la loyauté envers les symboles hérités et la demande d'une reconnaissance expansive et plurielle. Les circonstances économiques auxquelles sont confrontés les jeunes Israéliens d'aujourd'hui exercent sur eux des pressions plus fortes que celles rencontrées par les générations précédentes.

La flambée des prix de l'immobilier, la diminution des perspectives de carrière sûres et un marché qui récompense les compétences étroites et spécialisées plutôt que l'adaptabilité généraliste se combinent pour réduire l'espace dans lequel les ambitions peuvent s'épanouir. La quête d'un moyen de subsistance durable, d'une mobilité ascendante et de la possibilité d'une vie adulte stable se heurte sans cesse aux limites imposées par un présent impitoyable. Parallèlement, l'échange fluide entre les héritages religieux durables et les normes laïques émergentes encadre l'espace dans lequel les jeunes interrogent les liens communautaires, les revendications religieuses et les impératifs de l'action personnelle. Cette réflexion introspective s'inscrit souvent dans le cadre de débats nationaux plus larges, produisant un éventail vertical de convictions qui refusent de se cantonner à des identités uniques et statiques.

Mouvements sociaux : combler ou creuser le fossé ?

Les mouvements sociaux en Israël ont été des agents décisifs dans l'évolution du paysage social du pays, fonctionnant en même temps comme des instruments de cohésion et des catalyseurs de discorde. Certains collectifs se sont délibérément efforcés de combler les fissures qui traversent la société israélienne, tandis que d'autres, notamment des groupes périphériques, ont involontairement intensifié l'éloignement entre ses composantes. La prolifération des griefs sociaux, politiques et culturels qui animent ces campagnes souligne le caractère multicouche de la vie sociale israélienne.

Pourtant, le risque d'élargir le fossé reste palpable. L'activisme centré sur le conflit israélo-palestinien, aussi cohérent soit-il, a régulièrement cristallisé l'allégeance communautaire en grilles d'opposition, durcissant les frontières de l'acceptation. De plus, la montée des impulsions périphériques, soutenues par des doctrines de revanche et de primauté de l'hostilité, a fragmenté l'espace discursif, éclipsant les appels plus modérés à un terrain d'entente et subvertissant ainsi la téléologie de la réconciliation ouvertement proclamée par les initiatives traditionnelles.

Le cadrage médiatique des mouvements sociaux n'est jamais neutre ; ses récits peuvent soit consolider des groupes hétérogènes en un collectif élargi, soit approfondir les animosités préexistantes. Pourtant, au milieu de cette polarisation médiatisée, certaines campagnes civiques se consacrent à réduire les divisions. À travers le dialogue interconfessionnel, des projets civiques communs et une coopération intercommunautaire soutenue, ces initiatives refusent de succomber au désespoir et affirment au contraire la cohésion latente dont dispose la politique israélienne.

En se concentrant sur les facteurs structurels, historiques et économiques du conflit, elles cultivent un tissu social qui, bien que ténu, tend vers une citoyenneté globale. Ainsi, l'héritage des mouvements dans l'Israël contemporain ne se réduit pas à une alternative entre rupture et réparation ; il s'agit d'un mélange de fractures et de réparations. Alors que l'État est confronté à une succession d'adversités complexes, la présence soutenue de telles initiatives déterminera les futurs ajustements de la solidarité sociale, créant à la fois des obstacles et des passerelles sur le long et difficile chemin vers une coexistence partagée et digne.

Références pour en savoir plus

A. Macro-Histories of Israeli Social Cleavage
Peled, Yoav & Shafir, Gershon - _Being Israeli: The Dynamics of Multiple Citizenship_ (Cambridge UP, 2002).
Foundational political-sociology of how 1948 war gains, citizenship laws, and labour markets fused ethnicity, class, and nationality.

Kimmerling, Baruch - _The Invention and Decline of Israeliness: State, Society, and the Military_ (California, 2001).
Tracks the unraveling of a hegemonic "Israeli" identity into competing ethno-religious sub-cultures after 1967.

Rouhana, Nadim N. - _Palestinian Citizens in an Ethnic Jewish State: Identities in Conflict_ (Yale, 1997).
Still the benchmark study of how Palestinian Israelis negotiate citizenship inside a state that memorialises their 1948 dispossession.

B. Immigration & Ethno-Class Hierarchies
Shohat, Ella - _On the Arab-Jew, Palestine, and Other Displacements_ (Pluto, 2017).
Essays on how Mizrahi immigration was racialised and instrumentalised against Palestinian memory.

Lissak, Moshe - _The Mass Immigration of the 1950s: The Failure of the Melting Pot_ (Yad Ben-Zvi, 1999).
Archival study of ma'abarot transit camps as crucibles of class and ethnic stratification.

Ben-Rafael, Eliezer & Sharot, Stephen - _Ethnicity, Religion and Class in Israeli Society_ (Cambridge, 1991).
Quantitative mappings of income, schooling, and political affiliation across Ashkenazi, Mizrahi, FSU, and Ethiopian cohorts.

C. Socio-Economic Inequality & Spatial Segregation
Filc, Dani - _The Political Economy of Health Care in Israel_ (Lexington, 2009).
Demonstrates how health budgets, kupat-holim membership, and residential zoning reproduce 1948-era inequalities.

Yiftachel, Oren - _Ethnocracy: Land and Identity Politics in Israel/Palestine_ (Penn, 2006).
Seminal on how land regimes and planning law convert military conquest into enduring ethno-class geographies.

Dahan, Momi & Klor, Esteban F. - "The Economic Returns to Higher Education in Israel," _Israel Economic Review_ 17:1 (2021), 1-40.
Econometric evidence of how parental origin (Mizrahi/Ethiopian vs. Ashkenazi) trumps academic merit in wage returns.

D. Religious-Secular Polarisation

Lehmann, David & Siebzehner, Batia – _Remaking Israeli Judaism: The Challenge of Shas_ (Oxford, 2006).

Ethnography of how Mizrahi ultra-Orthodox politics weaponise memory of 1950s discrimination to claim state resources.

Goodman, Yehuda & Fischer, Shlomo – "Religion, Class and the Politics of Redemption in Israel," _Theory & Society_ 44 (2015), 447-480.

Traces how Haredi draft exemptions are justified by theological readings of 1948 and Holocaust trauma.

E. Youth, Class, and Generational Anxieties

Nahon, Karin & Manoff, Marik – _The Israeli Dream: High-Tech Start-Ups and the Mirage of Mobility_ (Stanford, 2022).

Sociological study of how "Start-Up Nation" discourse masks deepening inter-generational class immobility.

Dahan Kalev, Henriette – "Ethiopian Israelis in the Military: Integration or Ethnic Regimentation?" _Armed Forces & Society_ 45:4 (2019), 629-648.

Shows how compulsory service reproduces racialised hierarchies rather than erasing them.

Grinberg, Lev Luis – _Politics and Violence in Israel/Palestine: Democracy vs. Military Rule_ (Routledge, 2010).

Frames youth protest (social justice tents 2011, Ethiopian demonstrations 2015) as class-based revolt against 1948 legacy.

F. Education & Youth Identity Formation

Gross, Zehavit - "Civic Identity and Citizenship Education in Israel: Between Nationalism and Pluralism," _Journal of Education Policy_ 35:6 (2020), 799-823.

Surveys how Jewish, Arab, and religious streams inculcate divergent narratives of 1948 and economic justice.

Yonah, Yossi & Shenhav, Yehouda - _What Is Multiculturalism? On the Politics of Difference in Israel_ (Hakibbutz Hameuchad, 2008).

Proposes curricular reforms that braid Mizrahi, Palestinian, and FSU memories into civic education.

G. Media, Digital Youth Cultures & Echo Chambers

Kuntsman, Adi & Stein, Rebecca - _Digital Militarism: Israel's Occupation in the Social Media Age_ (Stanford, 2015).

Chapters on how Instagram and Telegram groups monetise ethno-national grievance among Israeli youth.

Tsfati, Yariv & Peri, Yoram - "Mainstream Media and Ideological Polarisation in Israel," _Political Communication_ 33:2 (2016), 187-205.

Experimental evidence that selective exposure to Channel 12 vs. Channel 14 deepens class-ethnic divides.

H. Grassroots & Artistic Youth Counter-Cultures

Almog, Oz & Almog, Tamar - _The Sabras: Profile of a Generation_ (Am Oved, 2018).

Oral histories with 1948 "founder generation" grandchildren who reject hegemonic militarism.

Ravid, Barak – "From Black Panthers to Black Lives Matter: Ethiopian-Israeli Activism in Historical Perspective," _Middle East Journal_ 75:3 (2021), 389-410.

Links 1970s Mizrahi protest to 2015 Ethiopian youth uprising, stressing continuity of racialised policing.

I. Policy & Think-Tank Reports (Open Access)

- **Adva Center** – _Annual Social-Economic Report on Israel_ (Hebrew & English PDFs).

Indispensable data on poverty, housing, and education gaps by ethnicity and immigration wave.

- **Taub Center for Social Policy Studies** – _State of the Nation Report_ (annual).

Macro-economic analyses linking military expenditure to welfare retrenchment.

- **Israel Democracy Institute** – _Israeli Democracy Index_ (annual).

Survey data on youth attitudes toward democracy, religion, and 1948 narratives.

14
Conclusion

Implications politiques dans l'Israël d'aujourd'hui à la suite du génocide de Gaza

Des récits historiques aux réalités actuelles

L'histoire nous permet de saisir les réalités complexes de l'Israël contemporain, en particulier après le programme d'extermination de Gaza. Une étude attentive des événements passés révèle le développement séquentiel des idéologies politiques, des dispositions sociétales et des visions collectives figées qui influencent aujourd'hui l'État. L'analyse des textes canoniques et révisionnistes, en particulier ceux avancés par les nouveaux historiens, aide à clarifier comment des récits divergents ont reconfiguré l'imaginaire social qui sous-tend l'Israël d'aujourd'hui. Une telle enquête est bien plus qu'une réflexion savante ; elle met en lumière les sources de la violence, la codification de la doctrine d'État et la réception publique des crises actuelles. Chaque traité, chaque soulèvement et chaque rupture, depuis les premières confrontations jusqu'aux effusions de sang d'aujourd'hui, s'inscrit dans le présent vivant. Une telle compréhension rend transparentes les fractures et les polarités qui imprègnent la vie publique israélienne.

Au-delà de la politique, ces récits fournissent le vocabulaire de la mémoire collective, façonnant l'image que la nation a d'elle-même et conditionnant ses réactions face à l'adversité. Par conséquent, le passage de la chronique historique à la situation actuelle est imprégné de complexité, présentant un tissu densément tissé de lectures contradictoires et de significations contestées. Fondée sur des événements passés vérifiables, mais guidée par les exigences du présent, cette avancée incarne une négociation entre les héritages et les nouveautés émergentes. La discussion à venir cartographiera les interrelations délicates qui lient le passé au présent, permettant au public de négocier le parcours évolutif d'Israël avec une lucidité et une compréhension analytique accrues.

Le rôle des nouveaux historiens dans l'élaboration du discours politique

Les conversations politiques actuelles en Israël s'inspirent de plus en plus des travaux d'une nouvelle cohorte d'historiens dont les recherches ont systématiquement ouvert la voie à une réflexion sur le passé. Leurs recherches archivistiques minutieuses et leurs nouvelles preuves documentaires ont donné lieu à des interprétations alternatives d'événements cruciaux qui semblaient autrefois acquis. En attirant l'attention du public sur des conflits, des contradictions et des silences jusqu'alors occultés, ces historiens imposent un réexamen de la mémoire collective qui sous-tend l'identité nationale contemporaine. Leurs analyses ont mûri pour former un contre-récit qui, bien qu'ancré dans une rigueur critique, ébranle le consensus populaire et politique. Le débat académique s'en trouve certes animé, mais la résonance de ces travaux dépasse largement les salles de conférence : des éditoriaux, des documentaires populaires et des archives de la société civile diffusent désormais leurs conclusions, faisant des preuves révisionnistes un élément incontournable du débat public.

Les politiciens, conscients que les électeurs sont désormais réceptifs à la complexité, se sont vus obligés de préfixer leurs déclarations politiques d'avertissements qui semblaient auparavant superflus. Les voix périphériques longtemps reléguées au rang de notes de bas de page – les témoignages de réfugiés, les procès-verbaux des gouverneurs de district, les questions soulevées par les officiers britanniques – ont été mises au premier plan, invitant le public à adopter une position plus critique et, surtout, plus empathique.

Les campagnes populaires pour la mémoire, la préservation des cimetières palestiniens et la commémoration des non-combattants empruntent désormais les tactiques et la terminologie de ces historiens, les panneaux et les archives vidéo des conférences inondant les réseaux sociaux. En ce sens, les nouveaux historiens ont confirmé la maxime selon laquelle le travail universitaire, lorsqu'il est judicieux et tenace, peut reconfigurer le temps politique, bouleversant le passé pour donner un sens au présent. L'importance de leurs travaux repose sur leur capacité à susciter une réévaluation critique et une réflexion réflexive, cultivant ainsi une attitude plus éclairée et plus responsable sur le plan éthique face aux exigences politiques actuelles.

Voix émergentes : la montée des mouvements pro-paix

Au milieu de tensions et d'hostilités persistantes, une dimension décisive du milieu politique israélien actuel est la montée et la consolidation des mouvements pro-paix. Ces coalitions, composées d'un ensemble hétérogène de citoyens et d'organisations, ont progressivement confronté les discours dominants et les politiques étatiques, proposant des interprétations et des propositions alternatives ancrées dans la reconnaissance mutuelle et le règlement négocié. Manifestant un engagement durable en faveur du dialogue et de la justice réparatrice, ces mouvements incarnent une partie croissante de la société israélienne qui insiste pour sortir de l'impasse israélo-palestinienne prolongée par des pratiques non militaires et une gouvernance collaborative.

Les mouvements pro-paix se sont ralliés autour d'un engagement en faveur de la compréhension et de l'empathie, affirmant que seule une paix fondée sur la reconnaissance mutuelle des droits et aspirations légitimes peut résister à l'épreuve du temps et de la justice pour les Israéliens et les Palestiniens. Grâce à une organisation locale, à un plaidoyer ciblé et à un large éventail d'initiatives civiques, les participants au mouvement s'efforcent de créer et de maintenir des canaux de dialogue qui dépassent les animosités et la méfiance mutuelle profondément enracinées. Leurs efforts sont loin d'être isolés ; ces militants établissent des liens au-delà des frontières nationales et internationales, s'associant à des organisations sympathisantes afin d'élargir leur portée, de renforcer leur légitimité et de susciter une résonance plus profonde pour leurs objectifs communs.

Le regain d'intérêt pour ces mouvements est en grande partie dû à une attention accrue portée aux droits humains, à la justice sociale et à la condamnation morale de la violence et de l'oppression cycliques. Leur programme englobe l'égalité d'accès aux ressources, la défense des populations marginalisées et le rejet des politiques discriminatoires, chacun de ces éléments étant considéré comme un pilier non négociable de la vision d'une société juste et inclusive. Stratégiques dans leur communication, les leaders des mouvements mobilisent le discours public en participant à des forums civiques, en publiant des analyses et en exploitant les canaux numériques, impliquant ainsi un large éventail de parties prenantes, dans des cercles qui s'étendent du niveau local au niveau planétaire.

En Israël, les initiatives en faveur de la paix se sont heurtées à une série de difficultés interdépendantes : l'opposition des intérêts politiques établis, les courants de polarisation sociale qui divisent la société et le spectre omniprésent des menaces pour la sécurité. Néanmoins, ces mouvements, sans se laisser décourager, continuent d'articuler leurs objectifs et de rechercher une transformation législative et sociale. Leur persévérance démontre non seulement le pouvoir de persuasion de leur doctrine, mais incarne également une aspiration soutenue à un avenir caractérisé par la coexistence, la reconnaissance de la dignité de chaque individu et une culture de paix durable. Ainsi, l'émergence et la persistance des mouvements en faveur de la paix confirment la capacité de la solidarité populaire et de l'engagement compatissant à naviguer et à atténuer les clivages profondément enracinés, galvanisant un effort commun et progressif vers un avenir plus juste, plus cohésif et plus viable sur le plan écologique pour tous les habitants de la région.

L'ombre de Gaza : comment les événements récents influencent l'élaboration des politiques

Les événements récents à Gaza ont pesé sur la politique israélienne avec l'inertie d'un traumatisme. Leurs répercussions se sont propagées, réorganisant en même temps les alignements régionaux et les termes de l'engagement international. Les observateurs sont arrivés sur les lieux et ont constaté une destruction aveugle ; à partir de ce moment, les décideurs politiques ont été obligés de réfléchir aux effets à long terme du carnage. Les salles du Parlement et les salles du Conseil des ministres sont devenues le théâtre de débats urgents, parfois douloureux, sur la question de savoir si le maintien de la capacité de dissuasion pouvait coexister avec un semblant d'obligation humanitaire.

Les élites au pouvoir ont depuis appris que le souvenir des morts massives ne s'estompe pas et que ce souvenir, entre les mains des opprimés, peut devenir une force persistante et mobilisatrice. Les pressions externes et internes convergent désormais vers un leadership qui considérait autrefois l'efficacité militaire comme synonyme d'intégrité nationale. Pour réévaluer cette équation, il faut aller au-delà, même avec prudence, d'une équation réflexive entre sécurité et légitimité. Le sol brûlé par les bombes a également brûlé le lexique de la rhétorique officielle : les partisans des représailles trouvent désormais leur plus forte réfutation dans le bourdonnement constant en arrière-plan d'un jugement moral réprimé. L'occasion s'est donc tournée vers l'intérieur, invitant les ministres, les soldats et les citoyens à se demander si le recours à la force peut jamais produire une politique à la fois sûre et viable.

Les événements récents à Gaza éclipsent désormais toutes les conférences politiques, rappelant aux États et aux universitaires à quel point le consentement peut rapidement disparaître et les vies être anéanties. L'ampleur des souffrances civiles et de la destruction des infrastructures a contraint à une réévaluation collective de l'adéquation et de la moralité de toute stratégie visant à faire progresser, ou simplement à perpétuer, le statu quo. Au-delà du danger humanitaire immédiat, le conflit a réorganisé les pulsations régionales, effilochant les anciens partenariats et exposant la fragilité des déclarations de sécurité collective, tout en rendant la politique de neutralité de plus en plus périlleuse.

Les répercussions des bombardements se répercutent sur les calendriers parlementaires et les communications diplomatiques, obligeant les capitales à affiner, voire à réorganiser, des couches entières de l'architecture politique. Dans cette atmosphère tendue, la recherche de solutions capables de survivre au prochain point chaud est devenue non seulement pratique, mais aussi moralement obligatoire, poussant les hommes d'État à rechercher des voies diplomatiques qui dépassent le simple cessez-le-feu pour aboutir à une véritable reconstruction politique. Gaza continue donc de s'imposer non pas comme un dossier humanitaire lointain, mais comme une critique vivante de toute gouvernance qui sous-estime le pouvoir meurtrier de l'omission.

Médias, perception et politique : une interaction complexe

Les médias, la perception et la politique favorisent un lien inévitable et toujours plus profond dans le conflit israélo-palestinien actuel, à travers lequel la violence, la sympathie et la politique sont réfractées pour de multiples publics. Les instruments médiatiques, qu'il s'agisse de la télévision, des blogs ou des mouvements hashtag, sont rarement neutres ; ils dramatisent les morts, les blessés, les blocus et les représailles de manière à créer des cadres de signification, privilégiant certaines vérités par rapport à d'autres. Dans le cas du massacre continu à Gaza, les enjeux sont encore plus importants ; l'éradication calculée des quartiers civils et des infrastructures passe par des salles de montage et des algorithmes qui décident quels images, quel nombre de morts, quel visage d'enfant suscitent la circulation et l'élan moral.

Les angles d'approche des informations, les images qui les accompagnent et la longueur des rapports de situation influencent cumulativement la politique ; ils déterminent quand l'indignation monte et quand elle s'apaise, et donc quand les gouvernements sont habilités à exclure certaines options ou à céder finalement à des enquêtes humanitaires. Les médias peuvent ainsi cultiver une politique d'empathie radicale ou renforcer une politique d'indifférence résiduelle, et chaque résultat se répercute aussi bien sur les conscrits que sur les diplomates.

Dans un monde interconnecté, les écosystèmes médiatiques différenciés, chacun imprégné de ses propres loyautés économiques, idéologiques et éditoriales, se font concurrence non seulement pour l'audience, mais également pour le registre moral qui calibre les projets de traités, les ventes d'armes et, en fin de compte, la géographie de la violence. Une lecture comparative critique de ces écosystèmes – de la manière dont les décombres de Gaza sont éclairés à Londres, dont les sirènes sont entendues à Delhi, dont le deuil est tweeté à New York – devient donc indispensable, car elle révèle les processus tendancieux par lesquels certaines interprétations de la tragédie sont autorisées tandis que d'autres sont exclues.

L'avènement du journalisme citoyen et d'autres canaux d'information non institutionnels a enrichi et compliqué l'environnement informationnel, fournissant une mosaïque de perspectives et de cadres qui compliquent le processus d'interprétation. Cette pluralité est consolidée par l'interaction soutenue entre les acteurs étatiques et la sphère de l'information, où les gouvernements et les groupes de pression utilisent habituellement les plateformes médiatiques comme instruments de calibrage stratégique de l'opinion publique.

Ce couplage explosif entre le récit, la perception et l'art de gouverner rend le terrain particulièrement difficile pour tout analyste cherchant à cartographier les dimensions multiples, et souvent contradictoires, du conflit israélo-palestinien. De plus, la portée transnationale des plateformes contemporaines garantit que tout acte de représentation se répercute à travers les canaux diplomatiques et les sociétés civiles éloignées de la ligne de front, recalibrant les positions externes et les obligations internationales. La couverture médiatique transgresse ainsi le rôle de reportage neutre ; elle circonscrit activement les espaces de débat autorisés et façonne l'ordre du jour des délibérations des élites et du grand public. Le résultat, où cohabitent les médias, la perception construite et les calculs de l'État, nécessite au minimum une enquête perspicace et nuancée qui reconnaisse la coïncidence entre l'image, les intérêts et les conséquences internationales.

Relations internationales et impact de l'opinion mondiale

Le récent génocide à Gaza a provoqué des répercussions dramatiques au sein de la classe politique israélienne et mis à l'épreuve les limites du consensus national. À l'heure actuelle, la trajectoire de la gouvernance israélienne dépend de la mesure dans laquelle l'opinion publique et celle des élites à l'étranger se sont cristallisées en une opposition crédible – tant morale que transactionnelle – à la ligne militaire et diplomatique actuelle. De la part de l'ONU, de l'UE et d'un nombre croissant de parlements nationaux, les dénonciations et les ultimatums humanitaires se sont accompagnés de discussions sur des livraisons d'armes conditionnelles et des poursuites judiciaires. De tels signaux réduisent généralement la marge de manœuvre des politiques israéliennes acceptables, en particulier dans une société sensible à l'atteinte à sa réputation et à la politique de réputation des partenariats de sécurité triadiques. Néanmoins, le poids empirique de chaque déclaration a été considérablement atténué par la discorde entre le Sud global et le camp transatlantique, entre les États producteurs d'énergie et les États consommateurs d'énergie, et, surtout, entre les dirigeants et les populations dont les souvenirs des traditions de pogroms remontent à moins d'un siècle. Une série de distributions méridiennes de sympathie, d'attribution de responsabilité et de conditionnalité confirme ainsi que l'État israélien est confronté à une arène de gouvernance polycentrique.

Les risques diplomatiques et juridiques liés à ce polycentrisme sont considérables. De nouveaux blocs d'opposition sont susceptibles de se cristalliser au sein de l'UE, les ramifications pour le montant et les conditions de l'aide militaire américaine restent ouvertes, et le langage utilisé dans les tribunaux permanents – un domaine qui, depuis les années 1990, cultive une logique transnationale – pourrait encore déclencher l'isolement que l'adhésion obligatoire aux traités d'application universelle vise à empêcher.

L'attention accrue que porte la communauté internationale à Israël a encore compliqué ses calculs en matière de politique étrangère, obligeant l'État à équilibrer ses partenariats avec ses principaux alliés tout en faisant face à un isolement diplomatique croissant sur plusieurs fronts. Ces pressions qui se chevauchent révèlent à quel point les perceptions transnationales interagissent avec la scène politique interne, redéfinissant activement le débat public et orientant la formulation des politiques au sein d'Israël. Par conséquent, une compréhension approfondie du système international et de l'influence différentielle de l'opinion publique internationale est essentielle pour déchiffrer les contours changeants de la gouvernance israélienne et le statut du pays sur la scène mondiale. La manière dont Israël réagit aux reproches et au soutien extérieurs influencera inévitablement son orientation future, faisant ainsi de l'examen de l'opinion publique mondiale un élément décisif dans l'étude des conséquences à long terme du génocide de Gaza pour l'État et ses relations avec le milieu international au sens large.

Factions politiques en Israël : rapprochement ou aggravation des divisions ?

Les répercussions de la campagne de Gaza continuent de secouer la société israélienne, plaçant les factions politiques du pays à un moment décisif de leur évolution. Les divergences idéologiques qui caractérisent depuis longtemps la politique israélienne s'accentuent aujourd'hui sous le poids des violences récentes. Un camp insiste sur une position intransigeante, affirmant que la dissuasion maximale et les représailles impitoyables contre les menaces perçues sont les seules garanties de la survie et de la souveraineté d'Israël. Cette perspective privilégie la préservation immédiate de l'État plutôt qu'un règlement à long terme. En revanche, un groupe d'opinion rival préconise une ligne modérée, promouvant la diplomatie, le multilatéralisme et les routines humanitaires comme fondements d'un ordre régional durable.

Les partisans de cette position affirment que la sécurité et la légitimité se renforcent mutuellement et que seul un engagement sincère avec les voisins et la communauté internationale peut mettre fin à l'isolement. Le fossé entre ces deux paradigmes complique le paysage politique israélien, où s'affrontent des convictions véhémentes et mutuellement exclusives. Dans ce contexte tendu, les partis sont confrontés à un double mandat : protéger l'État tout en permettant, ou du moins en n'empêchant pas, l'ouverture de voies fragiles vers une paix durable. Ces factions sont confrontées à la fois à des pressions extérieures et à la force débilitante de la fragmentation interne, un double fardeau qui rend encore plus opaque l'arène politique israélienne, déjà très complexe.

En ajustant leurs positions et leurs stratégies, elles sont confrontées à une multitude de pressions : la mutabilité de l'opinion publique, les exigences de l'arithmétique de la coalition et le spectacle médiatique qui offre autant des miroirs déformants que des amplificateurs à leurs rivalités. Alors que certains acteurs prônent une réconciliation progressive entre les divisions, d'autres saisissent la lueur de la discorde comme monnaie politique, prolongeant la polarisation et érigeant des obstacles à un dialogue constructif. Pour comprendre ce théâtre, il faut donc être conscient que chaque choix annoncé publiquement a des répercussions au-delà de la Knesset et du Levant, conditionnant le spectre de l'équilibre régional aux obligations d'un monde de plus en plus interdépendant. C'est dans le frottement de ces impératifs rivaux que la psyché collective est sans cesse sondée, alors que la politique israélienne s'efforce de discerner – et de mettre en œuvre – la voie que la prochaine décennie d'histoire discordante exigera.

Considérations juridiques et éthiques : en quête de justice

La quête de justice dans le conflit israélo-palestinien fait l'objet d'un examen constant tant du point de vue juridique qu'éthique ; les conséquences de cet examen ont des répercussions bien au-delà de la région immédiate. À la base, le problème tourne autour du défi persistant de garantir à la fois la responsabilité et une voie plausible vers la réconciliation. Les récits historiques concurrents et les revendications territoriales contestées font en sorte que la quête de justice n'est jamais monolithique, mais prend au contraire des formes multidimensionnelles et en constante évolution. Les normes juridiques internationales, les traités relatifs aux droits de l'homme et les doctrines éthiques fournissent ensemble des prismes indispensables à l'évaluation du comportement des acteurs israéliens et palestiniens. Les normes clés régissant la conduite des hostilités armées – principes de proportionnalité, de distinction et de nécessité – sont soumises à un examen minutieux, en particulier à la suite de ce que de nombreux observateurs ont qualifié de « génocide de Gaza ».

Alors que la communauté internationale est confrontée à

ses responsabilités morales collectives, les considérations éthiques occupent le devant de la scène dans les discussions sur le conflit israélo-palestinien. Un examen approfondi des critères établis par la doctrine de la guerre juste, parallèlement à l'évolution des normes régissant l'intervention humanitaire, révèle la tension morale qui accompagne la protection des civils lors du déploiement de moyens destinés à atteindre des objectifs militaires. L'accumulation des blessures historiques, des traumatismes multiples et du souvenir des oppressions passées complique la quête d'une justice réparatrice, obligeant les acteurs à négocier un équilibre entre l'impératif de responsabilité et la nécessité de la réconciliation. Les mécanismes de réponse fondés respectivement sur le droit international des droits de l'homme, la responsabilité des crimes de guerre et les prescriptions du droit humanitaire fournissent les voies collectives et individuelles par lesquelles les violations peuvent être traitées, préservant ainsi les normes qui sous-tendent une paix durable et équitable.

La justice, bien qu'entravée à chaque tournant, constitue le fondement irréductible sur lequel toute résolution future doit reposer. Une interrogation des dimensions juridiques et éthiques facilite un discours éclairé et nourrit la perspective d'un avenir mutuellement envisagé dans lequel la coexistence prévaut. Alors que la communauté internationale recalibre son engagement dans un conflit marqué par des attachements inébranlables, l'obligation de conserver des cadres juridiques universels tout en tenant compte des idiomes historiques et culturels distinctifs de la région s'intensifie. Dans ce cadre étroitement imbriqué, les impératifs du droit et de l'éthique se confondent pour éclairer la voie vers la responsabilité en matière d'occupation par la force, de crimes de guerre, de réparation des torts et, en fin de compte, de réconciliation qui, pour transcender l'accumulation des blessures du passé, devrait se fonder sur les résolutions de l'ONU reconnaissant le droit du peuple palestinien à l'indépendance et à la souveraineté sur les territoires occupés par Israël depuis 1948.

Perspectives d'avenir : y a-t-il des chances de parvenir à une résolution pacifique ?

À ce moment décisif, les efforts visant à parvenir à un règlement pacifique du conflit israélo-palestinien restent extrêmement compliqués. Pour parvenir à un accord viable, il faut affronter les discours israéliens bien ancrés et les ressentiments de longue date, ce qui n'est pas évident. Pourtant, même dans ce contexte difficile, des signes timides de possibilité subsistent, invitant à un dialogue renouvelé, à une compréhension plus profonde et à l'émergence éventuelle de la paix. La diplomatie continue de représenter un point d'entrée stratégique prometteur. Lorsque les dirigeants israéliens et palestiniens s'engagent dans un dialogue soutenu, fort du soutien de la communauté internationale, ils peuvent progressivement nourrir la reconnaissance mutuelle, renforcer la confiance et explorer des intérêts stratégiques communs. La participation de puissances mondiales clés jusqu'ici exclues, comme la Chine et la Russie, et d'acteurs régionaux concernés, comme l'Égypte et la Turquie, peut également apporter de nouvelles perspectives et moduler les pressions, enrichissant ainsi le dialogue et élargissant les marges pour un compromis constructif.

Un cadre de paix crédible doit, fondamentalement, inviter à la reconnaissance des faits historiques – comme nous l'ont montré les nouveaux historiens – et au respect du récit des victimes, qui n'a jamais été pris au sérieux dans les négociations précédentes. Ce processus exige la reconnaissance collective que, aussi difficile soit-elle, l'honnêteté vis-à-vis du passé est la condition d'un avenir crédible. L'occupation des territoires historiques palestiniens a été un crime collectif perpétré par tous ceux qui l'ont orchestrée, quel qu'en soit le but. Aujourd'hui, elle est toujours là. Flagrante, elle n'a pas besoin de preuves. Elle les porte en elle-même. **On ne répare pas un crime horrible (l'holocauste) en en commettant un autre.** C'est pourtant ce qui s'est passé. Les gouvernements occidentaux sont aussi impliqués que le gouvernement israélien.

Il est de leur responsabilité d'apporter la paix, tandis que celle du peuple palestinien est de poursuivre la lutte pour la liberté jusqu'à ce qu'elle soit acquise.

Alors, et alors seulement, grâce à un examen rigoureux et empathique de la mémoire et des griefs, les parties pourront démanteler les malentendus persistants et articuler une vision coopérative et réconciliée qui transcende le conflit.

www.ingramcontent.com/pod-product-compliance
Lightning Source LLC
Chambersburg PA
CBHW020515080526
44583CB00013B/609